股权投资基金
基础知识要点与法律法规汇编

中国证券投资基金业协会　编

中国金融出版社

责任编辑：刘　钊
责任校对：孙　蕊
责任印制：程　颖

图书在版编目（CIP）数据

股权投资基金基础知识要点与法律法规汇编（Guquan Touzi Jijin Jichu Zhishi
Yaodian yu Falü Fagui Huibian）／中国证券投资基金业协会编 . —北京：中国金
融出版社，2016.8
　ISBN 978 - 7 - 5049 - 8688 - 7

　Ⅰ.①股…　Ⅱ.①中…　Ⅲ.①股权—投资基金—资格考试—自学参考资料②证券
投资基金法—中国—资格考试—自学参考资料　Ⅳ.①F830.91②D922.287

　中国版本图书馆 CIP 数据核字（2016）第 207490 号

出版
发行　**中国金融出版社**

社址　北京市丰台区益泽路 2 号
市场开发部　（010）63266347，63805472，63439533（传真）
网上书店　http：//www.chinafph.com　　（010）63286832，63365686（传真）
读者服务部　（010）66070833，62568380
邮编　100071
经销　新华书店
印刷　北京市松源印刷有限公司
尺寸　185 毫米×260 毫米
印张　19.5
字数　358 千
版次　2016 年 8 月第 1 版
印次　2016 年 8 月第 1 次印刷
定价　36.00 元
ISBN 978 - 7 - 5049 - 8688 - 7/F. 8248
如出现印装错误本社负责调换　联系电话（010）63263947

前　言

根据《中华人民共和国证券投资基金法》规定，基金从业人员应当具备基金从业资格，并授权基金行业协会组织基金从业人员的从业考试、资质管理和业务培训。自 2003 年起，基金从业资格考试作为证券从业人员资格考试体系的一部分，一直由中国证券业协会组织考试工作。2015 年 1 月，基金从业资格考试的组织管理工作正式从中国证券业协会移交到中国证券投资基金业协会。2015 年 9 月，中国证券投资基金业协会首次组织科目一《基金法律法规、职业道德与业务规范》和科目二《证券投资基金基础知识》考试，受到市场广泛关注。

近年来，股权投资基金在我国发展迅速，为推动创业与创新、促进经济结构调整和产业升级发挥了积极作用。与此同时，市场上的股权投资基金管理机构也出现了鱼龙混杂、良莠不齐等问题。部分机构从业人员不具备基本的资质条件，缺乏展业能力；少数机构甚至打着股权投资基金旗号进行非法集资活动。

为适应新形势下股权投资基金行业发展、保护投资者利益、维护市场秩序、提高股权投资机构规范运作水平，2013 年 6 月，中央编办明确由中国证监会统一行使股权投资基金监管职责。2014 年 1 月，中国证监会授权中国证券投资基金业协会办理股权投资基金管理人和股权投资基金登记备案工作，并开展行业自律。鉴于前一段时期股权投资基金行业乱象丛生的一个重要原因是缺乏必要的从业人员管理，2016 年 2 月 5 日，中国证券投资基金业协会发布《关于进一步规范私募基金管理人登记若干事项的公告》，明确完善包括股权投资基金在内的私募基金行业从业人员管理体系，加强和完善我国资产管理行业的人才储备。

为进一步优化基金从业资格考试结构，2016 年 4 月，中国证券投资基金业协会正式启动股权投资基金考试大纲和教材的编写工作，将于 2016 年 9 月增设科目三《私募股权投资基金基础知识》考试，旨在使股权投资基金从业人员掌握应知应会的基础知识和基本技能，了解股权投资基金行业运作的基本模式和特点，熟悉私募基金行业基本法律法规及自律规则。为尽早明确考试范围，我们于 2016 年 7 月 19 日发布了科目三的考试大纲。由于教材编写工作仍需一定时间，在科目三教材正式出版之前，为便于广大考生备考，我会组织编写了《股权投资基金基础知识要点与法律法规汇编》。

《股权投资基金基础知识要点与法律法规汇编》分为两部分，第一部分为股权投资基金基础知识要点，共计十章，涵盖了股权投资基金概述、参与主体、分类、募集与设立、投资、投后管理、项目退出、内部管理、行政监管及行业自律管理等知识点解析；第二部分为法律法规汇编，涵盖了私募投资基金行业的主要法律法规与自律规则。

《股权投资基金基础知识要点与法律法规汇编》的编写人员汇集了学界和业界的专家，力求紧扣股权投资基金行业特点，体现规范性和权威性。编写小组经过多轮讨论，对考点进行了评估与确认，对知识点进行反复斟酌和修改。但由于编写时间有限，难免有疏漏及不足之处，希望读者指正。

中国证券投资基金业协会
2016 年 8 月

目　　录

第一部分　基础知识要点

第二部分　法律法规汇编

第一部分

基础知识要点

第一章 股权投资基金概述

第一节 股权投资基金的概念

国内所称"股权投资基金",其全称应为"私人股权投资基金"(Private Equity Fund),是指主要投资于"私人股权"(Private Equity),即企业非公开发行和交易股权的投资基金。私人股权包括未上市企业和上市企业非公开发行和交易的普通股、依法可转换为普通股的优先股和可转换债券。

在国际市场上,股权投资基金既有以非公开方式募集(私募)的,也有以公开方式募集(公募)的。在我国,目前股权投资基金只能以非公开方式募集。因此,所谓"私募股权投资基金"的准确含义应为"私募类私人股权投资基金"。

与货币市场基金、固定收益证券等"低风险、低期望收益"资产相比,股权投资基金这一资产类别在投资者的资产配置中通常具有"高风险、高期望收益"的特点。

第二节 股权投资基金的起源和发展

一、股权投资基金的起源与发展历史

股权投资基金起源于美国。在第二次世界大战结束以前,股权投资比较零散,尚不构成组织化的力量,也没有成为一个行业。1946 年成立的美国研究与发展公司(ARD),被公认为全球第一家以公司形式运作的创业投资基金。

早期的股权投资基金主要以创业投资基金形式存在。1953 年,美国小企业管理局(SBA)成立,该机构直接向美国国会报告,专司促进小企业发展职责。1958年,美国小企业管理局设立"小企业投资公司计划"(SBIC),以低息贷款和融资担保的形式鼓励成立小企业投资公司,通过小企业投资公司增加对小企业的股权投资。从此,美国的创业投资市场开始迅速发展。1973 年美国创业投资协会(NVCA)成立,标志着创业投资在美国发展成为专门行业。

20 世纪 50 年代至 70 年代，创业投资基金主要投资于中小成长型企业，此时的创业投资基金为经典的狭义创业投资基金。20 世纪 70 年代以后，创业投资基金开始将其领域拓展到对大型成熟企业的并购投资，相应地，"创业投资"概念从狭义发展到广义。

1976 年 KKR 成立以后，开始出现了专业化运作的并购投资基金，即经典的狭义意义上的私人股权投资基金。特别是在 20 世纪 80 年代美国第四次并购浪潮中催生了黑石（1985 年）、凯雷（1987 年）和德太投资（1992 年）等著名并购基金管理机构的成立，极大地促进了并购投资基金的发展。

过去，并购基金管理机构都是作为美国创业投资协会会员享受相应的行业服务并接受行业自律。但随着并购基金数量的增多及所管理资产规模的扩大，2007 年，KKR、黑石、凯雷、德太投资等并购基金管理机构脱离美国创业投资协会，发起设立了主要服务于并购基金管理机构，即狭义股权投资基金管理机构的美国私人股权投资协会（PEC）。

虽然狭义上的股权投资基金特指并购投资基金，但是后来的并购投资基金管理机构往往也兼做创业投资，加之市场上还出现了主要从事定向增发股票投资的股权投资基金、不动产投资基金等新的股权投资基金品种，因此股权投资基金的概念也从狭义发展到广义。本书除非特指，一般语境下股权投资基金是指广义股权投资基金。

二、国际股权投资基金的发展现状

国际股权投资基金行业经过 70 多年的发展，成为仅次于银行贷款和 IPO 的重要融资手段。国际股权投资基金规模庞大，投资领域广阔，资金来源广泛，参与机构多样。

在监管方面，2008 年国际金融危机之后，西方主要国家普遍加强了对股权投资基金行业的监管。美国于 2010 年出台了《多德—弗兰克法案》，对原有的法律体系作出了进一步修订与补充，提升了股权投资基金监管的审慎性。在基金及投资管理人注册方面，新法严格了投资管理人的注册制度，收紧了股权投资基金注册的豁免条件，要求一定规模以上的并购基金在联邦或州注册，创业投资基金可以有条件豁免注册。在信息披露方面，新法不仅加强了对股权投资业务档案底稿的审查制度，还通过修改认可投资者和合格买家的定义，提高了对股权投资基金的信息披露要求。

在欧洲，欧洲议会于 2010 年 9 月通过了《泛欧金融监管改革法案》，2011 年 6 月通过了《另类基金管理人指引》，从而建立了针对股权投资基金行业的新的监管体系。新体系主要包括五个方面的内容：一是对股权投资基金实行统一监管；二是监管的重点是基金管理人而不是基金本身；三是抓大放小，重点监管大型基金的管理人；四是建立和强化信息披露机制；五是强化对杠杆的规制。

2013 年 4 月，鉴于创业投资基金通常不会导致风险外溢，为建立对创业投资基金的差异化监管安排，欧盟另行发布了《创业投资基金管理人指引》。

三、我国股权投资基金发展的历史阶段

我国股权投资基金行业发展在很大程度上体现了我国作为新兴加转轨经济形态的基本特点，政府推动对促进早期股权投资基金发展起着关键性的作用。在国务院各有关部门和地方政府的推动下，我国股权投资基金行业发展经历了三个历史阶段。

（一）探索与起步阶段（1985～2004 年）

此阶段的探索与起步主要沿着两条主线进行。

一是科技系统对创业投资基金的最早探索。早在 1985 年 3 月，由原国家科委牵头有关部委草拟的《中共中央关于科学技术体制改革的决定》首次明确指出"对于变化迅速、风险较大的高技术开发工作，可以设立创业投资给予支持"。随后，根据中央文件的精神，1985 年 9 月，经国务院批准，原国家科委出资 10 亿元人民币成立了"中国新技术创业投资公司"。1992 年，国务院下发《国家中长期科学技术发展纲领》，明确要求开辟风险投资等多种资金渠道，支持科技发展。随后，上海、江苏、浙江、广东、重庆等地分别由地方政府出资设立了以科技风险投资公司为名的创业投资机构。特别是在 1995 年，中共中央、国务院发布了《关于加速科学技术进步的决定》，首次提出在全国实施科教兴国战略。此后，原国家科委进一步加强对创业投资的研究。1998 年 1 月，原国家科委牵头国家计委等多部委组织成立"国家创业投资机制研究小组"，研究推动创业投资发展的政策措施。

二是国家财经部门对产业投资基金的探索。鉴于当时在全球范围内"股权投资基金"概念还没有流行起来，人们使用较多的概念是"创业投资基金"，而创业投资基金与证券投资基金的显著区别是"证券投资基金投资证券，创业投资基金直接投资产业"，20 世纪 90 年代国内财经界也将创业投资基金称为"产业投资基金"。1993 年 8 月，为支持淄博作为全国农村经济改革试点示范区的乡镇企业改革，原国家体改委和人民银行支持原中国农村发展信托投资公司率先成立了淄博乡镇企业投资基金，并在上海证券交易所上市，这是我国第一只公司型创业投资基金。1996 年 6 月，在总结淄博基金运作经验的基础上，原国家计委向国务院上报《关于发展产业投资基金的现实意义、可行性分析与政策建议》，提出了"借鉴创业投资基金运作机制，发展有中国特色产业投资基金"的设想。国务院领导高度重视并责成原国家计委和有关部门尽快制定管理办法后，原国家计委开始系统研究发展"产业投资

基金"的有关问题，并推动有关制度建设。

此外，1998 年民建中央向当年全国政协会议提交了后来被称为"政协一号提案"的《关于加快发展我国风险投资事业的提案》。该提案对于促进社会各界对创业投资的关注和重视，起到了积极作用。

（二）快速发展阶段（2005～2012 年）

2005 年 11 月，国家发展改革委等十部委联合颁布了《创业投资企业管理暂行办法》。在随后的 2007 年、2008 年和 2009 年，先后出台了针对公司型创业投资（基金）企业的所得税优惠政策、《国务院办公厅关于促进创业投资引导基金规范设立与运作的指导意见》，并推出创业板。《创业投资企业管理暂行办法》及三大配套性政策措施的出台，极大地促进了创业投资基金的发展。

2007 年，受美国主要大型并购基金管理机构脱离美国创业投资协会并发起设立美国股权投资协会等事件影响，"股权投资基金"的概念在我国很快流行开来。特别是 2007 年 6 月，新的《中华人民共和国合伙企业法》（以下简称《合伙企业法》）开始实施，各级地方政府为鼓励设立合伙型股权投资基金，出台了种类繁多的财税优惠政策，此后各类"股权投资基金"迅速发展起来。与此同时，以合伙型股权投资基金为名的非法集资案也自 2008 年开始在天津等地发生并蔓延。为此，国家发展改革委于 2011 年 11 月发布了《关于促进股权投资企业规范发展的通知》。

（三）统一监管下的制度化发展阶段（2013 年至今）

2013 年 6 月，中央编办发出《关于私募股权基金管理职责分工的通知》，明确由中国证券监督管理委员会（以下简称中国证监会）统一行使股权投资基金监管职责。2014 年 8 月，中国证监会发布《私募投资基金监督管理暂行办法》，对包括创业投资基金、并购投资基金等在内的私募类股权投资基金以及私募类证券投资基金和其他私募投资基金实行统一监管。

中国证券投资基金业协会从 2014 年年初开始，对包括股权投资基金管理人在内的私募基金管理人进行登记，对其所管理的基金进行备案，并陆续发布相关自律规则，对包括股权投资基金在内的各类私募基金实施行业自律。

四、我国股权投资基金的发展现状

经过多年探索，我国的股权投资基金行业获得了长足的发展，主要体现为三个方面。一是市场规模增长迅速，当前我国已成为全球第二大股权投资市场。二是市场主体丰富，行业从发展初期阶段的政府和国有企业主导逐步转变为市场化主体主导。三是有力地促进了创新创业和经济结构转型升级，股权投资基金行业有力地推动了直接融资和资本市场在我国的发展，为互联网等新兴产业在我国的发展发挥了重大作用。

第三节　股权投资基金的基本运作模式和特点

一、股权投资基金的基本运作模式和特点

股权投资基金的运作流程是其实现资本增值的全过程。从资本流动的角度出发，资本先是从投资者流向股权投资基金，经过基金管理人的投资决策再流入被投资企业。在投资之后的阶段，基金管理人通常会以各种方式参与被投资企业的管理，待企业经过一定时期的发展之后，选择合适的时机再从被投资企业退出，进行下一轮资本流动循环。与资本流动相对应的股权投资基金运作的四个阶段是募资、投资、管理和退出。

相对于证券投资基金，股权投资基金具有投资期限长、流动性较差，投后管理投入资源多，专业性较强，投资收益波动性较大等特点。

（一）投资期限长、流动性较差

由于股权投资基金主要投资于未上市企业股权或上市企业的非公开交易股权，通常需要 3~7 年才能完成投资的全部流程实现退出，股权投资因此被称为"耐心的资本"，股权投资基金也因而具有较长的封闭期。此外，股权投资基金的基金份额流动性较差，在基金清算前，基金份额的转让或投资者的退出都具有一定难度。

（二）投后管理投入资源较多

股权投资是"价值增值型"投资。基金管理人通常在投资后管理阶段投入大量资源，一方面，为被投资企业提供各种商业资源和管理支持，帮助被投资企业更好发展；另一方面，也通过参加被投资企业股东会、董事会等形式，对被投资企业进行有效监管，以应对被投资企业的信息不对称和企业管理层的道德风险。

（三）专业性较强

股权投资基金的投资决策与管理涉及企业管理、资本市场、财务、行业、法律等多个方面，其高收益与高期望风险的特征也要求基金管理人必须具备很高的专业水准，特别是要有善于发现具有潜在投资价值的独到眼光，具备帮助被投资企业创立、发展、壮大的经验和能力。因此，股权投资基金对于专业性的要求较高，需要更多投资经验积累、团队培育和建设，体现出较明显的智力密集型特征，人力资本对于股权投资基金的成功运作发挥决定性作用。

由于股权投资基金管理对专业性的高要求，因此，一方面，市场上的股权投资

基金通常委托专业机构进行管理，并在利益分配环节对基金管理人的价值给予更多的认可；另一方面，在基金管理机构内部，也需要建立有效和充分地针对投资管理团队成员的激励约束机制。

（四）投资收益波动性较大

股权投资基金在整个金融资产类别中，属于高风险、高期望收益的资产类别。高风险主要体现为不同投资项目的收益呈现较大的差异性。创业投资基金通常投资于处于早中期的成长性企业，投资项目的收益波动性较大，有的投资项目会发生本金亏损，有的投资项目则可能带来巨大收益。并购基金通常投资于价值被低估但相对成熟的企业，投资项目的收益波动性相对要小一些。

高期望收益主要体现为在正常的市场环境中，股权投资基金作为一个整体，其能为投资者实现的投资回报率总体上处于一个较高的水平。从不同国家的平均和长期水平来看，股权投资基金的期望回报率要高于固定收益证券和证券投资基金等资产类别。

二、股权投资基金的收益分配方式

股权投资基金的市场参与主体主要包括投资者、管理人和第三方服务机构。就收益分配而言，则主要在投资者与管理人之间进行。

股权投资基金的收入主要来源于所投资企业分配的红利以及实现项目退出后的股权转让所得。基金的收入扣除基金承担的各项费用和税收之后，首先用于返还基金投资者的投资本金。全部投资者获利本金返还之后，剩余部分即为基金利润。

由于股权投资基金具有前述专业性的特点，对基金管理的专业性要求较高，因此，作为一个基本做法，股权投资基金的管理人通常参与基金投资收益的分配。通常情况下，管理人因为其管理可以获得相当于基金利润一定比例的业绩报酬（Carry）。

根据股权投资基金与基金管理人的约定，有时候管理人需要先让基金投资者实现某一门槛收益率（Hurdle Rate）之后才可以参与利润的分成。

三、股权投资基金生命周期中的关键要素

（一）基金期限

基金期限也称为基金存续期，是基金投资者约定的基金存续时长。通常情况下，基金存续达到了约定的期限，就应该进行基金的清算。在实践中，各方投资者和基金管理人可能会约定，虽然基金达到了存续期限，但是基金所投资的项目仍有一些尚未实现退出时，基金的存续期限可以进行一次或数次延长，通常每次延长不超过

一年。

（二）投资期与管理退出期

基金期限分为投资期与管理退出期，基金管理人通常需要在投资期内完成基金的全部投资，在管理退出期内，基金管理人主要负责进行投资后管理及退出投资项目的工作。根据约定，基金管理人在投资期与管理退出期内所收取的基金管理费可能实行不同的费率。

（三）项目投资周期

项目投资周期（Time Horizon）是指股权投资基金对某个投资项目从投资进入到投资退出所花的时间。

（四）滚动投资

滚动投资也称为循环投资，是指对前期投资项目退出所获利的收入，再次投入到新的项目中去。多数股权投资基金对滚动投资会进行一定的限制，比较多见的是限制在基金存续期的后期阶段进行滚动投资，也有的股权投资基金干脆限制在整个基金期限内的滚动投资行为。

四、股权投资基金运作中的现金流

与其他投资基金相比，股权投资基金的现金流模式也具有一定的特点。

在基金募集过程中，股权投资基金通常采用承诺资本制。投资者在设立基金的合同文件中承诺将向基金出资，并在合同中约定缴款的条件，并在条件达到时实际履行缴款出资义务。投资者承诺向基金投资的总额度称为认缴资本，投资者在某一时间内实际已经完成的出资称为实缴资本。

基金成立后，通常需要一段时间来完成投资计划，在此期间，投资者实缴资本中尚未投资出去的部分称为未投资资本。多数股权投资基金会约定，暂时闲置的未投资资本只能投资于低风险、高流动性的资产。

基金从被投资企业实现退出后，依退出方式不同，可能会通过公开或私下股权转让、企业清算等渠道实现投资退出，获得退出现金流。退出投资项目后实现的收益，按投资者与管理人的约定进行分配。

第四节　股权投资基金在经济发展中的作用

一、股权投资行业的社会经济效益

股权投资行业对社会经济有着重要的贡献。研究表明，创业投资可以更有效地应对创业企业特别是中小科技企业信息不对称、不确定性高、资产结构以无形资产为主、融资需求呈现阶段性等特征。因此，相对于一般社会资本，创业投资对创新和创业有着更重要的作用。

并购基金的投资运作模式与创业投资基金存在较为明显的区别：创业投资基金投资于有巨大发展潜力的早期企业，通过帮助企业发展壮大获利；而并购基金则投资于价值被低估的企业，通过对被投资企业进行重整而获利。基于这样的区别，并购基金通常有利于产业的转型和升级，除财务型的并购基金外，也有一些大型企业把并购基金作为产业转型升级的工具。

二、我国股权投资行业的发展趋势

股权投资基金是投资基金领域的重要组成部分，对于解决中小企业融资难、促进创新创业、支持企业重组重建、推动产业转型升级具有重要作用。当前，我国经济发展进入新常态，实体经济增长趋缓，金融业亟须创新发展，以更好地支持实体经济发展。

从发展趋势来看，未来我国经济的增长将由过去的要素驱动转向创新驱动，与此相适应，金融市场也将逐步由间接融资为主转向直接融资为主。股权投资基金的运作模式和发展方式与创新驱动的内在要求高度一致，面临着广阔的发展机遇。随着我国股权投资基金行业专业化、市场化程度不断提高，政府监管和行业自律不断规范，我国的股权投资基金行业必将进入新的跨越式发展阶段。

第二章　股权投资基金的参与主体

第一节　股权投资基金的基本架构

股权投资基金的参与主体主要包括基金投资者、基金管理人、基金服务机构、监管机构和行业自律组织。

股权投资基金投资者是基金的出资人、基金资产的所有者和基金投资回报的受益人。

股权投资基金管理人是基金产品的募集者和管理者，并负责基金资产的投资运作。

股权投资基金服务机构是面向股权投资基金提供各类服务的机构，主要包括基金托管机构、基金销售机构、律师事务所、会计师事务所等。

第二节　股权投资基金的投资者

股权投资基金的投资者应当为具备相应风险识别能力和风险承担能力的合格投资者。

股权投资基金的投资者主要包括个人投资者、工商企业、金融机构、社会保障基金、企业年金、社会公益基金、政府引导基金、母基金等。

第三节　股权投资基金的管理人

一、股权投资基金管理人的主要职责和义务

股权投资基金管理人在基金运作中具有核心作用，基金产品的设计、基金份额的销售与备案、基金资产的管理等重要职能多半由基金管理人或基金管理人选定的其他服务机构承担。

股权投资基金管理人最主要的职责就是按照基金合同的约定，负责基金资产的

投资运作，在有效控制风险的基础上为基金投资者争取最大的投资收益。

二、股权投资基金管理人的激励机制和分配制度

股权投资基金管理人有权获得业绩报酬。业绩报酬按投资收益的一定比例计付。常见做法是，投资者在获得约定的门槛收益率后，管理人才能获得业绩报酬。

第四节　股权投资基金的服务机构

股权投资基金的服务机构主要包括基金托管机构、基金销售机构、律师事务所、会计师事务所等。

除基金合同另有约定外，股权投资基金应当由基金托管机构托管。基金合同约定基金不进行托管的，应当在基金合同中明确保障基金财产安全的制度措施和纠纷解决机制。

股权投资基金可以由基金管理人自行募集，也可委托基金销售机构募集。股权投资基金销售机构，应当为在中国证监会注册取得基金销售业务资格并已成为中国证券投资基金业协会会员的机构。

律师事务所和会计师事务所作为专业、独立的中介服务机构，为基金提供法律和会计服务。

第五节　股权投资基金的监管机构和自律组织

一、政府监管机构

中国证监会及其派出机构是我国股权投资基金的监管机构，依法对股权投资基金业务活动实施监督管理。

二、行业自律组织

中国证券投资基金业协会是我国股权投资基金的自律组织，依法对股权投资基金业开展行业自律，协调行业关系，提供行业服务，促进行业发展。

第三章 股权投资基金的分类

第一节 按投资领域分类

根据投资领域不同，股权投资基金可以分为狭义创业投资基金、并购基金、不动产基金、基础设施基金、定增基金等。

狭义创业投资基金，是指投资于处于各个创业阶段的未上市成长性企业的股权投资基金。一些机构所俗称的"成长基金"，按照美国创业投资协会、欧洲股权和创业投资协会的统计口径，以及国内外有关政策法规的界定，属于狭义创业投资基金范畴。

并购基金，是指主要对企业进行财务性并购投资的股权投资基金。狭义的股权投资基金是指并购基金。

不动产基金，是指主要投资于土地以及建筑物等土地定着物的股权投资基金，也叫做房地产投资基金。

基础设施基金，是指主要投资于基础设施项目的股权投资基金。

定向增发投资基金（定增基金），是指主要投资于上市公司非公开发行股票的股权投资基金。

需要指出的是，广义股权投资基金中的各类投资基金其实都是狭义创业投资基金在 20 世纪 70 年代以后的新发展。从广义创业投资基金层面看，创业投资基金和股权投资基金是两个等同的概念，均是对创建企业和重建企业等广义创业活动（包括创建基础设施类企业、房地产项目类企业）的财务性投资。

第二节 按组织形式分类

一、公司型基金

公司型基金是指投资者依据公司法，通过出资形成一个独立的公司法人实体，由公司法人实体自行或委托专业基金管理人进行管理的股权投资基金。

在我国，公司法人实体可采取有限责任公司或股份有限公司的形式。

公司型基金的参与主体主要为投资者和基金管理人。投资者既是基金份额持有者又是公司股东，按照公司章程行使相应权利、承担相应义务和责任。从投资者权利角度看，投资者作为公司的股东，可通过股东大会（股东会）和董事会委任并监督基金管理人。公司型基金可以由公司管理团队自行管理，或者委托专业的基金机构担任基金管理人。

我国公司型基金的法律依据为《中华人民共和国公司法》（以下简称《公司法》），基金按照公司章程来运营。

二、合伙型基金

合伙型基金是指投资者依据合伙企业法成立有限合伙企业，由普通合伙人对合伙债务承担无限连带责任，由基金管理人具体负责投资运作的股权投资基金。

合伙型基金的参与主体主要为普通合伙人、有限合伙人及基金管理人。普通合伙人对基金（合伙企业）债务承担无限连带责任，有限合伙人以其认缴的出资额为限对基金（合伙企业）债务承担责任。普通合伙人可自行担任基金管理人，或者委托专业的基金管理机构担任基金管理人。有限合伙人不参与投资决策。

我国合伙型基金的法律依据为《合伙企业法》，基金按照合伙协议来运营。

三、契约型基金

契约型基金是指通过订立信托契约的形式设立的股权投资基金，其本质是信托型基金。契约型基金不具有法律实体地位。

契约型基金的参与主体主要为基金投资者、基金管理人及基金托管人。基金投资者通过购买基金份额，享有基金投资收益。基金管理人依据法律、法规和基金合同负责基金的经营和管理操作。基金托管人负责保管基金资产，执行管理人的有关指令，办理基金名下的资金往来。

契约型基金的法律依据为《中华人民共和国信托法》（以下简称《信托法》）和《中华人民共和国证券投资基金法》（以下简称《证券投资基金法》），基金按照基金合同来运营。

第三节　按资金性质分类

一、人民币股权投资基金和外币股权投资基金

人民币股权投资基金，是指依据中国法律在中国境内设立的主要以人民币对中

国境内非公开交易股权进行投资的股权投资基金。人民币股权投资基金分为内资人民币股权投资基金和外资人民币股权投资基金。

内资人民币股权投资基金，是指中国国籍自然人或根据中国法律注册成立的公司、企业或其他经济组织依据中国法律在中国境内发起设立的主要以人民币对中国境内非公开交易股权进行投资的股权投资基金。

外资人民币股权投资基金，是指外国投资者（外国投资者指外国公司、企业和其他经济组织或者个人）或外国投资者与根据中国法律注册成立的公司、企业或其他经济组织依据中国法律在中国境内发起设立的主要以人民币对中国境内非公开交易股权进行投资的股权基金。

外币股权投资基金，是相对于人民币股权投资基金而言的，是指依据中国境外的相关法律在中国境外设立，主要以外币对中国境内非公开交易股权进行投资的基金。

我国股权投资基金业在发展早期以外资人民币股权投资基金和外币股权投资基金为主。2008年国际金融危机后，全球股权投资基金募资额屡创新低，而中国市场则逐步升温，内资人民币股权投资基金开始崛起。2009年以后，内资人民币股权投资基金的数量超过外资人民币股权投资基金，人民币股权投资基金的规模超过外币股权投资基金，且领先优势越来越大。

二、外币股权投资基金的基本运作方式

外币股权投资基金通常采取"两头在外"的方式。第一，外币股权投资基金无法在国内以基金名义注册法人实体，其经营实体注册在境外。第二，外币股权投资基金在投资过程中，通常在境外设立特殊目的公司作为受资对象，并在境外完成项目的投资退出。

第四节 母基金

一、股权投资母基金

（一）股权投资母基金的概念
股权投资母基金（基金中的基金）是以股权投资基金为主要投资对象的基金。

（二）股权投资母基金的运作模式
股权投资母基金的业务主要包括一级投资、二级投资和直接投资。
一级投资，是指母基金在股权投资基金募集时对基金进行投资，成为基金投资

者。母基金发展初期，主要从事一级投资，一级投资是母基金的本源业务。

二级投资，是指母基金在股权投资基金募集完成后对已有股权投资基金或其投资组合进行投资。其投资方式按投资标的不同，分为两种类型：一是购买存续基金份额及后续出资额；二是购买基金持有的所投组合公司的股权。

直接投资，是指母基金直接进行股权投资。在实际操作中，母基金通常和其所投资的股权投资基金联合投资，母基金往往扮演被动角色，让股权投资基金来管理这项投资。

（三）股权投资母基金的特点和作用

第一，分散风险。母基金通常会投资于多只股权投资基金，这些股权投资基金投资的公司往往会达到一个较大的数量，这使母基金的投资实现多样性，如投资阶段、时间跨度、地域、行业、投资风格等，从而投资者可以有效地实现风险分散。

第二，专业管理。母基金管理人通常拥有全面的股权投资的知识、人脉和资源，在对股权投资基金进行投资时，有利于作出正确的投资决策。

第三，投资机会。大部分业绩出色的股权投资基金都会获得超额认购，因此，一般投资者难以获得投资机会。而母基金作为股权投资基金的专业投资者，通常与股权投资基金具有良好的长期关系，因此，有机会投资于这些优秀的基金。投资者通过投资于母基金而获得投资优秀基金的机会。

第四，规模优势。由于母基金拥有相当的规模，能够吸引、留住及聘用行业内最优秀的投资人才。中小投资者很少具有足够的资源来吸引类似规模及品质的投资团队。

第五，富有经验。在对股权投资基金进行投资时，经验非常重要。母基金作为专业投资者，富有经验，可以为缺乏经验的投资者提供投资股权投资基金的渠道。

第六，资产规模。在对股权投资进行投资时，投资规模的大小常常是一个问题，投资者常常由于资金太大或者太小以至于难以进行合适的投资。而母基金可以通过帮助投资者"扩大规模"或"缩小规模"来解决这一问题。

二、政府引导基金

政府引导基金是由政府财政出资设立并按市场化方式运作的、在投资方向上具有一定导向性的政策性基金，通常通过投资于创业投资基金，引导社会资金进入早期创业投资领域。政府引导基金本身不直接从事股权投资业务。

政府引导基金的宗旨是发挥财政资金的杠杆放大效应，增加创业投资的资本供给，克服单纯通过市场配置创业投资资本的市场失灵问题。特别是通过鼓励创业投资基金投资处于种子期、起步期等创业早期的企业，弥补一般创业投资基金主要投资于成长期、成熟期的不足。

政府引导基金对创业投资基金的支持方式包括参股、融资担保、跟进投资。

参股，是指政府引导基金主要通过参股方式，吸引社会资本共同发起设立创业投资企业。

融资担保，是指政府引导基金对历史信用记录良好的创业投资基金提供融资担保，支持其通过债权融资增强投资能力。

跟进投资，是指产业导向或区域导向较强的政府引导基金，通过跟进投资，支持创业投资基金发展并引导其投资方向。

第四章　股权投资基金的募集与设立

第一节　股权投资基金的募集机构

一、股权投资基金的募集行为

股权投资基金的募集，是指股权投资基金管理人或者受其委托的募集服务机构向投资者募集资金用于设立股权投资基金的行为。

具体而言，募集行为包括推介基金、发售基金份额、办理投资者认/申购（认缴）、份额登记、赎回（退出）等活动。

基金的募集分为自行募集和委托募集。所谓自行募集，就是由发起人自行拟定资本募集说明材料、寻找投资人的基金募集方式。委托募集，是指基金发起人委托第三方机构代为寻找投资人或借用第三方的融资通道来完成资金募集工作，并支付相应服务费或者"通道费"。

二、募集机构

基金募集机构主要分为两种：直接募集机构和受托募集机构。直接募集机构是指基金管理人，受托募集机构是指基金销售机构。

三、募集机构的资质要求

我国股权投资基金管理机构开展基金募集行为，需要在中国证券投资基金业协会登记成为基金管理人。

如拟采用自行募集方式募集，基金管理人只可以募集其自己发起设立的基金，不可以销售其他基金管理人的产品，即不允许基金管理人的代销行为。

销售机构参与股权投资基金募集活动，需满足以下三个条件：

（1）在中国证监会注册取得基金销售业务资格。

（2）成为中国证券投资基金业协会会员。

（3）接受基金管理人委托（签署销售协议）。

目前具有基金销售业务资格的主体包括商业银行、证券公司、期货公司、保险机构、证券投资咨询机构、独立基金销售机构等。

如拟采用委托募集方式募集，基金管理人应与销售机构以书面形式签署基金销售协议。

从事股权投资基金募集业务的人员，应当具有基金从业资格，需遵守法律、行政法规和中国证券投资基金业协会的自律规则，恪守职业道德和行为规范。

四、募集机构的责任与义务

股权投资基金的募集机构需要就合格投资者身份尽到审查义务，判断投资者是否具备承担相应投资风险的能力，应以一定的资产价值和收入作为衡量标准，并且对投资者所能承担的风险能力进行测试。

基金募集过程中，募集机构应当恪尽职守、诚实守信、谨慎勤勉，防范利益冲突，履行说明义务、反洗钱义务等相关义务，承担特定对象确定、投资者适当性审查、基金推介及合格投资者确认等相关责任。

募集机构及其从业人员不得从事侵占基金财产和客户资金、利用基金相关的未公开信息进行交易等违法活动。

基金管理人应当履行受托人义务，承担基金合同、公司章程或者合伙协议约定的受托责任。基金管理人应委托基金销售机构募集基金的，不得因委托募集免除基金管理人依法承担的责任。

任何机构和个人不得为规避合格投资者标准，募集以基金份额或其收益权为投资标的的金融产品，或者将基金份额或其收益权进行非法拆分转让，变相突破合格投资者标准。募集机构应当确保投资者已知悉基金转让的条件。

募集机构应当对投资者的商业秘密及个人信息严格保密。除法律法规和自律规则另有规定的，不得对外披露。

募集机构应当妥善保存投资者适当性管理以及其他与基金募集业务相关的记录及其他相关资料，保存期限自基金清算终止之日起不得少于10年。

募集机构或相关合同约定的责任主体应当开立基金募集结算资金专用账户，用于统一归集基金募集结算资金、向投资者分配收益以及分配基金清算后的剩余基金财产等，确保资金原路返还。基金管理人应当向中国证券投资基金业协会报送基金募集结算资金专用账户及其监督机构信息。

募集机构应当与监督机构签署账户监督协议，明确对基金募集结算资金专用账户的控制权、责任划分及保障资金划转安全的条款。监督机构应当按照法律法规和账户监督协议的约定，对募集结算资金专用账户实施有效监督，承担保障基金募集结算资金划转安全的连带责任。

取得基金销售业务资格的商业银行、证券公司等金融机构，可以在同一基金的募集过程中同时作为募集机构与监督机构。符合前述情形的机构应当建立完备的防火墙制度，防范利益冲突。

涉及基金募集结算资金专用账户开立、使用的机构不得将基金募集结算资金归入其自有财产。禁止任何单位或者个人以任何形式挪用基金募集结算资金。基金管理人、基金销售机构、基金销售支付机构或者基金份额登记机构破产或者清算时，基金募集结算资金不属于其破产财产或者清算财产。

第二节　股权投资基金的募集对象

一、合格投资者的概念和范围

合格投资者是指达到规定资产规模或者收入水平，并且具备相应的风险识别能力和风险承担能力、其基金份额认购金额不低于规定限额的单位和个人。

根据中国证监会的规定，股权投资基金的合格投资者应具备相应风险识别能力和风险承担能力，投资于单只股权投资基金的金额不低于100万元。此外，对于单位投资者，要求其净资产不低于1000万元；对个人投资者，要求其金融资产不低于300万元或者最近三年个人年均收入不低于50万元。

上文中的金融资产包括银行存款、股票、债券、基金份额、资产管理计划、银行理财产品、信托计划、保险产品、期货权益等。

二、当然合格投资者

以下投资者视为当然合格投资者：

（1）社会保障基金、企业年金等养老基金和慈善基金等社会公益基金。

（2）依法设立并在中国证券投资基金业协会备案的投资计划。

（3）投资于所管理基金的基金管理人及其从业人员。

（4）中国证监会和中国证券投资基金业协会规定的其他投资者。

以合伙企业、契约等非法人形式，通过汇集多数投资者的资金直接或者间接投资于基金的，基金管理人或者基金销售机构应当穿透核查最终投资者是否为合格投资者，并合并计算投资者人数。但是符合前述第（1）、第（2）、第（4）项规定的投资者投资于股权投资基金时，不再穿透核查最终投资者是否为合格投资者和合并计算投资者人数。

第三节　股权投资基金的募集方式及流程

一、股权投资基金募集人数限制

基金应当向合格投资者募集，单只基金的投资者人数累计不得超过《证券投资基金法》、《公司法》、《合伙企业法》等法律规定的特定数量。

目前，我国股权投资基金投资者人数限制如下：

（1）公司型基金：有限公司不超过 50 人、股份公司不超过 200 人。

（2）合伙型基金：不超过 50 人。

（3）契约型基金：不超过 200 人。

以合伙企业、契约等非法人形式，通过汇集多数投资者的资金直接或者间接投资于基金的，基金管理人或者基金销售机构应当穿透核查最终投资者是否为合格投资者，并合并计算投资者人数。投资者转让基金份额的，受让人应当为合格投资者，且基金份额受让后投资者人数应当仍然符合相关法律规定的特定数量。

如果基金在募集中超过了上述的募集人数标准，无论募集机构与投资者沟通方式是否满足"特定化"标准，都将构成公开发行。

二、投资者非法拆分

基金拆分主要包括份额拆分和收益权拆分。两种拆分都会突破合格投资者的标准，因此被严格禁止。

任何机构和个人不得为规避合格投资者标准，募集以基金份额或其收益权为投资标的的金融产品，或者将基金份额或其收益权进行非法拆分转让，变相突破合格投资者及其人数标准。募集机构应当确保投资者已知悉基金转让的条件。

投资者应当以书面方式承诺其为自己购买基金，任何机构和个人不得以非法拆分转让为目的购买基金。

三、禁止性募集行为

募集机构及其从业人员不得从事侵占基金财产和客户资金、利用基金相关的未公开信息进行交易等违法活动。

在推介基金时，不得宣传"预期收益"、"预计收益"、"预测投资业绩"等相关内容，不得违规使用"安全"、"保证"等措辞。基金推介材料中应避免出现相关表述。

基金管理人如果委托未取得基金销售业务资格的机构募集基金的，中国证券投资基金业协会将不予办理基金备案业务。

中国证券投资基金业协会出台了《私募投资基金募集行为管理办法》，对募集机构的禁止性行为以及募集媒介渠道进行了较为详细的规定。

四、募集流程及要求

股权投资基金的募集流程包括以下步骤：特定对象的确定、投资者适当性匹配、基金风险揭示、合格投资者确认、投资冷静期、回访确认。

（一）特定对象的确定

募集机构应当向特定对象宣传推介基金。未经特定对象确定程序，不得向任何人宣传推介基金。在向投资者推介基金之前，募集机构应当采取问卷调查等方式履行特定对象确定程序，对投资者风险识别能力和风险承担能力进行评估。投资者应当以书面形式承诺其符合合格投资者标准。募集机构通过互联网媒介在线向投资者推介基金之前，应当设置在线特定对象确定程序，投资者应承诺其符合合格投资者标准。

（二）投资者适当性匹配

募集机构应当自行或者委托第三方机构对私募基金进行风险评级，建立科学有效的私募基金风险评级标准和方法。募集机构应当根据私募基金的风险类型和评级结果，向投资者推介与其风险识别能力和风险承担能力相匹配的私募基金。

（三）基金风险揭示

在投资者签署基金合同之前，募集机构应当向投资者说明有关法律法规，说明投资冷静期、回访确认等程序性安排以及投资者的相关权利，重点揭示基金风险，并与投资者签署风险揭示书。

（四）合格投资者确认

在完成基金风险揭示后，募集机构应当要求投资者提供必要的资产证明文件或收入证明。募集机构应当合理审慎地审查投资者是否符合基金合格投资者标准，依法履行反洗钱义务，并确保单只基金的投资者人数累计不得超过法律规定的特定数量。

（五）投资冷静期

基金合同应当约定给投资者设置一定时间的投资冷静期，募集机构在投资冷静期内不得主动联系投资者。

（六）回访确认

募集机构应当在投资冷静期满后，指令本机构从事基金销售推介业务以外的人员以录音电话、电邮、信函等适当方式进行投资回访。回访过程中不得出现诱导性陈述。募集机构在投资冷静期内进行的回访确认无效。

回访应当包括但不限于以下内容：

（1）确认受访人是否为投资者本人或机构。

（2）确认投资者是否为自己购买了该基金产品以及投资者是否按照要求亲笔签名或盖章。

（3）确认投资者是否已经阅读并理解基金合同和风险揭示的内容。

（4）确认投资者的风险识别能力及风险承担能力是否与所投资的基金产品相匹配。

（5）确认投资者是否知悉投资者承担的主要费用及费率，投资者的重要权利以及基金信息披露的内容、方式及频率。

（6）确认投资者是否知悉未来可能承担投资损失。

（7）确认投资者是否知悉投资冷静期的起算时间、期间以及享有的权利。

（8）确认投资者是否知悉纠纷解决安排。基金合同应当约定，投资者在募集机构回访确认成功前有权解除基金合同。出现前述情形时，募集机构应当按合同约定及时退还投资者的全部认购款项。

未经回访确认成功，投资者交纳的认购基金款项不得由募集账户划转到基金财产账户或托管资金账户，基金管理人不得投资运作投资者交纳的认购基金款项。

第四节　股权投资基金的设立

一、股权投资基金组织形式的选择

股权投资基金成为运作股权投资业务的主体，需要具备一定的组织形式。我国现行的股权投资基金组织形式主要为公司型、合伙型及契约型，影响组织形式选择的因素众多，主要包括法律依据、监管要求、与股权投资业务的适应度及基金运营实务的要求，以及税负等。

（一）法律依据

在《合伙企业法》修订案和契约型基金相关法律法规生效前，早期的股权投资基金主要依据《公司法》设立公司型股权投资基金。

近年来，随着法律体系的不断完善，我国股权投资基金的组织形式逐步丰富。

修订后的《合伙企业法》自 2007 年 6 月 1 日起施行，增加了"有限合伙"这种新的合伙企业形式。有限合伙是由普通合伙发展而来的一种合伙形式，通过相应制度创新，能够较好地适应股权投资基金运作。

广义契约型股权投资基金在我国涵盖信托计划、资产管理计划、契约型基金等多种形式。随着相关法律法规和行业指引的完善，信托制度与股权投资业务的结合度逐步提高，使契约型股权投资基金也在一定程度上有所发展。一是 2001 年正式施行的《信托法》和 2007 年中国银行业监督管理委员会（以下简称中国银监会）公布实施的《信托公司集合资金信托计划管理办法》明确了信托公司运作股权投资业务可以通过信托计划的形式，即信托计划项下资金可以投资于未上市企业股权、上市公司限售流通股或中国银监会批准可以投资的其他股权；二是 2012～2013 年中国证监会公布实施了一系列部门规章和规范性文件，对证券公司、基金管理公司的资产管理业务进行规范，从而将契约型股权投资基金的形式扩充到了资产管理计划中。

（二）监管要求

在我国，股权投资基金监管虽然经历了从国家发展改革委监管到中国证监会监管的演进过程，但是，无论是国家发展改革委时期的监管规则，还是现行中国证监会的监管法规，均依法由基金管理人自主选择基金及基金管理公司的组织形式。

（三）与股权投资业务的适应度

股权投资基金的运作模式、利益分配方式及基金生命周期中的现金流模式拥有鲜明特点，因此，组织形式的选择需要与基金的实际运作需求紧密相关，组织形式不同会产生不同的参与主体、主体间权利义务关系的安排、内部组织机构的设置，也会对基金运营实务包括税收计缴、权益登记等产生不同的要求。

1. 资金募集与出资安排

股权投资基金的资金来源主要为各类机构投资者和高净值个人客户，基金投向则以未上市企业的股权和已上市企业的非公开交易股权为主，基金的资金规模通常较大、投资周期相对较长，因此股权投资基金通常采用承诺资本制。

对于公司型基金，现行的《公司法》对公司的注册资本限额、缴付安排及出资方式等方面不再由法律作强制性规定（除非法律、行政法规、国务院有另外规定），全部由公司章程进行规定，因此可根据基金情况进行适应性约定。

合伙型基金根据《合伙企业法》可以由合伙协议对出资方式、数额和缴付期限进行约定。

契约型基金是通过契约的方式建立基金投资者基金出资、取得收益分配的规则，现行的法律法规未对契约型基金的出资安排有强制性规定，现行实务中多根据基金管理人募集资金的便利性和项目投资的安排等在基金合同中进行适应性约定。

此外，股权投资基金从资金募集角度进行组织形式选择时，需要符合各组织形式法律法规要求的人数限制。

2. 内部组织机构的设置与投资决策

股权投资基金的核心业务是投资实施与管理退出，与之密切相关的是各参与主体间的权利义务关系安排，特别是投资决策权的设置机制。

公司型基金中，投资者出资成为公司股东，公司需依法设立董事会（执行董事）、股东大会（股东会）以及监事会（监事），通过公司章程对公司内部组织结构设立、监管权限、利益分配划分作出规定。公司型基金的最高权力机构是股东大会（股东会），在公司型基金中投资者权利较大，可以通过参与董事会直接参与基金的运营决策，或者在股东大会（股东会）层面对交由决策的重大事项或重大投资进行决策。由公司内部的基金管理运营团队进行投资管理时，通常是在董事会之下设投资决策委员会，其成员一般由董事会委派；聘请外部管理机构进行投资运营管理时，董事会决定外部管理机构的选择并起监督职能，监督投资的合法、合规、风险控制和收益实现。在新的全球性"董事与经理分权"框架下，具体的项目投资决策等经营层面的决策也可通过公司章程约定，由经理班子或者第三方管理机构行使，只有涉及保护投资者权益的重大决策才必须由董事会之类的机构作出。

对于合伙型基金而言，基金的投资者以有限合伙人的身份存在，汇集股权投资所需的大部分资金，以其认缴的出资额为限对合伙企业债务承担责任，对外不可以代表合伙企业，仅在法律和监管约定的适当范围内参与的合伙企业事务可不被视为执行合伙事务。普通合伙人对合伙企业的债务承担无限连带责任，合伙企业投资与资产处置的最终决策权应由普通合伙人作出。合伙人会议是指由全体合伙人组成的、合伙企业合伙人的议事程序。在实务中，合伙协议中会对合伙人会议的召开条件、程序、职能或权力以及表决方式进行明确，合伙人会议并不对合伙企业的投资业务进行决策和管理。

对于契约型基金来讲，基金合同当事人遵循平等自愿、诚实信用、公平原则订立基金合同，以契约方式订明当事人的权利和义务。在契约框架下，投资者通常作为"委托人"，把财产"委托"给基金管理人管理后，由基金管理人全权负责经营和运作，通常不设置类似合伙型基金常见的投资咨询委员会或顾问委员会，即使有设置，投资者也往往不参与其人员构成，契约型基金的决策权归属基金管理人。

3. 收益分配安排

通常情况下，股权投资基金在较长的投资期限内实施项目投资，并对投资标的进行差异化的管理退出安排，因而股权投资基金如何进行收益分配是投资者和基金管理人需要约定的关键内容，其中包括分配的原则、时间和顺序等。

公司型基金分配时为"先税后分",即按年度缴纳公司所得税之后,按照公司章程中关于利润分配的条款进行分配,收益分配的时间安排灵活性相对较低;同时,公司型基金的税后利润分配,如严格按照《公司法》,需在亏损弥补(如适用)和提取公积金(如适用)之后,分配顺序的灵活性也相较低。

合伙型基金的分配为"先分后税",即合伙企业的"生产经营所得和其他所得"由合伙人按照国家有关税收规定分别缴纳所得税,在基金层面不缴纳所得税。在实务中,合伙型基金的收益分配原则、时点和顺序可在更大自由度内进行适应性安排。

契约型基金的契约属性、收益分配安排均可通过契约约定,但在实务中相关约定同样需参照现行行业监管和业务指引的要求。

4. 基金运营实务的要求

在基金的运营实务中,三种组织形式因各自的法律主体地位不同,而产生了一系列差异,包括基本税负区别、权益登记流程区别等。

二、股权投资基金的设立流程

(一)公司型基金的设立与备案

1. 设立条件

根据《公司法》的相关规定,设立有限责任公司,应当具备下列条件:股东符合法定人数;有符合公司章程规定的全体股东认缴的出资额;股东共同制定公司章程;有公司名称,建立符合有限责任公司要求的组织机构;有公司住所。

根据《公司法》的相关规定,设立股份有限公司,应当具备下列条件:发起人符合法定人数;有符合公司章程规定的全体发起人认购的股本总额或者募集的实收股本总额;股份发行、筹办事项符合法律规定;发起人制定公司章程,采用募集方式设立的经创立大会通过;有公司名称,建立符合股份有限公司要求的组织机构;有公司住所。

2. 设立步骤与备案

名称预先核准:根据相关法律法规对企业名称的特别规定为企业准备名称,并根据所在地工商登记机构的流程要求进行名称预先核准。

申请设立登记:在名称核准通过后,需要依据《公司法》、《公司登记管理条例》以及各地工商登记机构的要求提交一系列申请材料,进行设立登记事宜。

领取营业执照:申请人提交的申请材料齐全,符合法定形式,登记机构能够当场登记的,应予当场登记,颁发营业执照。公司营业执照签发日期为公司成立日期。领取营业执照后,还应该刻制企业印章,申请纳税登记,开立银行基本账户等。

基金备案:按照现行自律规则的要求,基金管理人应当在基金募集完毕后限定时间内通过中国证券投资基金业协会的产品备案系统进行备案，根据要求如实填报相关基本信息。

有限责任公司型基金由全体股东指定的代表或者共同委托的代理人向公司登记机关申请设立登记，股份公司型基金则是由董事会向公司登记管理机关申请设立登记。

（二）合伙型基金的设立与备案

1. 设立条件

根据《合伙企业法》的相关规定，设立有限合伙企业，应当具备下列条件：有限合伙企业由2个以上50个以下合伙人设立，但是法律法规另有规定的除外，有限合伙企业至少应当有一个普通合伙人；有书面合伙协议；有限合伙企业名称中应当标明"有限合伙"字样；有限合伙人认缴或者实际缴付的出资；有限合伙人可以用货币、实物、知识产权、土地使用权或者其他财产权利作价出资（但有限合伙人不得以劳务出资，在股权投资基金领域，普通合伙人也通常只宜以货币形式出资）；有生产经营场所；法律法规规定的其他条件。

2. 设立步骤与备案

公司型基金与合伙型基金均由工商登记机构进行登记管理，因而设立步骤相同，分别为名称预先核准、申请设立登记、领取营业执照和基金备案。

（三）契约型基金的设立与备案

根据相关法律法规的规定，契约型基金的设立不涉及工商登记的程序，通过订立基金合同明确投资人、管理人及托管人在私募基金管理业务过程中的权利、义务及职责，确保委托财产的安全，保护当事人各方的合法权益。

基金备案要求与其他组织形式基金一致，应由管理人在基金成立日起限定日期内到中国证券投资基金业协会办理相关备案手续，基金在中国证券投资基金业协会完成备案后方可进行投资运作。

三、股权投资基金的基本税负

（一）公司型基金的税负分析

1. 流转税——增值税

流转税是对生产、销售商品或提供劳务过程中实现的增值额或对规定的营利事业和经营行为以及规定的消费品或消费行为征收的税收，主要税种有增值税、消费税、营业税，统称为流转税。在股权投资业务中，项目股息、分红收入属于股息红利所得，不属于增值税征税范围；项目退出收入如果是通过并购或回购等非上市股权转让方式退出的，也不属于增值税征税范围；若项目上市后通过二级市场退出，则需按税务机关的要求，计缴增值税。

2. 所得税

在基金层面，根据税法的相关规定，公司型基金从符合条件的境内被投企业取得的股息红利所得，无需缴纳企业所得税；股权转让所得，按照基金企业的所得税税率，缴纳企业所得税。

公司型基金的投资者作为公司股东从公司型基金获得的分配是公司税后利润的分配，因此对于公司型投资者来说，以股息红利形式获得分配时，根据现行税法的相关规定，不需再缴纳所得税，故不存在双重征税；自然人投资者需就分配缴纳股息红利所得税并由基金代扣代缴，因而需承担双重征税（公司所得税与个人所得税）。

（二）合伙型基金的税负分析

1. 流转税——增值税

合伙企业层面的项目股息、分红收入属于股息红利所得，不属于增值税征税范围；项目退出收入如果是通过并购或回购等非上市股权转让方式退出的，也不属于增值税征税范围；若项目上市后通过二级市场退出，则需按税务监管机关的要求计缴增值税。

普通合伙人或基金管理人作为收取管理费及业绩报酬的主体时，需按照适用税率计缴增值税和相关附加税费。

2. 所得税

根据《合伙企业法》等相关规定，合伙企业生产经营所得和其他所得采取"先分后税"的原则。合伙企业合伙人是自然人的，缴纳个人所得税；合伙人是法人和其他组织的，缴纳企业所得税。

合伙型基金的投资者作为有限合伙人，收入主要为两类：股息红利和股权转让所得。根据现行相关规定，如果有限合伙人为自然人，两类收入均按照投资者个人的"生产、经营所得"，适用5% ~35%的超额累进税率，计缴个人所得税；如果有限合伙人为公司，两类收入均作为企业所得税应税收入，计缴企业所得税。在实务中，有限合伙型基金通常根据税法的相关规定，由基金代扣代缴自然人投资者的个人所得税。

合伙型基金的普通合伙人通常情况下为公司法人，如果普通合伙人同时担任基金管理人，其收入大致包括两类：按投资额分得股息红利和股权转让所得、基金的管理费和业绩报酬，按照现行税务机关的规定，均应作为企业所得税应税收入，计缴企业所得税。如果普通合伙人本身为有限合伙企业，则同样按照"先分后税"的原则，在合伙制普通合伙人层面不缴纳企业所得税，需再往下一层由每一位合伙人作为纳税义务人。

（三）契约型基金的税负分析

《证券投资基金法》第八条规定，"基金财产投资的相关税收，由基金份额持有人承担，基金管理人或者其他扣缴义务人按照国家有关税收征收的规定代扣代缴"，但进行股权投资业务的契约型股权投资基金的税收政策有待进一步明确。《信托法》及相关部门规章中并没有涉及信托产品的税收处理问题，税务机构目前也尚未出台关于信托税收的统一规定。

实务中，信托计划、资管计划以及契约型基金通常均不作为课税主体，也无代扣代缴个税的法定义务，由投资者自行缴纳相应税收。由于相关税收政策可能最终明确，并与现行的实际操作产生影响，中国证券投资基金业协会要求私募基金管理人需通过私募投资基金风险揭示书等，对契约型基金的税收风险进行提示。

第五节　基金投资者与基金管理人的权利义务关系

一、基金投资者与基金管理人的基础法律关系

（一）公司型基金投资者和基金管理人的基础法律关系

公司型基金的基金份额的持有方式是成为公司的股东，即投资人通过认缴出资或认购股份成为公司股东，从而依法享有相应的股东权利，同时承担在《公司法》中的各条款中约定的董事、股东、高级管理人员可能的民事、行政和刑事法律责任。根据《公司法》的规定，"公司以其全部财产对公司的债务承担责任。有限责任公司的股东以其认缴的出资额为限对公司承担责任；股份有限公司的股东以其认购的股份为限对公司承担责任"，公司型基金的组织形式更多体现资合的属性，股权转让通常不对基金带来直接的影响，股权转让需符合《公司法》相关条款的规定，但限制相对较少。

作为股东的基金份额持有人对基金的投资与运营管理参与方式，主要是通过可能参与董事会以对基金的投资活动产生影响。《公司法》第二十一条规定，"公司的控股股东、实际控制人、董事、监事、高级管理人员不得利用其关联关系损害公司利益。违反前款规定，给公司造成损失的，应当承担赔偿责任。"由于公司型基金能够建立有效的法人治理机制，加之基金管理人员的变动通常不会导致基金的解体，因而基金的稳定性较强。

（二）合伙型基金投资者和基金管理人的基础法律关系

一般而言，在有限合伙框架下，合伙型基金参与主体之间的权利义务关系较符合股权投资业务"人合＋资合"的特征，普通合伙人对基金可能的债务承担无限连带责任；而投资人作为有限合伙人，仅以出资构成基金投资的资金规模，对外不可以代表合伙企业，以其认缴的出资额为限对合伙企业债务承担责任。

虽然大部分采用有限合伙企业形式的股权投资基金会在合伙协议里对合伙企业的经营范围进行约定，但基金仍然可能因为违约责任或其他债务责任导致普通合伙人被清算，在实务中普通合伙人通常仅以一定比例的出资参与合伙企业并执行合伙事务，而将投资项目管理和行政事务委托给管理机构，并通过一系列协议的约定，向管理机构支付管理费和分配业绩报酬。需要强调的是，合伙企业投资管理和行政事务的委托并不因此免除普通合伙人对本合伙企业的责任和义务，本合伙企业投资资产处置的最终决策应由普通合伙人作出。

（三）契约型基金投资者和基金管理人的基础法律关系

在信托契约形式下，信托公司可以直接作为基金的投资管理人，也可以与基金管理人合作作为融资渠道，扮演资金募集人的角色，由投资顾问进行基金的投资管理。

在资产管理计划或契约型基金形式下，基金管理人是基金的直接参与主体。因此，在广义的契约型基金形式下，投资者与管理人之间是一种委托或者信托法律关系。

二、公司型基金合同

公司型基金合同的法律形式为公司章程，需要同时符合包括《公司法》等法律法规要求的要件，适应股权投资业务，并符合行业合规和自律要求，主要包括三个方面的内容。

（一）组织形式相关

主要包括：基本情况；股东出资；股东的权利义务；入股、退股及转让；股东（大）会；高级管理人员；财务会计制度；终止、解散及清算；章程的修订。

（二）股权投资业务相关

主要包括：投资事项；管理方式；托管事项；利润分配及亏损分担；税务承担；费用和支出；信息披露制度。

（三）合规与自律相关

主要包括：声明与承诺；一致性；份额信息备份；报送披露信息。

三、合伙型基金合同

在合伙型基金中，普通合伙人、有限合伙人及基金管理人通过有限合伙协议、委托管理协议等系列协议，约定相关权利和责任，同时也对基金运作的相关事宜进行事先规范。

根据《合伙企业法》的规定，合伙协议应当载明：合伙企业的名称和主要经营场所的地点；合伙目的和合伙经营范围；合伙人的姓名或者名称、住所；合伙人的出资方式、数额和缴付期限；利润分配、亏损分担方式；合伙事务的执行；入伙与退伙；争议解决办法；合伙企业的解散与清算；违约责任。

对于有限合伙企业，还需载明：普通合伙人和有限合伙人的姓名或者名称、住所；执行事务合伙人应具备的条件和选择程序；执行事务合伙人权限与违约处理办法；执行事务合伙人的除名条件和更换程序；有限合伙人入伙、退伙的条件、程序以及相关责任；有限合伙人和普通合伙人相互转变程序。需要说明的是，以上事项在约定时需同时考虑相关自律规则的要求。

与股权投资业务相关，下述事项的约定也为必备内容：合伙期限；管理方式和管理费（合伙协议中应明确管理人和管理方式，并列明管理人的权限及管理费的计算和支付方式）；费用和支出（合伙协议应列明与合伙企业费用的核算和支付有关的事项，具体可以包括合伙企业费用的计提原则，承担费用的范围、计算及支付方式，应由普通合伙人承担的费用等）；财务会计制度（合伙协议应对合伙企业的记账、会计年度、审计、年度报告、查阅会计账簿的条件等事项作出约定）；利润分配及亏损分担（合伙协议应列明相关事项，具体可以包括利润分配原则及顺序、利润分配方式、亏损分担原则及顺序等）；托管事项（合伙协议应列明托管具体事项，未托管时需明确保障私募基金财产安全的制度措施和纠纷解决机制）；合伙人会议（合伙协议中需列明合伙人会议的召开条件、程序及表决方式等）；投资事项（包括投资范围、投资运作方式、投资限制、投资决策程序、关联方认定标准及关联方投资的回避制度，以及投资后对被投资企业的持续监控、投资风险防范、投资退出、所投标的担保措施、举债及担保限制等）；税务承担事项（应列明合伙企业的税务承担事项）。除了前述的必备条款外，考虑股权投资业务的特殊性，合伙协议可能会包括关键人条款、投资决策委员会、投资咨询委员会等。

四、契约型基金合同

基金管理人通过契约形式募集设立股权投资基金的，基金合同的订立即表明了基金的成立，主要包括以下内容。

（一）组织形式相关

主要包括：前言（订立基金合同的目的、依据和原则）；私募基金的基本情况；私募基金的申购、赎回与转让；私募基金份额持有人大会及日常机构；私募基金份额的登记；私募基金的财产；交易及清算交收安排；私募基金财产的估值和会计核算；基金合同的效力、变更、解除与终止；私募基金的清算；违约责任；争议的处理。

（二）股权投资业务相关

主要包括：基金的募集；基金的投资；当事人及其权利义务；基金的费用与税收；基金的收益分配。

（三）合规与自律相关

主要包括：声明与承诺；风险揭示；基金的成立与备案；信息披露与报告。

关于广义契约型基金的具体形式，信托计划、资管计划或者契约型基金均需要参照符合相关监管部门的部门规章和相关业务指引文件。

第六节　外商投资股权投资基金募集与设立中的特殊问题

一、跨境股权投资的历史沿革

1992 年至 2000 年是中国股权市场发展的萌芽阶段，市场中仅有少数几家机构表现活跃，外资机构中有 IDG 资本等开始探路中国市场。然而，由于当时投资者对股权投资的认识有限，参与投资的动力和热情不足，政策环境不健全，企业股权结构不合理，市场发展受到一定制约。

2001 年，北京市人民政府颁布一系列法规，国内股权投资相关政策建设起步；2002 年，中央出台外商投资相关法规，吸引及利用外资政策步入新台阶；2004 年，深圳中小企业板正式启动，进一步为股权投资机构境内退出打通了渠道；2005 年，外汇局出台放开外汇管理的法规，重新开启外资创业投资基金投资境外注册中国企业以及海外红筹上市的大门，股权投资政策环境逐步完善。商务部也出台了设立外商投资公司新规，新型的外商投资公司也为外资股权投资开拓了新的道路。在此环境下，中国股权市场开始进入蓬勃发展阶段。

二、QFLP 工作内容

QFLP 即合格境外有限合伙人，是指境外机构投资者通过资格审批和外汇资金的监管程序后，将境外资本兑换为人民币资金，投资于境内的基金。QFLP 在北京、上海、天津、深圳、重庆、青岛等少数城市和地区进行试点，不同的试点地区对于境外投资人的资格认定、境内管理人的资格认定、基金最低规模认定、结汇流程等进行了规定。

三、外商投资创业投资企业

2003 年，原外经贸部、科技部、工商总局、税务总局、外汇局颁布《外商投资创业投资企业管理规定》（后于 2015 年进行修正），对设立外商投资创业投资企业的条件，包括投资者人数、认缴出资额的最低限额、组织形式、管理团队等进行了规定。

上述规定提出了必备投资者的概念。必备投资者应当以创业投资为主营业务，具备一定资金实力和投资经验，配备具有一定创业投资从业经验的人员，同时在外商投资创业投资企业的出资不低于某一最低比例。设立外商投资创业投资企业，至少有一个投资者应符合必备投资者的要求。

从设立和审批程序看，设立外商投资创业投资企业，应首先向省级外经贸主管部门报送申请，由商务部会商科技部作出批准或不批准的决定，获批准后，再向工商部门申请办理工商注册登记手续。

第五章 股权投资基金的投资

第一节 股权投资基金的一般投资流程

一个完整的股权投资基金投资流程通常包括项目收集、项目初审、项目立项、签署投资备忘录、尽职调查、投资决策、签署投资协议、投资后管理、项目退出等主要阶段。股权投资基金管理机构可以根据项目所处周期、机构自身管理特点以及基金协议相关约定适当调整相关程序。

一、项目收集

股权投资基金的项目主要有三个来源：（1）依托创新证券投资银行业务、收购兼并业务、国际业务衍生出来的直接投资机会，具有贴近一级投资市场、退出渠道畅通、资金回收周期短以及投资回报丰厚等特点；（2）与国内外股权投资机构结为策略联盟，实现信息共享，联合投资；（3）跟踪和研究国内外新技术的发展趋势以及资本市场的动态，通过资料调研、项目库推荐、访问企业等方式寻找项目信息。

二、项目初审

项目投资经理在接到商业计划书或项目介绍后，对项目进行初步调查，提交初步调查报告、项目概况表，并对项目企业的投资价值提出初审意见。

项目初审包括书面初审与现场初审两个部分。股权投资基金对企业进行书面初审的主要方式是审阅企业的商业计划书或融资计划书，股权投资基金在审查企业的商业计划书之后，经判断如果符合股权投资基金的投资项目范围，将要求到企业现场实地走访，调研企业现实生产经营与运转状况，即现场初审。

三、项目立项

对通过初审的项目，通常由项目投资经理提交立项申请材料，经基金管理人立项委员会或其他程序批准立项，经批准的项目方可进行下一步工作。

四、签署投资备忘录

项目完成立项后，通常会与项目企业签署投资备忘录。投资备忘录，也称投资框架协议，或投资条款清单（Term Sheet），通常由投资方提出，内容一般包括投资达成的条件、投资方建议的主要投资条款、保密条款以及排他性条款。

投资备忘录中的内容，除保密条款和排他性条款之外，主要作为投融资双方下一步协商的基础，对双方并无事实上的约束力。

五、尽职调查

立项批准并签署投资备忘录之后，项目投资经理、风险控制团队分别到项目企业独立展开尽职调查，并填写完成企业尽职调查报告、财务意见书、审计报告及风险控制报告等材料，尽职调查认为符合投资要求的企业与项目，项目投资经理编写完整的投资建议书。

六、投资决策

股权投资基金管理机构设立投资决策委员会对投资项目行使投资决策权。投资决策委员会的设立应符合关联交易审查制度的要求，确保不存在利益冲突。通常，投资决策委员会由股权投资管理机构的主要负责人（董事长、总裁等）、风险控制负责人、投资负责人和行业专家等组成。

七、签署投资协议

投资决策委员会审查同意进行投资的企业或项目，经法律顾问审核相关合同协议后，由授权代表与被投资方签署"增资协议"或"股权转让协议"等投资协议、"股东协议"或"合资协议"以及相关补充协议。

八、投资后管理

投资协议生效后，项目投资经理具体负责项目的跟踪管理，管理内容包括但不限于企业的财务状况、生产经营状况、重要合同等方面，以进行有效监控，更要利用自身的业务特长和社会关系网络帮助企业改善经营管理，为企业提供增值服务，包括帮助企业规范运作、完善公司治理结构、提供再融资服务、上市辅导及并购整合等，使企业在尽可能短的时间内快速规范、成长、增值。

九、项目退出

项目退出是指当所投资的企业达到预定条件时，股权投资基金将投资的资本及时收回的过程。股权投资基金在项目立项时，就要为项目设计退出方式，然后随着项目进展及时修订。具体的退出方式包括上市转让或挂牌转让退出、股权转让退出（包括行业通常所指的回购、并购等）、清算退出。

第二节　尽职调查

一、尽职调查的目的、范围和方法

尽职调查，又称审慎性调查（Due Diligence），一般是指投资人在与目标企业达成初步合作意向后，经协商一致，对目标企业的一切与本次投资相关的事项进行现场调查、资料分析的一系列活动。

（一）尽职调查的目的

尽职调查的目的有三方面：价值发现、风险发现和投资可行性分析。

价值发现：尽职调查的作用除了验证过去财务业绩的真实性外，更重要的在于预测企业未来的业务和财务数据，并在此基础上对企业进行估值。根据尽职调查所发现的风险，投资人可以对目标公司作出进一步估值调整，得出符合目标企业实际价值的估值结果。

风险发现：基金管理人需要收集充分的信息，全面识别投资风险，评估风险大小并提出风险应对的方案。企业经营风险、股权瑕疵、或然债务、法律诉讼、环保问题以及监管问题都是考察的内容。最终在交易文件中可以通过陈述和保证、违约条款、交割前义务、交割后承诺等进行风险和责任的分担。

投资可行性分析：尽职调查还有助于交易各方了解投资的可操作性并帮助各方确定交易的时间表。

（二）尽职调查的范围

尽职调查主要可以分为业务、财务和法律三大部分。

业务尽职调查涵盖了企业商业运作中涉及的各种事项，包括市场分析、竞争地位、客户关系、定价能力、供应链、环保和监管等问题。

财务尽职调查涵盖企业的历史经营业绩、未来盈利预测、现金流、营运资金、融资结构、资本性开支以及财务风险敏感度分析等内容。与一般财务审计以验证企业财务报表真实性为目的不同，财务尽职调查的主要目的是评估企业存在的财务风险以及投资价值。因此，财务尽职调查更多使用趋势分析、结构分析等分析工具。

法律尽职调查一般是律师基于企业所提供的法律文件完成的，其内容一般涵盖股权结构、公司治理状况、土地和房屋产权、税收待遇、资产抵押或担保、诉讼、商业合同、知识产权、员工雇佣情况、社会保险以及关联交易事项。法律尽职调查的作用是帮助基金管理人全面地评估企业资产和业务的合规性以及潜在的法律风险。

（三）尽职调查的方法

尽职调查的操作流程一般包括制订调查计划、调查及收集资料、起草尽职调查报告与风险控制报告、进行内部复核、设计投资方案等几个阶段。

仅就尽职调查本身而言，其中最为重要的部分为资料收集与分析。收集资料的渠道主要包括审阅文件、外部信息、访谈、现场调查、内部沟通。收集资料之后，尽职调查团队还要验证其可信程度，评估其重要性，最终形成尽职调查报告与风险控制报告，供投资决策委员会决策参考。

二、业务尽职调查、财务尽职调查和法律尽职调查

（一）业务尽职调查

业务尽职调查是整个尽职调查工作的核心，财务、法律、资源、资产以及人事方面的尽调都是围绕业务尽调展开。业务尽调的目的是了解过去及现在企业创造价值的机制，以及这种机制未来的变化趋势，以预测企业未来的财务业绩并对之进行估值。

业务尽职调查内容主要包括：

（1）业务内容，即企业基本情况、管理团队、产品/服务、市场、发展战略、融资运用、风险分析。

（2）历史沿革，即了解标的企业从设立到调查时点的股权变更以及相关的工商变更情况。

（3）主要股东/实际控制人/团队，即调查控股股东/实际控制人的背景。

（4）行业因素，即行业发展的总体方向、市场容量、监管政策、准入门槛、竞争态势以及利润水平等情况。

（5）客户、供应商和竞争对手。

（6）对标分析，即借鉴同行业上市公司的财务报告和招股说明书等公开资料进行比较分析。

不同投资策略针对的目标企业类型及所处发展阶段不同，因而业务尽调的侧重点也不同，创业投资的考察重点为管理团队和产品服务部分，成长投资对产品服务、发展战略及市场因素的关注程度更高一些，并购投资则更多关注管理团队、资产质量、融资结构、融资运用、发展战略以及风险分析等。

（二）财务尽职调查

财务尽调重点关注标的企业的过去财务业绩情况。财务尽调团队应收集标的企

业相关的财务报告及相关支持材料，了解其会计政策及相关会计假设，进行财务比率分析，重点考察企业的现金流、盈利及资产事项。不同于审计，财务尽调强调发现企业的投资价值和潜在风险，注重对企业未来价值和成长性的合理预测，经常采用趋势分析和结构分析工具，在财务预测中经常会用到场景分析和敏感度分析等方法。

现场调查是财务尽职调查不可或缺的环节。尽调团队向企业提出资料清单或问题清单，参观目标企业现场，了解其业务操作流程，对企业中高层管理人员进行访谈，走访重要客户、经销商、供应商、竞争对手、贷款银行、法律顾问、审计师和政府部门等。

财务尽调在横向或纵向比较目标企业财务业绩时需要注意会计政策和财务假设不同造成的影响，包括折旧摊销、收入与成本确认、资产问题、关联交易等。

（三）法律尽职调查

法律尽调更多的是定位于风险发现，其目的主要有：第一，确认目标企业的合法成立和有效存续；第二，核查目标企业所提供文件资料的真实性、准确性和完整性；第三，充分了解目标企业的组织结构、资产和业务的产权状况和法律状态，确认企业产权（如土地所有权）、业务资质以及其控股结构的合法合规；第四，发现和分析目标企业现存的法律问题和风险并提出解决方案；第五，出具法律意见并将之作为准备交易文件的重要依据。

法律尽调关注重点问题包括历史沿革问题、主要股东情况、高级管理人员、债务及对外担保情况、重大合同、诉讼及仲裁、税收及政府优惠政策等。

法律尽调收集资料渠道包括：企业依照资料清单提供的材料、对目标企业管理团队的访谈、对目标企业的现场调查；从政府部门获得的信息；公开信息，如互联网信息等。在某些重大事项上，律师如果对企业提供的资料存在疑虑，则应按照审慎原则进行调查，不应单纯依赖企业提供的资料。对目标企业的现场调查也是法律尽调的必要程序。

（四）风险控制

风险控制是指进行财务尽调、法律尽调以及行业分析后，识别项目投资的具体风险，结合项目上市或并购退出可行性、风险可控性、成长性设计风险控制方案，出具风险控制报告。股权投资基金投资环节通常设立独立的风险控制体系，风险控制组织、业务流程相对独立。风险控制一般包括风险识别、风险评估以及风险应对三个步骤。风险控制报告由风险控制经理出具，并经风险控制部负责人签署后独立出具。

三、尽职调查报告和风险控制报告

（一）尽职调查报告

投资团队根据尽职调查结果，对标的企业进行客观评价，从而形成详尽的尽职调查报告。尽职调查报告至少包括业务尽调、财务尽调和法律尽调的内容。

业务尽调报告主要包括企业基本情况、管理团队、产品/服务、市场、发展战略、融资运用、风险分析等；财务尽调报告主要包括评估目标企业的财务健康程度、评估目标企业的内控程序及业务的主要流程、提供交易条款的建议，包括估值条款、保护性条款以及交易结构的具体设计等；法律尽调报告主要包括目标企业法律风险的识别、评估和应对建议。投资团队依据尽职调查报告，形成一份最终的投资建议书，并提交给投资决策委员会。

（二）风险控制报告

风险控制团队依据业务尽调、财务尽调、法律尽调发现的风险，从公司层面、业务层面、信息系统层面对风险进行分析，充分评估，并独立出具风险控制报告。

投资决策委员会根据尽职调查报告和风险控制报告进行决策。

第三节　股权投资基金常用的估值方法

一、估值方法概述

估值是投资最重要的环节之一，也是投资协议的重要内容，投资前需要明确评估目标资产的公允价值。在评估一项投资的公允价值时，应考虑该项投资的性质、事实及背景，为之选择恰当的估值方法。在估值时应结合市场参与者的假设采用合理的市场数据和参数。不管采用何种估值方法，估值都应根据评估日的市场情况从市场参与者的角度出发。估值时，应采取谨慎态度。

估值方法通常包括相对估值法、贴现现金流法、成本法、清算价值法、经济增加值法等。其中，股权投资行业主要用到的估值方法为相对估值和贴现现金流法。其中，相对估值的种类最多，相对估值法是早期创业投资基金较常用的方法，定增基金、并购基金等也往往以之作为参考。如果目标企业现金流稳定，未来可预测性较高，则现金流折现价值更有意义。贴现现金流估值法则多用于以成长和成熟阶段企业作为投资标的的中后期创投基金和并购基金。成本法主要作为一种辅助方法存在，主要原因是企业历史成本与未来价值并无必然联系。清算价值法则常见于杠杆收购和破产投资策略。经济增加值法主要应用于一些特殊的行业。

二、相对估值法

相对估值法是指将企业的主要财务指标乘以根据行业或参照企业计算的估值乘数，从而获得对企业股权价值的估值参考结果，包括市盈率、市现率、市净率和市售率等多种方法。

初创阶段和成长早期企业的未来业绩不确定性较大，对这类企业的估值参考标准为相对估值乘数。传统的估值指标包括市盈率、市现率、市净率和市售率等。用相对估值法来评估目标企业价值的工作程序包括：（1）选定相当数量的可比案例或参照企业；（2）分析目标企业及参照企业的财务和业务特征，选择最接近目标企业的几家参照企业；（3）在参照企业的相对估值基础上，根据目标企业的特征调整指标，计算其定价区间。

（一）市盈率法

市盈率等于企业股权价值与净利润的比值（每股价格/每股净利润）。相应的，企业股权价值等于企业净利润乘以市盈率。市盈率是中国股权市场应用最为普遍的估值指标。投资时常用的两个概念是静态市盈率和动态市盈率（或称滚动市盈率）。这两个指标的差别在于净利润计算的方法不同。前者使用的净利润为上市公司上一财政年度公布的净利润，而后者采用的则是最近四个季度报告的净利润总和。动态市盈率反映的信息要比静态市盈率更加贴近当前实际，但季度财务报告通常没有经过审计，其可信度要低于经审计的年度净利润。此外，市场上还存在前瞻市盈率的说法，即当前股票价格与分析师对该公司下一年度净利润主流预测值的比值，主要应用于 PEG 比率的计算。

不同行业的市盈率会有很大差别。企业的净利润容易受经济周期的影响，市盈率指标也一样受经济周期的影响。两种因素相互叠加会导致周期性企业估值水平在一个周期内呈现大幅起落的特征。对于股权投资基金之类的长期投资者而言，估值参考标准不应只是特定时刻的市盈率。

（二）市现率法

市现率指的是企业股权价值与税息折旧摊销前收益（EBITDA）的比值，相应地，企业股权价值等于 EBITDA 乘以市现率。EBITDA 为税后净利润、所得税、利息费用、折旧和摊销之和。

市现率法有以下不足之处：（1）市现率和市盈率一样要求企业的业绩相对稳定，否则可能出现较大误差。（2）EBITDA 未将所得税因素考虑在内，税收减免或者补贴会导致两家企业的 EBITDA 相等但税后净利润却相差较大。

（三）市净率法

市净率（P/B）也称市账率，等于企业股权价值与股东权益账面价值的比值，或者每股价格除以每股账面价值。相应地，企业股权价值等于股东权益账面价值乘以市净率。

不同行业的市净率可能存在巨大差别。一方面，不同行业的资产盈利能力差异巨大；另一方面，一些企业拥有的无形资产并未进入其资产负债表，如垄断或寡头垄断、品牌、专利和特定资源等。制造企业和新兴产业的企业往往不适合采用这种估值方法。前者多数资产采用历史成本法计价，与市场公允价值差别较大；而后者的主要价值并不体现在资产价值上。除了行业因素之外，不同市场对企业的定价水平也有较大差异。

（四）市销率法

市销率（P/S 或 PSR）也称市售率，等于企业股权价值与年销售收入的比值。相应地，企业股权价值等于销售收入乘以市销率。创业企业的净利润可能为负数，账面价值比较低，而且经营净现金流可能为负。在这种情况下，市盈率、市现率及市净率都不太适用，用市销率估值反而更有参考价值。

三、贴现现金流法

贴现现金流法（Discounted Cash Flows，DCF）是通过预测企业未来的现金流，将企业价值定义为企业未来可自由支配现金流折现值的总和，包括红利模型和自由现金流模型等。贴现现金流法的基础是现值原则，即在考虑资金的时间价值和风险的情况下，将预期发生在不同时点的现金流量，按既定的贴现率，统一折算为现值，再加总求得目标企业价值。用公式表示为

$$V = \sum_{t=1}^{n} \frac{CF_t}{(1+i)^t} + \frac{TV}{(1+i)^n}$$

其中，V 为目标企业价值；CF_t 为预期内第 t 年的自由现金流；TV 为终值；n 为预测期；i 为贴现率（也被称做资本成本，是资产持有者要求的收益率或机会成本）。

（一）股权自由现金流量贴现模型

在股权自由现金流量贴现模型中，股权的内在价值等于未来各年股权自由现金流量用权益资本成本贴现得到的现值之和，即

$$EV = FC + \sum_{t=1}^{+\infty} \frac{FCFE_t}{(1+K_e)^t}$$

其中，EV 为权益价值；$FCFE_t$ 为第 t 年的股权自由现金流量；FC 为当前未使用资产的存量，即企业当前的货币资金、短期投资和长期投资之和。

股权自由现金流量（FCFE）是归属于股东的现金流量，是指公司经营活动产生的现金流量在扣除业务发展的投资需求和对其他资本提供者的分配之后能够分配给股东的现金流量，其计算公式为

$$FCFE = 实体现金流量 - 债务现金流量$$
$$= 营业现金净流量 - 净经营性长期资产总投资 -$$
$$（税后利息费用 - 净金融负债增加）$$
$$= 税后经营利润 + 折旧与摊销 - 经营营运资本增加 -$$
$$（净经营性长期资产增加 + 折旧与摊销） -$$
$$（税后利息费用 - 净负债增加）$$

（二）公司自由现金流量贴现模型

相比于股权自由现金流量，公司自由现金流量当中增加了流向债权人和优先股股东的现金流，贴现时所采用的贴现率不再是权益资本成本，而是公司的加权平均资本成本 WACC。公司自由现金流量的贴现模型可以表示为

$$FV = FC + \sum_{t=1}^{+\infty} \frac{FCFF_t}{(1 + WACC)^t}$$

其中，FV 为公司价值，$FCFF_t$ 为第 t 年的公司自由现金流量，FC 为当前未使用资产的存量，WACC 为公司的加权平均资本成本。

自由现金流量（FCFF）是归属于公司股东和债权人的现金流量，是指公司经营活动产生的现金流量在扣除业务发展的投资需求后能够分配给资本提供者的现金流量，它等于企业的税后净营业利润，即将公司不包括利息收支的营业利润扣除实付所得税税金之后的数额加上折旧及摊销等非现金支出，再减去营运资本的追加和物业厂房设备和其他资产方面的投资。它是公司所产生的税后现金流量总额，可以提供给公司资本的所有供应者，包括债权人和股东。

自由现金流量（FCFF）=（税后净营业利润 + 折旧及摊销）-（资本支出 + 营运资本增加）

就公司自由现金流量来说，一般是采用加权平均资本成本作为所选择的贴现率。WACC 的计算公式为

$$WACC = W_d \times r_d \times (1 - T) + W_e \times r_e$$

其中，W_d 为债权资本与总资产的比值，W_e 为股权资本与总资产的比值，$W_d + W_e = 1$；r_d 为债权资本成本，等于平均利息率；r_e 为股权资本成本，即股东要求的收益率；T 为公司所得税税率。

综上，股权价值计算思路见图 5-1。

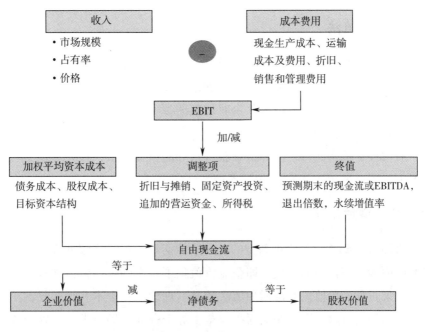

图 5 - 1 股权价值计算思路

四、成本法

成本法包括账面价值法和重置成本法。

(一) 账面价值法

账面价值法是指公司资产负债的净值,但要评估标的公司的真正价值,还必须对资产负债表的各个项目作出必要的调整,在此基础上,得出双方都可以接受的公司价值。

(二) 完全重置成本 (重置全价)

完全重置成本是指在现时条件下重新购置一项全新状态的资产所需的全部成本。重置成本法是用待评估资产的重置全价减去其各种贬值后的差额作为该项资产价值的评估方法,计算公式为

$$待评估资产价值 = 重置全价 - 综合贬值$$

或

$$待评估资产价值 = 重置全价 \times 综合成新率$$

综合贬值包括有形损耗 (物质的) 和无形损耗 (技术的) 等。

重置成本法的主观因素较大,且历史成本与未来价值并无必然联系,因此,成本法主要作为一种辅助方法。

五、清算价值法

清算大致分为破产清算和公司解散清算。清算价值法的主要方法是，假设企业破产和公司解散时，将企业拆分为可出售的几个业务或资产包，并分别估算这些业务或资产包的变现价值，加总后作为企业估值的参考标准。一般采用清算价值法估值时，采用较低的折扣率。

对于股权投资机构而言，清算很难获得很好的投资回报，在企业正常可持续经营的情况下，不会采用清算价值法。

六、经济增加值法

经济增加值（EVA）是一种新型的公司业绩衡量指标，比较准确地反映了公司在一定时期内为股东创造的价值，即企业价值除了资产的账面价值之外，还有管理团队经营成果贡献的价值。经济增加值法的基本理念是：资本获得的收益至少要能补偿投资者承担的风险，即股东必须赚取至少等于资本市场上类似风险投资回报的收益率，产生剩余收入或经济利润。

EVA 的基本计算方法为

$$EVA = 税后净营业利润 - 资本成本 = （R - C）\times A = R \times A - C \times A$$

其中，R 是资本收益率，即投入资本报酬率，等于税前利润减去现金所得税再除以投入资本；C 是加权资本成本，包括债务成本以及所有者权益成本；A 为投入资本，等于资产减去负债，其中，资产中除去现金，负债中除去长期负债和短期负债以及递延税款；$R \times A$ 为税后净营业利润。

第四节 投资协议与投资备忘录的主要条款

一、概述

本节内容列出了投资协议和投资备忘录中比较常见的一些条款，这些条款主要是结合股权投资基金往往作为财务投资人的特殊性质，对企业的估值、控制权、现金流量权、剩余索取权等进行约定。

二、估值条款

估值条款约定股权投资基金作为投资人投入一定金额的资金可以在目标公司中获得的股权比例。

三、估值调整条款

股权投资基金对于目标企业的估值主要依据企业现时的经营业绩以及对未来经营业绩的预测，因此这种估值存在一定的不确定性。

为了应对估值风险，股权投资基金有时会在投资协议中约定估值调整条款。通常的估值调整方法是，在投资协议中约定未来的企业业绩目标，并根据企业未来实际业绩与业绩目标的偏离情况，相应调整企业的估值。

四、回购条款

回购条款，是指当满足事先设定的条件时，股权投资基金有权要求目标企业大股东按事先约定的定价机制，买回股权投资基金所持有的全部或部分目标企业的股权。事先设定的触发条件通常包括目标企业未达到事先设定的业绩目标、目标企业在一段时间内未能成功实现IPO、目标企业出现了导致实际控制权发生转移的重大事项等。回购条款实际上体现的是投资方对目标企业或其大股东回售股权的权利（Put Option）。股权投资基金通常可以在约定的条件出现后，随时行使这项权利。

五、反摊薄条款

反摊薄条款又称反稀释条款（Anti-dilution），是一种用来保证股权投资基金权益的约定，目的是确保不会因公司以更低的发行价进行新一轮融资而导致投资人的股权被稀释从而投资被贬值。反摊薄条款根据新一轮融资发行的股数的比例、价格的不同，可能采取完全棘轮法或者加权平均法，在调整完成前，公司不得增资。

六、董事会席位条款

董事会席位条款约定目标企业董事会的席位数量、初始分配方案和后续调整规则，是目标企业控制权分配的重要条款。通常，持股达到某一最低比例的投资人有权任命若干名董事。

七、保护性条款

保护性条款是为保护股权投资基金利益而进行的安排，根据该条款，目标企业在执行某些可能损害投资人利益或对投资人利益有重大影响的行为或交易前，应事先获得投资人的同意。保护性条款实际上赋予了股权投资基金作为投资人，对一些特定重大事项的一票否决权。重大事项通常包括一定规模以上股权或债权的发行；一定规模以上的资产处置；涉及公司知识产权的交易；重大关联交易；导致公司控制权发生变化的兼并、收购、分立、合并或清算事件；公司章程、董事会结构或议事规则的变更；公司业务范围或业务活动的本质性变化；会计政策的重大变更或外部审计机构的变更；等等。

八、竞业禁止条款

竞业禁止条款是指在投资协议中，股权投资基金为了确保公司的良好发展和利益，要求目标公司通过保密协议或其他方式，确保其董事、高管和其他关键员工不得兼职与本公司业务有竞争的职位，同时不得在离职后一段时期内加入与本公司有竞争关系的公司。本条款的目的是为了保证目标公司的利益不受损害，从而保障投资人的利益。

九、优先购买权/优先认购权条款

优先认购权是指目标企业发行新股或者可转换债券时，作为老股东的股权投资人可以按照比例优先于新进投资人进行认购的权利。

优先购买权是指目标企业的其他股东对外出售股权时，作为老股东的股权投资人在同等条件下有优先购买权。

十、保密条款

所谓保密条款是指除当法律要求或/和遵守相关监管机构/权威机构（视情况而定）的披露要求外，投资协议中规定投资方应对投资中了解的目标公司的商业秘密和其他信息承担保密义务，保证不将这些信息泄露给第三方。此外，对于股权投资基金而言，其所投目标公司也属于商业秘密，所以保密条款也针对目标公司施加保密的义务，因此，保密条款有利于保护双方的利益。

十一、排他性条款

排他性条款一般会约定一个为期几个月的排他期限，在排他期限内，目标企业现任股东及其董事、雇员、财务顾问、经纪人在与股权投资基金进行谈判的过程中不得再与其他投资机构进行接触，从而保证双方的时间和经济效率。同时，投资方如果在协议签署之日前的任何时间决定不执行投资计划，应立即通知目标企业。

第五节　跨境股权投资中的特殊问题

一、跨境股权投资的类型

跨境股权投资包括境外的股权投资基金面向境内目标公司的投资，以及境内的股权投资基金面向境外目标公司的投资。

境外股权投资基金面向境内企业的投资，是指注册于境外的股权投资基金，采取新设、增资或收购等方式，投资于境内企业。

境内股权投资基金面向境外企业的投资，是指注册于境内的股权投资基金，采取新设、增资或收购等方式，投资于境外企业。

二、跨境股权投资的法律依据、审批流程和架构设计

（一）法律依据

境外股权投资基金采用外商直接投资方式投资于境内企业的，应遵守我国《外资企业法》、《中外合作经营企业法》、《中外合资经营企业法》以及《公司法》、《证券法》等法律的规定，其投资企业所在的行业应满足《政府核准的投资项目目录》的要求。如构成对境内企业的并购行为，应遵守《关于外国投资者并购境内企业的规定》；如果目标企业为境内上市公司，还应遵守《外国投资者对上市公司战略投资管理办法》的规定。此外，投资过程中涉及的外汇业务应遵循国家关于外汇管理的法律法规规定。

境内股权投资基金投资于境外企业，应遵循商务部颁布的《境外投资管理办法》以及国家发展改革委颁布的《境外投资项目核准和备案管理办法》。

（二）审批流程

1. 境外股权投资基金向境内目标公司投资的审批流程

境外股权投资基金向境内目标公司直接投资必须获得特定审批机关的批准，主要包括商务部、国家发展改革委以及外汇局，如果境内目标企业的主体资格特殊，还可能涉及国家相关主管部门。

审批的一般流程是，首先按相关规定获得审批机关批准，然后向工商登记管理机关办理设立登记或变更登记。

2. 境内股权投资基金向境外目标公司投资的审批流程

一般而言，中国企业进行境外投资必须获得特定审批机关的批准，这里的审批机关主要是指发展改革部门和商务部门。如果中国企业的主体资格特殊，还可能涉及其他政府主管部门。

我国对企业境外投资区分不同情况，实行核准或备案管理。其中，涉及敏感国家和地区或敏感行业或投资金额较大的，实行核准管理；对一般境外投资，实行备案管理。

在审批流程方面，企业应首先拿到发展改革部门的核准或备案文件。如企业在投资项目的过程中涉及通过新设、并购等方式在境外设立非金融企业或取得既有非

金融企业的所有权、控制权、经营管理权等行为，企业还需要向商务部门申请核准或备案，并获得"企业境外投资证书"。在获得发展改革、商务部门的核准或备案文件后，再向外汇管理部门申请外汇登记证。最后，在指定银行办理资金汇出手续。

（三）架构设计

跨境股权投资可以采取直接投资的架构。跨境直接投资，是指投资者（自然人或法人）跨越国境进行投资，采取新设、增资或收购等方式，直接获取或控制境外企业的股权或资产，以获得利润或达到其他战略目标的投资活动。跨境直接投资包括外国直接投资（FDI）和对外直接投资（ODI）两种具体形式，前者指境外投资者对我国境内企业的直接投资，后者指我国境内投资者对境外企业的直接投资。

有些情况下，基于降低税负或规避监管等方面的考虑，跨境股权投资也可以采取直接投资以外的其他架构设计。其中，股权投资基金行业使用较多的一种架构，是由投融资双方在境外设立特殊目的公司（SPV），境外股权投资基金投资于该特殊目的公司，再由该特殊目的公司以外国直接投资方式投资于境内企业。如果目标企业所从事的行业属于特殊行业，有时还会采用可变利益实体（VIE）的投资架构。需要指出的是，在我国当前的法律框架下，VIE架构的合法性仍存在一定的疑问。

第六章　股权投资基金的投资后管理

第一节　投资后管理概述

一、投资后管理的概念、内容和作用

（一）投资后管理的概念

投资后管理是指股权投资基金与被投资企业签署正式投资协议之后，基金管理人积极参与被投资企业的重大经营决策，为被投资企业实施风险监控，并提供各项增值服务等一系列活动。

在完成项目尽调并实施投资后直到项目退出之前都属于投资后管理的期间。投资后管理关系到投资项目的发展与退出方案的实现，良好的投资后管理将会从主动层面减少或消除潜在的投资风险，实现投资的保值增值，因此，投资后管理对于投资工作具有十分重要的意义。

（二）投资后管理的内容

通常，投资后管理的主要内容可以分为两类，第一类为股权投资基金对被投资企业进行的项目监控活动；第二类为股权投资基金对被投资企业提供的增值服务。

（三）投资后管理的作用

对于股权投资基金而言，投资后的项目监控有利于及时了解被投资企业经营运作情况，并根据不同情况及时采取必要措施，保证资金安全；投资后的增值服务则有利于提升被投资企业自身价值，增加投资收益。此外，投资后管理对股权投资基金参与企业后续融资时的决策也起到重要的决策支撑作用。

二、投资后阶段信息获取的主要渠道

由于股权投资存在信息不对称、外部性较强以及财务投资人通常难以积极主动参与被投资企业管理等问题，因而需要有效机制来保证信息披露的充分性，保证企业的经营活动不损害股权投资基金的利益，并从客观上将二者的利益结合起来。股权投资

基金管理人一般通过如下几种渠道和方式参与投资后管理，获取被投资企业信息。

（一）参与被投资企业股东大会（股东会）、董事会、监事会

股东大会（股东会）是公司的最高权力机构，由全体股东组成，负责修改公司章程，聘任和解聘公司董事，公司上市、增资、减资、利润分配，审批重大关联交易等重大事项的决策。董事会负责批准公司发展战略、批准公司年度财务预算与决算、聘任和解聘公司高级管理人员、决定公司高级管理人员的薪酬和考核与激励制度等重要决策。监事会作为公司内部专门行使监督权的监督机构，对公司董事和高管的行为是否符合法律法规和公司章程的规定行使监督权力，是公司法人治理结构的重要组成部分。

股权投资基金通过基金管理人参与被投资企业股东大会（股东会）、董事会和监事会，可以全面了解与公司发展相关的重要信息，并通过行使相应职权保护股权投资基金的利益，促进被投资企业的良性发展。

（二）关注被投资企业经营状况

根据法律法规和投资协议的约定，通常情况下，被投资企业有义务及时向股权投资基金提供与企业经营状况相关的报告，包括月度报告、季度报告、半年度报告、年度报告和有关专项报告。股权投资基金可以通过被投资企业提交的经营报告了解企业业务进展情况，并密切关注企业出现的下列问题：支付延误、亏损、财务报表呈报日期延误、财务报表质量不佳、资产负债表项目出现重大变化、企业家回避接触、出现大量财产被盗情形、管理层出现变动、销售及订货出现重大变化、存货变动异常、缺少预算和计划、会计制度变化、失去重要客户和供应商、出现劳工问题、市场价格和份额变化等。同时，股权投资基金还要密切关注关于企业生产所需技术的变化、企业所处行业的变化及政府政策的变动等外部预警信号。

（三）日常联络和沟通工作

股权投资基金作为外部投资者，要减少或消除信息不对称带来的问题，及时沟通是最有效的解决办法。股权投资基金通常采取电话或会面、到企业实地考察等方式与被投资企业主要管理人员进行交谈和接触，目的是了解企业的日常经营情况，并对其进行指导或咨询，实现有效的沟通。

第二节　投资后项目监控

一、投资后阶段常用的监控指标

为了使被投资企业健康发展，特别是为了规避企业家的道德风险，股权投资基

金通常采取各项具体措施对被投资企业进行监控。在投资后项目监控方面，需要重点关注以下指标。

（一）经营指标

对于业务和市场已经相对成熟稳定的企业，侧重于业绩指标，如净利润；对于尚在积极开拓市场的企业，侧重于成长指标，如销售额增长、网点建设、新市场进入等。

（二）管理指标

管理指标主要包括公司战略与业务定位、经营风险控制情况、股东关系与公司治理、高级管理人员尽职与异动情况、重大经营管理问题、危机事件处理情况等。

（三）财务指标

财务指标主要包括资金使用情况、三大财务报表、会计制度与重大财务方案、进驻财务监督人员的反馈情况等。

（四）市场信息追踪指标

市场信息追踪指标主要包括产品市场前景和竞争状况、产品销售与市场开拓情况、经第三方了解的企业经营状况、相关产业动向及政府政策变动情况等。

二、投资后项目监控的主要方式

股权投资基金对被投资企业的监控通常会采取以下几种方式。

（一）跟踪协议条款执行情况

在投资后管理阶段，股权投资基金管理人需定期核查协议条款的执行情况，保护双方的合法权益。当发现项目存在重大风险或出现极端情况时，应当立即采取补救措施。此外，有一些投资协议可能也会规定一些其他交割后义务，在交割之后需要由被投资企业继续履行一些后续的义务，股权投资基金也需要对这些条款的履行情况进行持续监控。

（二）监控被投资企业财务状况

股权投资基金对被投资企业的风险监控的重要途径之一是在投资后对被投资企业的财务状况进行监控，对被投资企业进行财务分析，以便及时发现生产经营中的重大变化并及时采取措施。

（三）参与被投资企业重大经营决策

为了降低股权投资后的委托代理风险，股权投资基金管理人通常会参与被投资企业股东大会（股东会）、董事会和监事会，并以提出议案或参与表决的方式，对被投资企业的经营管理实施监控。

在某些情况下，股权投资基金在投资时以可转换优先股或可转换债券作为投资工具，在投资后管理阶段，投资者可以选择行使转换权利，将优先股或债权转换为普通股，相应增加在股东大会（股东会）或董事会的话语权，从而实施更有力的监控。在某些特殊情况下，投资者甚至可能以特定方式，阶段性地参与到被投资企业的日常经营和管理中去。

第三节　增值服务

一、增值服务的价值

提高投资回报。增值服务的成功与否将对被投资企业的经营业绩产生重要影响，提供增值服务的目的就是要使被投资企业快速健康发展，在降低投资风险的同时，早日实现投资退出，获取最大化的投资回报。

降低投资风险。从股权投资的流程看，股权投资基金所提供的增值服务可以使被投资企业的一些风险处于可控范围之内，增值服务是投资者控制投资风险的一项重要手段。投资后持续的增值服务，能够最大限度地降低投资风险，保证投资效率和资金安全。

二、增值服务的主要内容

股权投资基金为被投资企业提供的增值服务通常包括以下几方面的内容。

（一）完善公司治理结构

股权投资基金本身非常注重被投资企业的治理结构及组织架构，因此通常会在这些方面提供合理意见与建议，并帮助被投资企业逐步建立规范的公司治理结构。

（二）规范财务管理系统

股权投资基金能够帮助被投资企业建立规范的会计账户处理流程，并协助建立以规范管理、控制风险为基本理念的现代财务管理体系。

（三）为企业提供管理咨询服务

这主要是指为被投资企业提供战略、组织、财务、人力资源、市场营销等方面的顾问建议。由于股权投资基金对被投资企业所处的行业情况比较了解，并且经验相对丰富，投资人经常作为管理顾问，帮助被投资企业完善商业计划、改善经营管理、发现新的业务机会，同时也可以较早觉察到企业未来可能出现的问题，降低企业的运行风险。

（四）提供再融资服务

后续融资在被投资企业的发展壮大过程中非常重要，对创业企业来说尤为如此。股权投资基金往往会利用自己在资本市场上的关系网络联合其他投资机构一起投资。股权投资基金还和证券市场上的投资银行及基金公司联系密切，能够帮助企业选择合适的时机上市或者发行债券。正是由于股权投资基金能够给被投资企业提供潜在的持续融资机会，被投资企业往往会去寻找那些在投资行业内有广泛关系的股权投资基金，希望能够通过其加入公司来保证后续轮次的融资活动顺利进行。

（五）提供外部关系网络

股权投资基金通常与社会各界有着广泛的联系。凭借这种深厚的关系网络，投资人往往能够为被投资企业带来许多战略性资源并将其融入企业之中，使其成为被投资企业的竞争优势。

一是为被投资企业引入重要的战略合作伙伴和外部专家。这包括帮助其寻找供应商、产品经销商，挑选会计师事务所、律师事务所，帮助被投资企业聘请管理咨询公司等。

二是为被投资企业寻找关键人才。当股权投资基金投资创业企业后，可以凭借对所投行业的经验，帮助被投资企业聘用合适的高级管理人才和核心技术人才。

（六）上市辅导及并购整合

股权投资基金为了实现资本增值，要参与被投资企业的资本运营，帮助被投资企业进行一系列并购或上市/挂牌前的准备工作，引入证券公司开展上市/挂牌辅导工作，并利用自己在资本市场的资源，推荐并购标的或上市证券交易市场。

第七章　股权投资基金的项目退出

第一节　项目退出概述

股权投资基金的核心是通过成功的项目退出来实现收益，因此，项目退出机制非常重要。

项目退出，是指股权投资基金选择合适的时机，将其在被投资企业的股权变现，由股权形态转化为资本形态，以实现资本增值，或及时避免和降低财产损失。

股权投资基金的项目退出主要有三种方式：股份上市转让或挂牌转让退出、股权转让退出、清算退出。

第二节　股份上市转让或挂牌转让退出

股份上市转让是股权投资基金首选的退出方式。

首次公开发行上市（Initial Public Offering，IPO）一般是在被投资企业经营达到理想状态时进行的，股权投资基金通过企业上市将其拥有的不可流通的股份转变成可以在公开市场上流通的股份，通过股票在公开市场转让实现投资退出和资本增值。

随着我国新三板市场的兴起和相关交易制度的日趋完善，新三板挂牌退出也成为股权投资基金的重要退出方式。

一、上市退出的主要市场

IPO 主要包括国内 A 股 IPO 和海外 IPO。

国内 A 股 IPO 市场包括主板、中小企业板和创业板。

主板市场是国内最重要的证券市场，一般对企业的资本条件、盈利水平等指标要求都比较高。

中小企业板市场是深圳证券交易所为了鼓励自主创新而专门设置的中小型公司聚集板块。交易实行运行独立、监察独立、代码独立、指数独立，遵循与主板市场相同的法律规章、上市条件及信息披露要求。

创业板市场主要面向成长型创业企业，重点支持自主创新企业。创业板市场的推出有效提高了我国资本市场运行效率及竞争力，对于丰富股权投资基金的退出渠道也发挥了重要作用。

对我国企业来说，海外 IPO 市场主要以香港主板、美国纳斯达克证券交易所（NASDAQ）、纽约证券交易所（NYSE）等市场为主。

二、境内主板和创业板上市基本要求

（一）境内主板上市基本要求

根据现行上市规则，境内主板上市要求主要包括：

（1）发行人是依法设立且持续经营 3 年以上的股份有限公司（经国务院批准的除外）。

（2）发行人的注册资本已足额缴纳，发起人或者股东用做出资的资产的财产权转移手续已办理完毕，发行人的主要资产不存在重大权属纠纷。

（3）发行人的生产经营符合法律、行政法规和公司章程的规定，符合国家产业政策。

（4）发行人最近 3 年内主营业务和董事、高级管理人员没有发生重大变化，实际控制人没有发生变更。

（5）发行人的股权清晰，控股股东和受控股股东、实际控制人支配的股东持有的发行人股份不存在重大权属纠纷。

（6）发行人在独立性方面无严重缺陷，即发行人的资产完整，人员、财务、机构和业务独立。

（7）发行人具备健全且运行良好的组织结构，已经依法建立健全股东大会、董事会、监事会、独立董事、董事会秘书制度，相关机构和人员能够依法履行职责。

（8）发行人财务状况良好。最近 3 个会计年度净利润均为正数且累计超过人民币 3000 万元，净利润以扣除非经常性损益前后较低者为计算依据；最近 3 个会计年度经营活动产生的现金流量净额累计超过人民币 5000 万元，或者最近 3 个会计年度营业收入累计超过人民币 3 亿元；发行前股本总额不少于人民币 3000 万元；最近一期期末无形资产（扣除土地使用权、水面养殖权和采矿权等后）占净资产的比例不高于20%；最近一期期末不存在未弥补亏损。

（9）发行人依法纳税，各项税收优惠符合相关法律法规的规定。发行人的经营成果对税收优惠不存在严重依赖。

（10）发行人募集资金用途符合规定。募集资金应当有明确的使用方向，原则上应当用于主营业务；募集资金数额和投资项目应当与发行人现有生产经营规模、财务状况、技术水平和管理能力等相适应；发行人董事会应当对募集资金投资项目的可行性进行认真分析，确信投资项目具有较好的市场前景和盈利能力，有效防范投资风险，提高募集资金使用效益。

（11）发行人不存在违法行为。

（二）创业板上市基本要求

根据现行上市规则，我国创业板上市要求主要包括：

（1）发行人是依法设立且持续经营 3 年以上的股份有限公司。

（2）最近两年连续盈利，最近两年净利润累计不少于 1000 万元；或者最近一年盈利，最近一年营业收入不少于 5000 万元。净利润以扣除非经常性损益前后孰低者为计算依据。

（3）最近一期期末净资产不少于 2000 万元，且不存在未弥补亏损。

（4）发行后股本总额不少于 3000 万元。

（5）发行人的注册资本已足额缴纳，发起人或者股东用做出资的资产的财产权转移手续已办理完毕。发行人的主要资产不存在重大权属纠纷。

（6）应当主要经营一种业务，其生产经营活动符合法律、行政法规和公司章程的规定，符合国家产业政策及环境保护政策。

（7）最近两年主营业务、董事和高级管理人员没有重大变动，实际控制人没有变更。

（8）具有完善的公司治理结构，依法建立健全股东大会、董事会、监事会以及独立董事、董事会秘书、审计委员会制度，相关机构和人员能够依法履行职责。

（9）发行人资产完整，业务及人员、财务、机构独立，具有完整的业务体系和直接面向市场独立经营的能力。与控股股东、实际控制人及其控制的其他企业间不存在同业竞争，以及严重影响公司独立性或者显失公允的关联交易。

（10）发行人会计基础工作规范，财务报表的编制符合企业会计准则和相关信息披露规则的规定，在所有重大方面公允地反映了发行人的财务状况、经营成果和现金流量，并由注册会计师出具无保留意见的审计报告。

（11）发行人内部控制制度健全且被有效执行，能够合理保证公司财务报告的可靠性、生产经营的合法性、营运的效率与效果，并由注册会计师出具无保留结论的内部控制鉴证报告。

（12）发行人的董事、监事和高级管理人员应当忠实、勤勉、尽责，具备法律、行政法规和规章规定的资格。

（13）发行人募集资金应当用于主要业务，并有明确的用途。

（14）发行人及其控股股东、实际控制人最近 3 年内不存在损害投资者合法权益和社会公共利益的重大违法行为。

三、项目在境内申报上市流程

（一）成立股份公司

主要内容包括：确定成立途径；制订改制方案；聘请验资、资产评估、审计等中介机构；申请设立资料；召开创立大会；等等。

（二）上市前辅导

主要内容包括：聘请券商（具有主承销资格）；上市方案与可研报告（董事会）；辅导报当地证监局备案，辅导验收通过；等等。

（三）上市申报和核准

主要内容包括：申报材料制作；申报和受理；反馈意见及回复；初审会及与监管部门沟通；发审会核准，取得批复文件。

（四）促销和发行

主要内容包括：审核通过后向交易所申请发行；推出研究报告，进行公司定位和估值；准备分析员说明会和路演；询价、促销；确定发行规模和定价范围。

（五）股票上市及后续

主要内容包括：定价；股份配置；交易和稳定股价；发行结束；后市支持。

四、已上市企业股份转让的交易机制及操作流程

（一）竞价交易

竞价交易制度又称委托驱动制度，其主要内容是：开市价格由集合竞价形成，随后交易系统对不断进入的投资者交易指令，按价格优先与时间优先原则排序，将买卖指令配对竞价成交。

我国的证券交易所采用两种竞价方式：集合竞价方式和连续竞价方式。竞价结果有三种可能：全部成交、部分成交、不成交。

我国上市公司股票交易实行涨跌幅限制，无论买入或者卖出，股票（含 A、B 股票）在一个交易日内交易价格相对上一个交易日收市价格的涨跌幅不得超过 10%，其中 ST 股票和 *ST 股票价格涨跌幅不得超过 5%。

（二）大宗交易

大宗交易（Block Trading），又称大宗买卖，是指达到规定的最低限额的证券单笔买卖申报，买卖双方经过协议达成一致并经交易所确认成交的证券交易。各个交

易所在它的交易制度中或者在它的大宗交易制度中都对大宗交易有明确的界定，而且各不相同。

大宗交易分为协议大宗交易和盘后定价大宗交易。

（三）协议转让

协议转让是指买卖各方依据事先达成的转让协议，向股份上市所在证券交易所和登记机构申请办理股份转让过户的业务。

根据转让股份类型的不同，上市公司股份协议转让可以分为流通股协议转让和非流通股协议转让；根据转让主体类型的不同，可以分为国有股协议转让和非国有股协议转让；根据转让情形的不同，可以分为协议收购、对价偿还、股份回购等。

五、间接上市流程

间接上市又称重组上市，重组上市是指一家非上市公司通过把资产注入一家已上市公司，从而得到该公司一定程度的控股权，利用其上市公司地位，原非上市公司得以间接上市。在重组上市的方式中，原上市公司一般处于不景气行业中，具有收购成本低、股本扩张能力强等特点。

重组上市一般有两条路径：一是上市公司以非公开发行方式直接向收购方发行股份购买其资产，从而达到重组上市的目的。二是非上市公司首先通过协议或直接二级市场购买等方式取得上市公司控制权。非上市公司控制上市公司后，通过上市公司收购非上市公司的资产，将非上市公司的有关业务和资产注入到上市公司中去，从而实现重组上市的目的。

六、全国中小企业股份转让系统挂牌的基本要求

全国中小企业股份转让系统是经国务院批准设立的第一家公司制证券交易场所，也是继上海证券交易所、深圳证券交易所之后第三家全国性证券交易场所，简称全国股份转让系统，通常称为新三板。

股份有限公司申请股票在新三板挂牌，不受股东所有制性质的限制，不限于高新技术企业，但应当符合下列条件：

（1）依法设立且存续满两年。有限责任公司按原账面净资产值折股整体变更为股份有限公司的，存续时间可以从有限责任公司成立之日起计算。

（2）业务明确，具有持续经营能力。

（3）公司治理机制健全，合法规范经营。

（4）股权明晰，股票发行和转让行为合法合规。

（5）主办券商推荐并持续督导。

（6）全国股份转让系统公司要求的其他条件。

七、全国中小企业股份转让系统的交易机制和规则

（一）新三板交易机制

新三板挂牌股票的转让方式主要包括做市转让和协议转让。与沪深股票市场类似，已开设全国股转系统账户并在托管券商开立资金结算账户的合格投资者，可通过托管券商柜台、互联网、自助终端等方式委托买卖股票。

（二）新三板交易基本规则

新三板现行交易规则主要包括：

（1）以机构投资者为主，合格的自然人也可以投资。

（2）实行股份转让限售期。新三板对发起人、控股股东及实际控制人、高级管理人员所持股份转让设定一定的限售期。

（3）设定股份交易最低限额。每次交易要求不得低于1000股，投资者证券账户某一股份余额不足1000股的，只能一次性委托卖出。股票转让单笔申报最大数量不得超过100万股。

（4）投资者委托交易。投资者委托分为意向委托、定价委托和成交确认委托、委托当日有效。意向委托、定价委托和成交确认委托均可撤销，但已经报价系统确认成交的委托不得撤销或变更。

（5）交易须券商代理。投资者通过券商交易系统进行报价申报、转让或购买委托、成交确认、清算交收等手续，挂牌公司及投资者在代办系统所进行的股份交易的相关手续均须通过券商办理。

（6）分级结算原则。新三板交易制度对股份和资金的结算实行分级结算原则。分级结算是指证券登记结算机构与证券公司等结算参与人进行资金和证券的法人结算（又称一级结算）；证券公司再与投资者进行二级结算。

（7）依托新三板代办交易系统。

第三节　股权转让退出

股权转让退出是股权投资基金的重要退出途径。在本书中，股权转让是指非上市企业的股东依法将自己的股份让渡给他人，使他人成为公司股东的民事法律行为。

一、非上市股权转让的基本流程

未在交易所上市的公司股权转让，需要符合我国法律对公司股权转让的相关规

定。对于有限责任公司，其股权转让分为内部转让和外部转让两种类型。内部转让是指现有股东之间相互转让股权，外部转让是指现有股东向股东以外的人转让股权。两者的区别在于，外部转让一般需要征得其他股东过半数同意，且其他股东放弃优先购买权。

外部股权转让的程序，可分为六个步骤：

（1）股权转让交易双方协商并达成初步意向。股权转让方与受让方对股权转让事宜进行初步谈判，并可签署股权转让意向书，约定受让方对目标公司开展尽职调查的相关安排、受让方在一定期间内的独家谈判权以及双方的保密义务等。

（2）聘请中介机构对目标公司进行尽职调查。按照股权转让意向书的约定，股权受让方可聘请法律、财务、商务等专业中介机构对目标公司进行尽职调查。

（3）履行必需的法律程序，转让方股权转让必须符合公司法的规定，有些股权转让行为需要得到政府主管部门的批准。

（4）转让方与受让方进行谈判，并签署股权转让协议。

（5）股权转让协议签署后，目标公司应当根据所转让股权的数量，注销或变更转让方的出资证明书，向受让方签发出资证明书，并相应修改公司章程和股东名册中相关内容。

（6）向工商行政管理部门申请公司变更登记。

二、区域性股权交易市场基本情况

目前我国资本市场分为交易所市场（主板、中小板、创业板）和场外市场。场外市场包括全国中小企业股份转让系统（新三板）与区域性股权交易市场。

区域性股权交易市场是为市场所在地省级行政区域内的企业特别是中小微企业提供股权、债券的转让和融资服务的场外交易市场，接受省级人民政府监管，中国证监会及其派出机构为区域性市场提供业务指导和服务。

区域性股权交易市场是多层次资本市场的重要组成部分，对于促进企业特别是中小微企业股权交易和融资，鼓励科技创新和激活民间资本，加强对实体经济薄弱环节的支持，具有积极作用。

三、国有股权非上市转让的特殊要求

国有股权非上市转让除应符合《公司法》和公司章程的规定外，还应符合《企业国有资产交易监督管理办法》等相关规定，国有股权非上市转让的特殊要求具体如下。

（一）国有股权非上市转让的审批

国资监管机构负责审核国有企业的股权转让事项。其中，因股权转让致使国家不再拥有所出资企业控股权的，须由国资监管机构报本级人民政府批准。

国家出资企业应当制定其子企业股权转让管理制度，确定审批管理权限。其中，对主业处于关系国家安全、国民经济命脉的重要行业和关键领域，主要承担重大专项任务子企业的股权转让，须由国家出资企业报同级国资监管机构批准。

（二）国有股权非上市转让的审计评估

股权转让事项经批准后，由转让方委托会计师事务所对转让标的企业进行审计。涉及参股权转让不宜单独进行专项审计的，转让方应当取得转让标的企业最近一期年度审计报告。

对按照有关法律法规要求必须进行资产评估的股权转让事项，转让方应当委托具有相应资质的评估机构对转让标的进行资产评估，股权转让价格应以经核准或备案的评估结果为基础确定。

（三）国有企业股权非上市转让的交易

股权转让原则上通过产权市场公开进行。转让方可以根据企业实际情况和工作进度安排，采取信息预披露和正式披露相结合的方式，通过产权交易机构网站分阶段对外披露产权转让信息，公开征集受让方。其中，正式披露信息时间不得少于20个工作日。

（四）转让价款的支付

交易价款原则上应当自合同生效之日起5个工作日内一次付清。

金额较大、一次付清确有困难的，可以采取分期付款方式。采用分期付款方式的，首期付款不得低于总价款的30%，并在合同生效之日起5个工作日内支付；其余款项应当提供转让方认可的合法有效担保，并按同期银行贷款利率支付延期付款期间的利息，付款期限不得超过1年。

（五）国有股权非上市转让协议的效力

由于国有股权非上市转让须履行特定的审批程序，在涉及国有股权转让协议的效力时，并非签订就生效，需要附加生效条件，在前期的审批、评估各项工作完成后，获得各部门批准后方能生效。

四、并购的流程和方法

（一）并购的定义

企业并购（Merger and Acquisition，M&A）包括兼并和收购两种方式，兼并是指两家或更多的独立的企业合并组成一家企业，通常由一家占优势的企业吸收一家或更多的企业；收购则是指一家企业用现金、股票或者债券等支付方式购买另一家企业的股票或者资产，以获得该企业控制权的行为。与一般的股权转让交易相比，并购交易通常涉及企业控制权的转移。并购是股权投资基金常见的退出方式。

（二）并购退出的流程和方法

当股权投资基金通过并购的方式退出被投资企业时，股权投资基金作为卖方参与交易。从卖方（被出售企业、出售方）的角度来看，并购的流程主要包括以下几个步骤。

1. 前期准备阶段

当股权投资基金有意向以并购方式出售所投资的企业股权时，首先需要寻找潜在的收购方，在和潜在收购方接触之前，股权投资基金和被投企业需要做以下准备工作。

一是选择并购顾问。该项工作主要是选择合适的会计师、律师和投资银行。

二是准备营销材料。营销材料主要包括出售方的执行概要和信息备忘录。执行概要需重点说明企业的战略优势，尤其是适合收购方整合的优势，以吸引潜在的收购者。信息备忘录是为了规范出售方的信息披露，提高信息披露的质量。

三是实施市场营销行为。在这个阶段，投资银行将联系有针对性的潜在买家。

2. 尽职调查阶段

买卖双方之间存在着信息不对称，尽职调查可以减少这种信息的不对称，尽可能地降低买方的收购风险。因此，有意向的买家将对被投资企业进行尽职调查。

3. 价值评估阶段

尽职调查之后收购方和出售方商谈的核心内容是估值问题。资产评估一般委托独立的资产评估机构完成。价值评估的目的之一在于估算出股权投资基金并购退出的价值份额。最终的评估结果将由双方在评估的基础上协商得到。

4. 协商履约阶段

谈判主要涉及支付方式与期限、交接时间与方式、有关手续的办理与配合等问题。双方协商达成一致意见后开始签订正式协议书，明确双方的权利和义务。协议签订后，应办理相关的交接手续。

五、回购的流程和方法

（一）回购概述

股权回购是指通常由被投资企业大股东或创始股东出资购买股权投资基金持有的企业股份，从而使股权投资基金实现退出的行为。

当股权投资基金管理人认为所投资企业效益未达预期或被投资企业无法达到投资协议中的特定条款，可根据投资协议要求被投资企业股东回购股权，从而实现退出；当企业发展到一定阶段，被投资企业股东对企业未来的潜力看好，考虑到基金持股可能带来的丧失企业独立性等问题，也可以通过协商主动回购股权投资基金持有的股权而使股权投资基金实现退出。

（二）回购的流程和方法

发起、协商、执行和变更登记构成股权回购的基本运作程序。

1. 发起

发起人既可以是股权投资基金，也可以是被投资企业股东、管理层。发起人选择时机提出回购要约。

2. 协商

股权回购协商的过程，是股权投资各主体利益博弈的过程。在整个过程中，围绕股权价格的争论无疑是重中之重，股价的定位既要符合市场的基本行情，又要满足各利益主体的基本要求。

3. 执行

根据协商形成的股权回购协议，回购双方进行交割。回购方按约定的进度向股权投资基金支付议定的回购金额。

4. 变更登记

股权回购完毕后，企业股东发生变化，应当及时根据《公司登记管理条例》的相关规定在工商行政管理部门办理变更登记。变更登记事项涉及修改公司章程的，应当向公司登记机关提交修改后的公司章程或者公司章程修正案。

第四节　清算退出

一、清算退出概述

清算是指企业结束经营活动，处置资产并进行分配的行为。清算退出是指股权投资基金通过被投资企业清算实现退出，主要是针对投资项目未获成功的一种退出方式。

二、清算退出的流程和方法

（一）清算退出的方法

清算退出主要有两种方式。

一是破产清算，即公司因不能清偿到期债务，被依法宣告破产的，由法院依照有关法律规定组织清算组对公司进行清算。

二是解散清算，即企业股东自主启动清算程序来解散被投资企业。

（二）清算退出的流程和方法

1. 清查公司财产、制订清算方案

调查和清理公司财产。清算组在催告债权人申报债权的同时，应当调查和清理公司的财产。根据债权人的申请和调查清理的情况编制公司资产负债表、财产清单和债权、债务目录。

制订清算方案。编制公司财务会计报告之后，清算组应当制订清算方案，提出收取债权和清偿债务的具体安排。

提交股东大会（股东会）通过或者报主管机关确认。

若公司财产不足清偿债务的，清算组有责任向有管辖权的人民法院申请宣告破产。经人民法院裁定宣告破产后，清算组应当将清算事务移交人民法院。

2. 了结公司债权、债务

处理公司未了结的业务。清算期间，公司不得开展新的经营活动。但是，公司清算组为了清算的目的，有权处理公司尚未了结的业务。

收取公司债权。清算组应当及时向公司债务人要求清偿已经到期的公司债权。对于未到期的公司债权，应当尽可能要求债务人提前清偿，如果债务人不同意提前清偿的，清算组可以通过转让债权等方法变相清偿。

清偿公司债务。公司清算组通过清理公司财产、编制资产负债表和财产清单之后，确认公司现有的财产和债权大于所欠债务，并且足以偿还公司全部债务时，应当按照法定的顺序向债权人清偿债务。

3. 分配公司剩余财产

公司清偿了全部公司债务之后，如果公司财产还有剩余的，清算组才能够将公司剩余财产分配给包括股权投资基金在内的股东。股东之间如果依法约定了分配顺序和份额，可以按约定进行分配；如果没有约定，则按股权比例进行分配。

第八章 股权投资基金的内部管理

第一节 基金投资者关系管理

一、基金投资者关系管理的意义

基金投资者关系管理是指基金管理人通过信息披露与交流，加强与投资者及潜在投资者的沟通，增进投资者对基金管理人及基金的了解的管理行为。

基金投资者关系管理具有以下意义：

第一，有利于促进基金管理人与基金投资者之间的良性关系，增进投资者对基金管理人及基金的进一步了解和熟悉。

第二，有利于基金管理人建立稳定和优质的投资者基础，获得长期的市场支持。

第三，能有效增加基金信息披露透明度，有利于实现基金管理人与投资者之间的信息对称。

二、基金各阶段与投资者互动的重点

在股权投资基金募集、投资、管理、退出的不同运作阶段，基金管理人与投资者互动的重点各不相同。

股权投资基金的募集阶段，投资者互动的重点是向投资者介绍股权投资基础知识，普及股权投资相关法律常识，介绍股权投资基金管理人基本情况，介绍相应股权投资基金产品的特点及风险收益特征，开展投资者风险教育。该阶段基金管理人主要通过基金合同、基金招募说明书、风险揭示书、风险调查问卷等材料与投资者进行互动交流。

股权投资基金的投资及投后管理阶段，投资者互动的重点是向投资者介绍已投资项目的基本情况，包括项目投资金额、已投项目的公司基本介绍及公司经营管理情况等。股权投资基金的退出阶段，与投资者互动的重点是介绍投资项目的退出预期、退出方式、已向投资者返还的投资本金及收益情况等。在投资及投后管理阶段以及退出阶段，基金管理人主要通过定期基金报告、投资者交流年会等方式与投资

者进行互动交流。

第二节　基金权益登记

一、公司型股权投资基金的增资、退出、权益分配与清算退出

公司型股权投资基金的增资、退出、权益分配及清算退出等操作涉及权益变动和登记。

公司型股权投资基金的增资或减资（注册资本及资本公积的调整），首先需履行公司内部的决策程序，包括董事会决议及股东大会（股东会）决议，签订相应的决议文件，并办理权益的变更登记（在工商局或对应的监管机构办理工商变更登记手续）。公司型股权投资基金的权益变更登记流程，应符合工商管理机关的相关规定。

有限责任公司型股权投资基金投资者人数不得超过 50 人，有一定的人合性特征，投资者（股东）可以相互转让其持有的股权，但对外转让一般需经其他股东过半数同意，且其他股东有优先受让权。股份有限公司型股权投资基金投资者人数可增加至 200 人，股权转让受到的限制相对较少，但内部治理相对更加规范和严格。

在我国，有限责任公司型股权投资基金的投资者一般按其实缴出资比例分红，但是所有投资者可以在公司章程中作出例外规定；股份有限公司型股权投资基金需按股东实际持有的份额比例分红，同种类的份额每一份额享有同等的分配权。

公司型股权投资基金按照以下的顺序进行基金清算：公司财产在分别支付清算费用、职工的工资、社会保险费用和法定补偿金，缴纳所欠税款，清偿公司债务后的剩余财产，有限责任公司按照股东的出资比例分配，股份有限公司按照股东持有的股份比例分配。

公司型股权投资基金设立，应向工商管理机关办理注册登记手续，并向中国证券投资基金业协会备案；公司型股权投资基金增资、减资，以及终止清算的，应向工商管理机关办理变更登记、注销手续。

二、合伙型股权投资基金的增资、退出、权益分配与清算退出

合伙型股权投资基金的增资（入伙）、退出（退伙）、权益分配及清算退出等操作涉及权益变动和登记。

合伙型股权投资基金具有较强的人合性特征，新增合伙人需经全体合伙人一致同意（但合伙协议另有约定的除外），并订立入伙协议。合伙型股权投资基金的出资，可根据合伙协议的约定，在一定的时间进行实缴。合伙人权益的变更需要办理工商变更登记手续，其权益以工商登记确认的为准。

合伙型股权投资基金的投资者，在符合法律规定及合伙协议约定的情况下，可以办理退伙，具体退伙程序以合伙协议的约定为准，退伙时对于其合伙份额对应的资产，既可以货币形式分配，也可以实物资产方式分配。

合伙型股权投资基金可按照合伙协议办理份额转让手续。除合伙协议另有约定外，普通合伙人的份额转让需经其他投资者一致同意。有限合伙人的份额转让，需提前30天通知其他合伙人。在同等条件下，其他合伙人对合伙份额的转让具有优先购买权。

合伙型股权投资基金的利润分配、亏损分担，按照合伙协议的约定办理；合伙协议未约定或者约定不明确的，由合伙人协商决定；协商不成的，由合伙人按照实缴出资比例分配、分担；无法确定出资比例的，由合伙人平均分配、分担。

合伙型股权投资基金解散，应当由清算人进行清算。清算期间，合伙型股权投资基金存续，但不得开展与清算无关的经营活动。合伙型股权投资基金财产在支付清算费用和职工工资、社会保险费用、法定补偿金以及缴纳所欠税款、清偿债务后的剩余财产，向合伙人进行分配。

合伙型股权投资基金设立，应向工商管理机关办理注册登记手续，并向中国证券投资基金业协会备案；合伙型股权投资基金增资、减资、合伙人变更，以及终止清算的，应向工商管理机关办理变更登记、注销手续。

三、契约型股权投资基金的增资、退出、权益分配与清算退出

契约型股权投资基金的增资（申购）、退出（赎回）、权益分配及清算退出等操作涉及权益变动和登记。

封闭式运作的契约型股权投资基金，存续期内不能申购和赎回；开放式运作的契约型股权投资基金，存续期内可以按照基金合同的约定开放申购和赎回。申购、赎回的价格由基金管理人计算，若由基金托管人进行托管的，则由基金托管人进行复核。

契约型股权投资基金的基金投资者可以依法转让其持有的基金份额，但基金份额受让人必须是合格投资者，转让后契约型股权投资基金的合格投资者人数不得超过200人。

契约型股权投资基金收益分配和风险承担原则由基金合同约定。

基金管理人应当组织清算小组对基金财产进行清算，清算小组由基金管理人、基金托管人以及相关中介服务机构组成。契约型股权投资基金的清算分配方案由基金合同进行约定。清算小组应编制清算报告，并向基金投资者进行披露。

基金管理人可以自行办理股权投资基金的份额登记事项，也可委托基金服务机构代为办理，但基金管理人依法应当承担的责任不因委托而免除。基金份额登记机构应当确保基金份额的安全、独立。基金份额独立于基金份额登记机构的自有财产。

第三节　基金估值核算

一、基金估值原则和主要方法

（一）基金估值的概念

基金的估值是指通过对基金所拥有的全部资产及所有负债按一定的原则和方法进行评估与计算，进而确定基金资产公允价值的过程。基金资产估值的主要目的是确定基金份额净值，因为基金份额净值是衡量基金申购、赎回价格，以及计算投资者申购基金份额、赎回基金金额的基础。基金份额净值通过基金资产净值除以基金总份额获得，而从基金全部资产中扣除基金所有负债即是基金资产净值，用公式表示即

$$基金资产净值 = 基金资产 - 基金负债$$

（二）基金估值的原则

基金的估值是确认资产公允价值的过程，主要有以下三个方面的原则。

（1）对存在活跃市场的投资品种，如估值日有市价的，应采用市价确定公允价值。估值日无市价，但最近交易日后经济环境未发生重大变化的，应采用最近交易市价确定公允价值。估值日无市价，且最近交易日后经济环境发生了重大变化的，应参考类似投资品种的现行市价及重大变化因素，调整最近交易市价，确定公允价值。有充足证据表明最近交易市价不能真实反映公允价值的，应对最近交易的市价进行调整，确定公允价值。

（2）对不存在活跃市场的投资品种，应采用市场参与者普遍认同，且被以往市场实际交易价格验证具有可靠性的估值技术确定公允价值。运用估值技术得出的结果，应反映估值日在公平条件下进行正常商业交易所采用的交易价格。采用估值技术确定公允价值时，应尽可能使用市场参与者在定价时考虑的所有市场参数，并应通过定期校验，确保估值技术的有效性。

（3）有充足理由表明按以上估值原则仍不能客观反映相关投资品种的公允价值的，基金管理人应根据具体情况与基金托管人进行商定，按最能恰当反映公允价值的价格估值。

（三）股权投资基金的估值方法

对于股权投资基金的估值，最主要的工作是在每个估值日评估股权投资基金各项投资的公允价值。根据《企业会计准则第 39 号——公允价值计量》，公允价值是指市场参与者在计量日发生的有序交易中，出售一项资产所能收到或者转移一项负债所需支付的价格。针对于股权投资基金，主要是计算出有意愿的买方，在估值日以具有惯常市场活动的交易方式下，购买股权所有权而愿意支付的对价。

由于股权的转让往往面临企业内部约束、优先购买权以及其他市场环境等障碍，加之其交易并没有活跃的市场，股权投资基金的估值本质上往往带有主观性。它基于对企业未来的估计和判断，包括所处的市场环境并购市场的情况、股市的表现，以及估值日存在的其他因素。因此，对于不存在活跃市场的股权投资，使用的估值方法应该适合该投资的性质、事实、市场的环境，以及该投资在整个股权投资基金组合中的重要性，并且应该在假设和估计中使用合理的数据和市场信息。

对于股权投资基金的估值，国内外最为普遍使用的方法主要有四类。

（1）成本法。

（2）市场法。这主要包括近期投资价格法（Price of Recent Investment）、乘数法（Multiples）、行业估值基准（Industry Valuation Benchmarks）以及可用市场价格法（Available Market Prices）。

（3）收入法。这主要包括现金流或盈利折现法（Discount Cash Flow or Earnings），这其中又可分为标的企业的现金流或盈利折现和投资的现金流或盈利折现。

（4）重置成本法。这主要是指净资产法（Net Assets）。

二、基金费用和收益、基金会计核算和基金财务报告

股权投资基金在运作过程中，可能产生的费用包括但不限于管理费、托管费、第三方服务费用（包括法律、审计等）、筹建费用、基金管理人的业绩报酬等。

基金管理费是基金管理人因投资管理基金资产而向基金收取的费用；基金托管费是基金托管人为基金提供托管服务而向基金收取的费用。管理费与托管费可按照基金实缴规模作为计算基数收取，也可以按照合同约定的其他方式计算并收取。股权投资基金的存续期都比较长，且股权投资基金有先返还投资本金后返还收益的分配顺序，因此在基金存续期限的后半段，提取的管理费、托管费会随着项目的退出逐年递减。管理费及托管费的提取频率一般为按照季度提取或者按照年度提取。

业绩报酬是基金管理人在基金获得超额收益后可以获得的投资收益分成，分成比例由基金管理人和基金投资者通过协商确定。业绩报酬可以按照单个投资项目进行核算，也可以按照股权投资基金整体进行核算。

股权投资基金会计核算的主要内容包括以下方面：权益核算；利息和溢价核算；费用核算；基金申购与赎回核算；估值核算；利润核算；基金财务会计报告；基金会计核算的复核。

股权投资基金管理人应及时编制并对外提供真实、完整的基金财务会计报告。财务会计报告分为年度和季度财务会计报告。年度财务会计报告至少应披露会计报表和会计报表附注的内容。基金财务会计报表包括资产负债表、利润表及净值变动表等报表。

第四节 基金清算与收益分配

一、基金清算的基本含义

基金清算是指基金遇有合同规定或法定事由终止时对基金财产进行清理处理的善后行为。

二、基金出现清算的几种原因

一般地，股权投资基金清算的原因有以下几种：基金存续期届满；基金份额持有人大会（股东大会或者全体合伙人）决定进行基金清算；全部投资项目都已经清算退出的；符合合同约定的清算条款。

三、清算的主要程序

清算的主要程序包括：基金终止后，由基金清算小组（清算人）统一接管基金资产；基金清算小组（清算人）对基金资产进行清理和确认；对基金资产进行评估和变现；处理与清算有关的未了结事务；清缴所欠税款；清理债权债务；制定并披露清算报告；对基金资产进行分配。

四、基金收益分配的原则

为了实现基金管理人和基金投资者的利益一致性目标，同时为了对基金管理人产生足够的激励作用，股权投资基金一般采用以下的基金收益分配原则：首先向投资者返还投资本金；其次向投资者支付约定的优先收益；剩余收益按照约定的比例在管理人和投资者之间进行分配。

五、基金收益分配的方式

根据基金收益分配是否优先满足投资人的出资及一定比例的收益分为两种分配方式：一种是按基金分配，另一种是按单一项目分配。

按基金分配，是指投后退出的所有资金首先用于返还全体投资者的出资本金，以及事先约定的优先收益后，基金管理人才参与超额收益的分配。

按单一项目分配，是指每个投资项目投后退出的每一笔资金都按照一定的顺序在基金投资者和管理人之间分配，而不是首先满足基金投资者的全部本金出资和优先收益。在逐笔分配的模式下，针对每一笔投后退出收入，管理人都参与收益分配。

针对按照单一项目分配的模式，为了保障投资者的利益，股权投资基金通常设置回拨机制。回拨机制是指在股权投资基金清算时，对已经分配的收益进行重新计算，如果投资者实际获得的收益少于优先收益，或者收益分配比例不符合基金合同约定的，基金管理人需要从已经分得的业绩报酬金额中返还一部分至基金资产，并分配至基金投资者。

第五节　基金信息披露

一、基金信息披露义务人和信息披露的内容

信息披露义务人，是指股权投资基金管理人、股权投资基金托管人，以及法律、行政法规、中国证监会和中国证券投资基金业协会规定的具有信息披露义务的法人和其他组织。

股权投资基金的信息披露应当包含以下内容：基金合同；招募说明书等宣传推介文件；基金销售协议中的主要权利义务条款；基金的投资情况；基金的资产负债情况；基金的投资收益分配情况；基金承担的费用和业绩报酬安排；可能存在的利益冲突；涉及私募基金管理业务、基金财产、基金托管业务的重大诉讼、仲裁；中国证监会以及中国证券投资基金业协会规定的影响投资者合法权益的其他重大信息。

二、基金信息披露的方式

股权投资基金募集期间，信息披露义务人应当准备推介材料，披露以下信息：基金的基本信息（包括基金名称、基金架构、基金类型等）、基金管理人基本信息、基金的投资信息、基金的募集期限、基金的估值政策、合同的主要条款、申购赎回

安排、基金管理人近三年的诚信情况说明。

股权投资基金运行期间，信息披露义务人应当及时进行日常经营信息的定期信息披露和重大事项的即时披露。

定期信息披露：包括季度信息披露、年度信息披露。

季度信息披露：在每季度结束之日起 10 个工作日以内，向投资者披露基金净值、主要财务指标以及投资组合情况等信息。

年度信息信露：在每个财政年度结束之日起 4 个月以内，向投资者披露报告期末基金净值和基金份额总额；基金的财务情况；基金投资运作情况和运用杠杆情况；投资者账户信息，包括实缴出资额、未缴出资额以及报告期末所持有基金份额总额等；投资收益分配和损失承担情况；基金管理人取得的管理费和业绩报酬，包括计提基准、计提方式和支付方式；基金合同约定的其他信息。

股权投资基金运行期间发生重大事项的，信息披露义务人也应当按照基金合同的约定及时向投资者进行即时披露。

信息披露义务人向投资者进行信息披露的内容、披露频度、披露方式、披露责任以及信息披露渠道等事项，应当在基金合同中进行约定。

三、信息披露的禁止性规定

股权投资基金进行信息披露时，不得存在以下禁止行为：公开披露或者变相公开披露；虚假记载、误导性陈述或者重大遗漏；对投资业绩进行预测；违规承诺收益或者承担损失；诋毁其他基金管理人、基金托管人或者基金销售机构；登载任何自然人、法人或者其他组织的祝贺性、恭维性或推荐性的文字；采用不具有可比性、公平性、准确性、权威性的数据来源和方法进行业绩比较，任意使用"业绩最佳"、"规模最大"等相关措辞；法律、行政法规、中国证监会和中国证券投资基金业协会禁止的其他行为。

第六节　基金的托管

一、基金托管的作用

股权投资基金托管，是指由依法设立并取得基金托管资格的商业银行或者其他金融机构担任托管人，按照法律法规的规定及基金合同的约定，对基金履行安全保管财产、办理清算交割、复核审查资产净值、开展投资监督、召集基金份额持有人大会等职责的行为。

在基金管理人开展资产管理业务时，引入基金托管人是为了引入独立的第三方机构，加强对基金财产运作的监督，以利于更好地保障基金投资者的权益。

二、基金托管机构的职责

基金托管人应当履行下列职责：安全保管基金财产；按照规定开设基金财产的资金账户和证券账户；对所托管的不同基金财产分别设置账户，确保基金财产的完整与独立；保存基金托管业务活动的记录、账册、报表和其他相关资料；按照基金合同的约定，根据基金管理人的投资指令，及时办理清算、交割事宜；办理与基金托管业务活动有关的信息披露事项；对基金财务会计报告、中期和年度基金报告出具意见；复核、审查基金管理人计算的基金资产净值和基金份额申购、赎回价格；按照规定召集基金份额持有人大会；按照规定监督基金管理人的投资运作；国务院证券监督管理机构规定的其他职责。

第七节　基金的外包服务

一、基金外包服务的含义和内容

基金外包服务，是指基金业务外包服务机构为基金管理人提供销售、销售支付、份额登记、估值核算、信息技术系统等业务的服务。

基金外包服务包括以下主要内容：销售、销售支付、份额登记、估值核算、信息技术系统等业务的服务。

二、外包服务中基金管理人应依法承担的责任

基金管理人开展业务外包应制定相应的风险管理框架及制度，并根据审慎经营原则制定其业务外包实施规划，确定与其经营水平相适宜的外包活动范围。

在开展业务外包的各个阶段，基金管理人应关注外包机构是否存在与外包服务相冲突的业务，以及外包机构是否采取有效的隔离措施。

基金管理人委托外包机构提供基金业务外包服务的，基金管理人应依法承担的责任不因外包而免除。

三、选择外包服务机构的基本原则

基金管理人委托外包机构开展外包活动前，应对外包机构开展尽职调查，了解其人员储备、业务隔离措施、软硬件设施、专业能力、诚信状况、过往业绩等情况；

并与外包机构签订书面外包服务合同或协议，明确双方的权利义务及违约责任。未经基金管理人同意，外包机构不得将已承诺的基金业务外包服务转包或变相转包。

外包机构应具备开展外包业务的营运能力和风险承受能力，审慎评估外包服务的潜在风险与利益冲突，建立严格的防火墙制度与业务隔离制度，有效执行信息隔离等内部控制制度，切实防范利益输送。

四、信息技术系统服务的含义和内容

信息技术系统服务，是指外包机构为基金管理人、基金托管人和其他基金业务外包服务机构提供基金业务核心应用系统、信息系统运营维护、信息系统安全保障和第三方电子商务平台等服务。

五、基金外包服务中可能存在的利益冲突

外包机构应具备开展外包业务的营运能力和风险承受能力，审慎评估外包服务的潜在风险与利益冲突，建立严格的防火墙制度与业务隔离制度，有效执行信息隔离等内部控制制度，切实防范利益输送。

外包服务所涉及的基金资产和客户资产应独立于外包机构的自有财产。外包机构破产或者清算时，外包服务所涉及的基金资产和客户资产不属于其破产财产或清算财产。

外包机构在开展外包业务的同时，提供托管服务的，应设立专门的团队与业务系统，外包业务与基金托管业务团队之间建立必要的业务隔离，有效防范潜在的利益冲突。

第八节　基金业绩评价

由于股权投资基金需要在一定的投资期内完成其资产配置，为此对于股权投资基金的业绩评价往往在基金处于退出期后进行。一般会通过计算内部收益率、已分配收益倍数和总收益倍数等主要指标，与同一年份内市场中同类型基金整体指标情况（如平均数、前5%分位数、前25%分位数、中位数、后25%分位数和后5%分位数）进行综合比较，以此来确定该基金在当时时点的业绩表现水平。鉴于绝大多数股权投资基金采用的法律形式为非纳税主体的合伙企业，为此股权投资基金的业绩一般不考虑税负影响，即均以税前所得作为计算基础。

一、内部收益率

内部收益率（Internal Rate of Return，IRR），是指截至某一特定时点，基金资金

流入现值加上资产净值现值总额与资金流出现值总额相等，即净现值（Net Present Value，NPV）等于零时的折现率，体现了投资资金的时间价值。内部收益率的计算，往往是在基金处于退出期后，根据截至某一确定时点基金在存续期内每年的投资经营现金流（不含投资人的出资及分配），以及该时点的资产净值（Net Asset Value，NAV），算回期初净现值等于零时相应的折现率。计算公式为

$$NPV = C_0 + \frac{C_1}{1+r} + \frac{C_2}{(1+r)^2} + \cdots + \frac{C_n}{(1+r)^n} + \frac{NAV}{(1+r)^n}$$

$$= \sum_{t=0}^{n} \frac{C_t}{(1+r)^t} + \frac{NAV}{(1+r)^n}$$

其中，C_0，C_1，C_2，$\cdots$，C_n 为每年现金流，既包含正现金流，也包含负现金流；r 为折现率。根据内部收益率的定义，当且仅当净现值为 0 时，r 才是该基金在第 n 年时的内部收益率。

由于计算口径的不同，基金的内部收益率又分为毛内部收益率（Gross Internal Rate of Return，GIRR）和净内部收益率（Net Internal Rate of Return，NIRR），其中，前者为仅计算基金项目投资组合的内部收益率，后者为包含基金各项费用支出及项目投资组合的内部收益率。由于基金费用一般为负现金流，因此 GIRR > NIRR。

二、已分配收益倍数

已分配收益倍数（Distribution to Paid – in Capital，DPI），是指截至某一特定时点，投资人已从基金获得的分配金额总和与投资人已向基金缴款金额总和的比率，体现了投资人现金的回收情况。其计算公式如下：

$$DPI = \frac{D_0 + D_1 + D_2 + \cdots + D_n}{PI_0 + PI_1 + PI_2 + \cdots + PI_n} = \frac{\sum_{t=0}^{n} D_t}{\sum_{t=0}^{n} PI_t}$$

其中，D_0，D_1，D_2，$\cdots$，D_n 为投资人历年从基金获得的分配额，PI_0，PI_1，PI_2，$\cdots$，PI_n 为投资人历年向基金支付的实缴出资额。

三、总收益倍数

总收益倍数（Total Value to Paid – In，TVPI），是指截至某一特定时点，投资人已从基金获得的分配金额加上资产净值（NAV）与投资人已向基金缴款金额总和的比率，体现了投资人的账面回报水平。其计算公式如下：

$$TVPI = \frac{D_0 + D_1 + D_2 + \cdots + D_n + NAV}{PI_0 + PI_1 + PI_2 + \cdots + PI_n} = \frac{\sum\limits_{t=0}^{n} D_t + NAV}{\sum\limits_{t=0}^{n} PI_t} = DPI + \frac{NAV}{\sum\limits_{t=0}^{n} PI_t}$$

其中，D_0，D_1，D_2，$\cdots$，D_n 为投资人历年从基金获得的分配额，PI_0，PI_1，PI_2，$\cdots$，PI_n 为投资人历年向基金支付的实缴出资额。

从上述三个主要指标的定义和计算公式可以看出，除非基金已经清算并结束存续期，否则只要还在运营中，部分变量就会发生变化。同时，由于许多股权投资往往难以进行公允定价，其不同时点的估值或退出可能会使基金估值或现金流产生较大波动，从而使基金的上述指标发生变化。另外，不同年份成立的股权投资基金处于经济周期的不同阶段，其业绩受宏观经济的影响也不同，因此不同年份的基金之间难以进行行业业绩比较。受上述因素影响，基金在不同时点进行行业评价可能会得到非常不同的结果，为此股权投资基金的业绩评价原则上应以两个时间为前提，一是基金设立的时间应尽量接近，二是业绩评价的时间应尽量统一。

第九节　基金管理人内部控制

股权投资基金管理人内部控制，是指股权投资基金管理人为防范和化解风险，保证各项业务的合法合规运作，实现经营目标，在充分考虑内外部环境的基础上，对经营过程中的风险进行识别、评价和管理的制度安排、组织体系和控制措施。

一、管理人内部控制的作用

管理人内部控制的作用主要包括：

（1）保证管理人经营运作严格遵守国家有关法律法规和行业监管规则，自觉形成守法经营、规范运作的经营思想和经营理念。

（2）防范和化解经营风险，提高经营管理效益，确保经营业务的稳健运行和受托资产的安全完整，实现公司的持续、稳定、健康发展。

（3）保障股权投资基金财产的安全、完整。

（4）确保基金和基金管理人的财务和其他信息真实、准确、完整、及时。

二、管理人内部控制的原则

管理人内部控制的原则主要包括：

（1）全面性原则。内部控制应当覆盖包括各项业务、各个部门和各级人员，并涵盖资金募集、投资研究、投资运作、运营保障和信息披露等主要环节。

（2）相互制约原则。组织结构应当权责分明、相互制约。

（3）执行有效原则。通过科学的内控手段和方法，建立合理的内控程序，维护内控制度的有效执行。

（4）独立性原则。各部门和岗位职责应当保持相对独立，基金财产、管理人固有财产、其他财产的运作应当分离。

（5）成本效益原则。以合理的成本控制达到最佳的内部控制效果，内部控制与股权投资基金管理人的管理规模和员工人数等方面相匹配，契合自身实际情况。

（6）适时性原则。股权投资基金管理人应当定期评价内部控制的有效性，并随着有关法律法规的调整和经营战略、方针、理念等内外部环境的变化同步适时修改或完善。

三、管理人内部控制的要素构成

管理人内部控制的要素构成主要包括：

（1）内部环境：包括经营理念和内控文化、治理结构、组织结构、人力资源政策和员工道德素质等。内部环境是实施内部控制的基础。

（2）风险评估：及时识别、系统分析经营活动中与内部控制目标相关的风险，合理确定风险应对策略。

（3）控制活动：根据风险评估结果，采用相应的控制措施，将风险控制在可承受范围之内。

（4）信息与沟通：及时、准确地收集、传递与内部控制相关的信息，确保信息在内部、企业与外部之间进行有效沟通。

（5）内部监督：对内部控制建设与实施情况进行周期性监督检查，评价内部控制的有效性，发现内部控制缺陷或因业务变化导致内控需求有变化的，应当及时加以改进、更新。

四、管理人内部控制的主要控制活动要求

管理人内部控制的主要控制活动要求包括：

（1）股权投资基金管理人应当建立科学严谨的业务操作流程，利用部门分设、岗位分设、外包、托管等方式实现业务流程的控制。

（2）授权控制应当贯穿于股权投资基金管理人资金募集、投资研究、投资运作、运营保障和信息披露等主要环节的始终。股权投资基金管理人应当建立健全授权标准和程序，确保授权制度的贯彻执行。

（3）股权投资基金管理人自行募集股权投资基金的，应设置有效机制，切实保

障募集结算资金安全；股权投资基金管理人应当建立合格投资者适当性制度。

（4）股权投资基金管理人委托募集的，应当委托获得中国证监会基金销售业务资格且成为中国证券投资基金业协会会员的机构募集股权投资基金，并制定募集机构遴选制度，切实保障募集结算资金安全；确保股权投资基金向合格投资者募集以及不变相进行公募。

（5）股权投资基金管理人应当建立完善的财产分离制度，股权投资基金财产与股权投资基金管理人固有财产之间、不同股权投资基金财产之间、股权投资基金财产和其他财产之间要实行独立运作，分别核算。

（6）股权投资基金管理人应建立健全相关机制，防范管理的各股权投资基金之间的利益输送和利益冲突，公平对待管理的各股权投资基金，保护投资者利益。

（7）股权投资基金管理人应当建立健全投资业务控制，保证投资决策严格按照法律法规规定，符合基金合同所规定的投资目标、投资范围、投资策略、投资组合和投资限制等要求。

（8）除基金合同另有约定外，股权投资基金应当由基金托管人托管，股权投资基金管理人应建立健全股权投资基金托管人遴选制度，切实保障资金安全。基金合同约定股权投资基金不进行托管的，股权投资基金管理人应建立保障股权投资基金财产安全的制度措施和纠纷解决机制。

（9）股权投资基金管理人开展业务外包应制定相应的风险管理框架及制度。股权投资基金管理人根据审慎经营原则制定其业务外包实施规划，确定与其经营水平相适宜的外包活动范围。

（10）股权投资基金管理人应建立健全外包业务控制，并至少每年开展一次全面的外包业务风险评估。在开展业务外包的各个阶段，关注外包机构是否存在与外包服务相冲突的业务，以及外包机构是否采取有效的隔离措施。

（11）股权投资基金管理人自行承担信息技术和会计核算等职能的，应建立相应的信息系统和会计系统，保证信息技术和会计核算等的顺利运行。

第九章　行政监管

第一节　行政监管概述

一、行政监管的法律依据

中国证监会是我国股权投资基金的监管机构。

2013年6月1日，新修订的《证券投资基金法》施行，该法第十章对非公开募集基金作了原则性的规定，并授权中国证监会进行细化监管。

2013年6月27日，中央编制办公室印发《关于私募股权基金管理职责分工的通知》，明确股权投资基金的监督管理由中国证监会负责，实行适度监管，保护投资者权益。

二、股权投资基金的监管框架

中国证监会及其派出组织依照《证券投资基金法》、《私募投资基金监督管理暂行办法》和中国证监会的其他有关规定，对股权投资基金业务活动实施监督管理。

第二节　行政监管的主要内容、形式与手段

一、适度监管原则

股权投资基金实行适度监管原则。

在市场准入环节，不对基金管理人和基金进行前置审批，而是基于中国证券投资基金业协会的登记备案信息，进行事后行业信息统计、风险监测和必要的检查。

在基金托管环节，除基金合同另有约定外，应当由基金托管人托管。

在信息披露环节，对需要向投资者进行的定期披露和重大事项的即时披露作了规定，其他事项由相关当事人在基金合同、公司章程或者合伙协议中自行约定。

在行业自律环节，充分发挥基金行业协会作用，进行统计监测和纠纷调解等，

并通过制定行业自律规则实现会员的自我管理。

二、合格投资者要求

股权投资基金应当向合格投资者募集。基金管理人、基金销售机构应该对投资者的风险识别能力和风险承担能力进行评估，并由投资者书面承诺符合合格投资者条件。

股权投资基金的合格投资者是指具备相应风险识别能力和风险承担能力，投资于单只股权投资基金的金额不低于 100 万元且符合下列相关标准的单位和个人：（1）净资产不低于 1000 万元的单位；（2）金融资产不低于 300 万元或者最近三年个人年均收入不低于 50 万元的个人。金融资产包括银行存款、股票、债券、基金份额、资产管理计划、银行理财产品、信托计划、保险产品、期货权益等。

下列投资者视为当然合格投资者：（1）社会保障基金、企业年金等养老基金，慈善基金等社会公益基金；（2）依法设立并在中国证券投资基金业协会备案的投资计划；（3）投资于所管理股权投资基金的股权投资基金管理人及其从业人员；（4）中国证监会规定的其他投资者。以合伙企业、契约等非法人形式，通过汇集多数投资者的资金直接或者间接投资于股权投资基金的，股权投资基金管理人或者股权投资基金销售机构应当穿透核查最终投资者是否为合格投资者，并合并计算投资者人数。但是，符合前述第（1）、第（2）、第（4）项规定的投资者投资股权投资基金的，不再穿透核查最终投资者是否为合格投资者和合并计算投资者人数。

三、单只基金的投资者人数限制

单只股权投资基金的投资者人数累计不得超过《证券投资基金法》、《公司法》、《合伙企业法》等法律规定的特定数量。

契约型股权投资基金根据《证券投资基金法》的规定，投资者人数不得超过 200 人。

公司型股权投资基金根据《公司法》的规定，采取有限责任公司形式的股权投资基金，投资者人数不得超过 50 人，采取股份有限公司形式的股权投资基金，投资者人数不得超过 200 人。

合伙型股权投资基金根据《合伙企业法》的规定，投资者人数不得超过 50 人（含普通合伙人）。

四、基金份额转让对受让人的基本要求

投资者转让基金份额的，受让人应当为合格投资者且基金份额受让后投资者人

数应当符合对单只基金的投资者人数的限制规定。

五、股权投资基金宣传推介的方式

目前，我国的股权投资基金采取非公开方式募集（私募），基金管理人、基金销售机构不得通过报刊、电台、电视、互联网等公众传播媒体或者讲座、报告会、分析会和布告、传单、手机短信、微信、博客和电子邮件等方式，向不特定对象宣传推介。

不得通过讲座、报告会等方式向不特定对象宣传推介的要求，是为了限制采取上述方式向"不特定对象"宣传推介，以切实防范变相公募。但不禁止通过讲座、报告会、分析会、手机短信、微信、电子邮件等能够有效控制宣传推介对象和数量的方式，向事先已了解其风险识别能力和承担能力的"特定对象"宣传推介。

六、不得向投资者承诺本金不受损失或者承诺最低收益

股权投资基金管理人、股权投资基金销售机构不得向投资者承诺投资本金不受损失或者承诺最低收益。

七、不得非法汇集他人资金投资私募投资基金

投资者应当确保投资资金来源合法，不得非法汇集他人资金投资股权投资基金。

任何机构和个人不得为规避合格投资者标准，募集以股权投资基金份额或其收益权为投资标的的金融产品。

八、专业化管理原则

同一基金管理人管理不同类别基金的，应当坚持专业化管理原则。

管理可能导致利益输送或者利益冲突的不同基金的，应当建立防范利益输送和利益冲突的机制。

股权投资基金管理人不得兼营可能与投资基金业务存在冲突的业务，不得兼营与"投资管理"的买方业务存在冲突的业务，尽量避免兼营其他非金融业务。

九、禁止性行为

根据《私募投资基金监督管理暂行办法》第二十三条的规定，股权投资基金管理人、托管人、销售机构及其他服务机构及其从业人员从事股权投资基金业务，不得有以下行为：

（1）将其固有财产或者他人财产混同于基金财产从事投资活动。

（2）不公平地对待其管理的不同基金财产。

（3）利用基金财产或者职务之便，为本人或者投资者以外的人牟取利益，进行利益输送。

（4）侵占、挪用基金财产。

（5）泄露因职务便利获取的未公开信息，利用该信息从事或者明示、暗示他人从事相关的交易活动。

（6）从事损害基金财产和投资者利益的投资活动。

（7）玩忽职守，不按照规定履行职责。

（8）从事内幕交易、操纵交易价格及其他不正当交易活动。

（9）法律、行政法规和中国证监会规定禁止的其他行为。

十、对创业投资基金的差异化监管

《私募投资基金监督管理暂行办法》第三十五条、第三十六条、第三十七条规定：

鼓励和引导创业投资基金投资创业早期的小微企业。国家对符合条件的创业投资基金给予财政税收扶持。享受国家财政税收扶持政策的创业投资基金，其投资范围应当符合国家相关规定。

中国证券投资基金业协会在基金管理人登记、基金备案、投资情况报告要求和会员管理等环节，对创业投资基金采取区别于其他私募基金的差异化行业自律，并提供差异化会员服务。

中国证监会及其派出机构对创业投资基金在投资方向检查等环节，采取区别于其他私募基金的差异化监督管理；在账户开立、发行交易和投资退出等方面，为创业投资基金提供便利服务。

十一、违反监管的法律责任

股权投资基金管理人、托管人、销售机构及其他服务机构及其从业人员违反法律、行政法规及部门规章规定，中国证监会及其派出机构可以对其采取行政处罚、行政监管措施、市场禁入等措施；构成犯罪的，依法移交司法机关追究刑事责任。

第三节　其他相关法规制度

一、公司股东的责任承担方式

公司是企业法人，有独立的法人财产，享有法人财产权。公司以其全部财产对公司的债务承担责任。

有限责任公司的股东以其认缴的出资额为限对公司承担责任。股份有限公司的股东以其认购的股份为限对公司承担责任。

公司股东依法享有资产收益、参与重大决策和选择管理者等权利。

二、公司增减资的条件和程序

公司需要减少注册资本时，必须编制资产负债表及财产清单。公司应当自作出减少注册资本决议之日起十日内通知债权人，并于三十日内在报纸上公告。债权人自接到通知书之日起三十日内，未接到通知书的自公告之日起四十五日内，有权要求公司清偿债务或者提供相应的担保。

有限责任公司新增资本时，股东有权优先按照实缴的出资比例认缴出资。但是，全体股东约定不按照出资比例优先认缴出资的除外。股份有限公司为增加注册资本发行新股时，股东认购新股，依照《公司法》设立股份有限公司缴纳股款的有关规定执行。

有限责任公司增加或减少注册资本，由股东会决议，必须经代表三分之二以上表决权的股东通过。股东会会议由股东按照出资比例行使表决权；但是，公司章程另有规定的除外。股东以书面形式一致表示同意的，可以不召开股东会会议，直接作出决定，并由全体股东在决定文件上签名、盖章。

股份有限公司增加或减少注册资本，由股东大会决议，必须经出席会议的股东所持表决权的三分之二以上通过。股东出席股东大会会议，所持每一股份有一表决权。但是，股份有限公司持有的本公司股份没有表决权。

三、有限公司股权和股份公司股份的转让规则

有限责任公司的股东之间可以相互转让其全部或者部分股权。股东向股东以外的人转让股权，应当经其他股东过半数同意。股东应就其股权转让事项书面通知其他股东征求同意，其他股东自接到书面通知之日起满三十日未答复的，视为同意转让。其他股东半数以上不同意转让的，不同意的股东应当购买该转让的股权；不购买的，视为同意转让。经股东同意转让的股权，在同等条件下，其他股东有优先购买权。两个以上股东主张行使优先购买权的，协商确定各自的购买比例；协商不成的，按照转让时各自的出资比例行使优先购买权。公司章程对股权转让另有规定的，从其规定。

有下列情形之一的，对股东会该项决议投反对票的股东可以请求公司按照合理的价格收购其股权：（1）公司连续五年不向股东分配利润，而公司该五年连续盈

利，并且符合法律规定的分配利润条件的；（2）公司合并、分立、转让主要财产的；（3）公司章程规定的营业期限届满或者章程规定的其他解散事由出现，股东会会议通过决议修改章程使公司存续的。自股东会会议决议通过之日起六十日内，股东与公司不能达成股权收购协议的，股东可以自股东会会议决议通过之日起九十日内向人民法院提起诉讼。

股份有限公司的股东持有的股份可以依法转让。发起人持有的本公司股份，自公司成立之日起一年内不得转让。公司公开发行股份前已发行的股份，自公司股票在证券交易所上市交易之日起一年内不得转让。公司董事、监事、高级管理人员应当向公司申报所持有的本公司的股份及其变动情况，在任职期间每年转让的股份不得超过其所持有本公司股份总数的百分之二十五；所持本公司股份自公司股票上市交易之日起一年内不得转让。上述人员离职后半年内，不得转让其所持有的本公司股份。公司章程可以对公司董事、监事、高级管理人员转让其所持有的本公司股份作出其他限制性规定。

公司不得收购本公司股份。但是，有下列情形之一的除外：（1）减少公司注册资本；（2）与持有本公司股份的其他公司合并；（3）将股份奖励给本公司职工；（4）股东因对股东大会作出的公司合并、分立决议持异议，要求公司收购其股份的。公司因前述第（1）项至第（3）项的原因收购本公司股份的，应当经股东大会决议。公司依照前述规定收购本公司股份后，属于第（1）项情形的，应当自收购之日起十日内注销；属于第（2）项、第（4）项情形的，应当在六个月内转让或者注销。公司依照前述第（3）项规定收购的本公司股份，不得超过本公司已发行股份总额的百分之五；用于收购的资金应当从公司的税后利润中支出；所收购的股份应当在一年内转让给职工。公司不得接受本公司的股票作为质押权的标的。

四、公司的利润分配和清算规则

公司分配当年税后利润时，应当提取利润的百分之十列入公司法定公积金。公司法定公积金累计额为公司注册资本的百分之五十以上的，可以不再提取。

公司的法定公积金不足以弥补以前年度亏损的，在依照前款规定提取法定公积金之前，应当先用当年利润弥补亏损。

公司从税后利润中提取法定公积金后，经股东会或者股东大会决议，还可以从税后利润中提取任意公积金。

公司弥补亏损和提取公积金后所余税后利润，有限责任公司股东按照实缴的出资比例分取红利，全体股东约定不按照出资比例分取红利的除外；股份有限公司按照股东持有的股份比例分配，但股份有限公司章程规定不按持股比例分配的除外。

公司因下列原因解散：（1）公司章程规定的营业期限届满或者公司章程规定的其他解散事由出现；（2）股东会或者股东大会决议解散；（3）因公司合并或者分立需要解散；（4）依法被吊销营业执照、责令关闭或者被撤销；（5）人民法院依照《公司法》第一百八十二条的规定予以解散。公司经营管理发生严重困难，继续存续会使股东利益受到重大损失，通过其他途径不能解决的，持有公司全部股东表决权百分之十以上的股东，可以请求人民法院解散公司。

公司解散的，应当在解散事由出现之日起十五日内成立清算组，开始清算。有限责任公司的清算组由股东组成，股份有限公司的清算组由董事或者股东大会确定的人员组成。清算组应当自成立之日起十日内通知债权人，并于六十日内在报纸上公告。债权人应当自接到通知书之日起三十日内，未接到通知书的自公告之日起四十五日内，向清算组申报其债权。在申报债权期间，清算组不得对债权人进行清偿。公司财产在分别支付清算费用、职工的工资、社会保险费用和法定补偿金，缴纳所欠税款，清偿公司债务后的剩余财产，有限责任公司按照股东的出资比例分配，股份有限公司按照股东持有的股份比例分配。

五、公司的税收制度

公司每一纳税年度的收入总额，减除不征税收入、免税收入、各项扣除以及允许弥补的以前年度亏损后的余额，为应纳税所得额。应纳税所得额乘以适用税率，减除依照《企业所得税法》关于税收优惠的规定减免和抵免的税额后的余额，为应纳税额。目前企业所得税税率一般为25%。

公司以货币形式和非货币形式从各种来源取得的收入，为收入总额，包括：（1）销售货物收入；（2）提供劳务收入；（3）转让财产收入；（4）股息、红利等权益性投资收益；（5）利息收入；（6）租金收入；（7）特许权使用费收入；（8）接受捐赠收入；（9）其他收入。

对公司型基金而言，"转让财产收入"、"股息、红利等权益性投资收益"为主要收入来源，其中"转让财产收入"即公司型基金转让标的企业股权获得的收入。当以债转股或债加股等方式投资时，还可能存在利息收入。三类收入中，符合条件的居民企业之间的股息、红利等权益性投资收益为免税收入，可以在计算应纳税所得额时减除。

从基金投资人层面看，对来自公司型基金分配的股息、红利所得，投资人是企业时，为免税收入；投资人是个人时，应按"股息、红利"所得缴纳个人所得税，适用税率一般为20%。

国家税务总局《关于实施创业投资企业所得税优惠问题的通知》（国税发

［2009］87号）规定：创业投资企业采取股权投资方式投资于未上市的中小高新技术企业2年（24个月）以上，符合条件的，可以按照其对中小高新技术企业投资额的70%，在股权持有满2年的当年抵扣该创业投资企业的应纳税所得额；当年不足抵扣的，可以在以后纳税年度结转抵扣。

《企业所得税法》第三十一条规定，创业投资企业从事国家需要重点扶持和鼓励的创业投资，可以按投资额的一定比例抵扣应纳税所得额。

《企业所得税法实施条例》第九十七条规定，创业投资企业采取股权投资方式投资于未上市的中小高新技术企业2年以上的，可以按照其投资额的70%在股权持有满2年的当年，抵扣该创业投资企业的应纳税所得额。当年不足抵扣的，可以在以后纳税年度结转抵扣。

六、有限合伙企业各类合伙人的责任承担方式

有限合伙企业由普通合伙人和有限合伙人组成，普通合伙人对合伙企业债务承担无限连带责任，有限合伙人以其认缴的出资额为限对合伙企业债务承担责任。

有限合伙企业亏损分担方式由普通合伙人、有限合伙人在合伙协议中约定。

七、不得成为普通合伙人的主体

国有独资公司、国有企业、上市公司以及公益性的事业单位、社会团体不得成为普通合伙人。

八、合伙企业的税收制度

从所得税层面看，合伙企业以每一个合伙人为纳税义务人，合伙企业层面不缴纳所得税。合伙企业合伙人是自然人的，缴纳个人所得税；合伙人是法人和其他组织的，缴纳企业所得税。

合伙企业每一纳税年度的收入总额减除成本、费用以及损失后的余额，为生产经营所得。

合伙企业生产经营所得和其他所得采取"先分后税"的原则。前述所称"生产经营所得和其他所得"，包括合伙企业分配给所有合伙人的所得和企业当年留存的所得（利润）。

《财政部、国家税务总局关于合伙企业合伙人所得税问题的通知》第二条、第三条、第四条对合伙企业的税收作出以下规定：

合伙企业的合伙人按照下列原则确定应纳税所得额：（1）合伙企业的合伙人以合伙企业的生产经营所得和其他所得，按照合伙协议约定的分配比例确定应纳税所

得额。（2）合伙协议未约定或者约定不明确的，以全部生产经营所得和其他所得，按照合伙人协商决定的分配比例确定应纳税所得额。（3）协商不成的，以全部生产经营所得和其他所得，按照合伙人实缴出资比例确定应纳税所得额。（4）无法确定出资比例的，以全部生产经营所得和其他所得，按照合伙人数量平均计算每个合伙人的应纳税所得额。

合伙企业以每一个合伙人为纳税义务人。合伙企业合伙人是自然人的，缴纳个人所得税；合伙人是法人和其他组织的，缴纳企业所得税。

合伙企业生产经营所得和其他所得采取"先分后税"的原则。具体应纳税所得额的计算按照《关于个人独资企业和合伙企业投资者征收个人所得税的规定》（财税〔2000〕91号）及《财政部、国家税务总局关于调整个体工商户个人独资企业和合伙企业个人所得税税前扣除标准有关问题的通知》（财税〔2008〕65号）的有关规定执行，即合伙人按"分得"的应纳税所得额，计算并缴纳个人所得税或企业所得税。合伙人为个人时，比照个人所得税法的"个体工商户的生产经营所得"应税项目，适用5%～35%的五级超额累进税率，计算征收个人所得税；合伙人为企业时，适用企业所得税税率，计征企业所得税。

合伙企业的合伙人是法人和其他组织的，合伙人在计算其缴纳企业所得税时，不得用合伙企业的亏损抵减其盈利。

《国家税务总局关于有限合伙制创业投资企业法人合伙人企业所得税有关问题的公告》（国家税务总局公告2015年第81号）作出以下规定：

有限合伙制创业投资企业采取股权投资方式投资于未上市的中小高新技术企业满2年（24个月）的，其法人合伙人可按照对未上市中小高新技术企业投资额的70%抵扣该法人合伙人从该有限合伙制创业投资企业分得的应纳税所得额，当年不足抵扣的，可以在以后纳税年度结转抵扣。

所称满2年是指自2015年10月1日起，有限合伙制创业投资企业投资于未上市中小高新技术企业的实缴投资满2年，同时，法人合伙人对该有限合伙制创业投资企业的实缴出资也应满2年。

如果法人合伙人投资于多个符合条件的有限合伙制创业投资企业，可合并计算其可抵扣的投资额和应分得的应纳税所得额。当年不足抵扣的，可结转以后纳税年度继续抵扣；当年抵扣后有结余的，按照企业所得税法的规定，计算缴纳企业所得税。

九、有限合伙企业合伙事务的执行方式

有限合伙企业由普通合伙人执行合伙事务。执行事务合伙人可以要求在合伙协

议中确定执行事务的报酬及报酬提取方式。

有限合伙人不执行合伙事务，不得对外代表有限合伙企业。

有限合伙人的下列行为，不视为执行合伙事务：

（1）参与决定普通合伙人入伙、退伙。

（2）对企业的经营管理提出建议。

（3）参与选择承办有限合伙企业审计业务的会计师事务所。

（4）获取经审计的有限合伙企业财务会计报告。

（5）对涉及自身利益的情况，查阅有限合伙企业财务会计账簿等财务资料。

（6）在有限合伙企业中的利益受到侵害时，向有责任的合伙人主张权利或者提起诉讼。

（7）执行事务合伙人怠于行使权利时，督促其行使权利或者为了本企业的利益以自己的名义提起诉讼。

（8）依法为本企业提供担保。

第三人有理由相信有限合伙人为普通合伙人并与其交易的，该有限合伙人对该笔交易承担与普通合伙人同样的责任。

有限合伙人未经授权以有限合伙企业名义与他人进行交易，给有限合伙企业或者其他合伙人造成损失的，该有限合伙人应当承担赔偿责任。

十、有限合伙企业的利润分配、份额转让规则

有限合伙企业的利润分配、亏损分担，按照合伙协议的约定办理；有限合伙协议未约定或者约定不明确的，由合伙人协商决定；协商不成的，由合伙人按照实缴出资比例分配、分担；无法确定出资比例的，由合伙人平均分配、分担。

有限合伙企业不得将全部利润分配给部分合伙人；但是，合伙协议另有约定的除外。

有限合伙人可以将其在有限合伙企业中的财产份额出质；但是，合伙协议另有约定的除外。

有限合伙人可以按照合伙协议的约定向合伙人以外的人转让其在有限合伙企业中的财产份额，但应当提前三十日通知其他合伙人。

十一、股权投资基金合规运营与非法集资的界限

开展股权投资基金业务，必须严格遵守以非公开方式向特定的合格投资者募集的原则，严禁保底保收益。否则容易触犯非法吸收公众存款罪、集资诈骗罪等刑事责任。

通常，同时具备下列四个条件，除刑法另有规定的以外，即构成"非法吸收公众存款或者变相吸收公众存款"：

（1）未经有关部门依法批准或者借用合法经营的形式吸收资金。

（2）通过媒体、推介会、传单、手机短信等途径向社会公开宣传。

（3）承诺在一定期限内以货币、实物、股权等方式还本付息或者给付回报。

（4）向社会公众即社会不特定对象吸收资金。

未向社会公开宣传，在亲友或者单位内部针对特定对象吸收资金的，不属于非法吸收或者变相吸收公众存款。

非法吸收或者变相吸收公众存款，具有下列情形之一的，应当依法追究刑事责任：

（1）个人非法吸收或者变相吸收公众存款，数额在 20 万元以上的；单位非法吸收或者变相吸收公众存款，数额在 100 万元以上的。

（2）个人非法吸收或者变相吸收公众存款对象 30 人以上的，单位非法吸收或者变相吸收公众存款对象 150 人以上的。

（3）个人非法吸收或者变相吸收公众存款，给存款人造成直接经济损失数额在 10 万元以上的，单位非法吸收或者变相吸收公众存款，给存款人造成直接经济损失数额在 50 万元以上的。

（4）造成恶劣社会影响或者其他严重后果的。

实施下列行为之一，并符合前述四个条件的，以非法吸收公众存款罪定罪处罚：

（1）不具有房产销售的真实内容或者不以房产销售为主要目的，以返本销售、售后包租、约定回购、销售房产份额等方式非法吸收资金的。

（2）以转让林权并代为管护等方式非法吸收资金的。

（3）以代种植（养殖）、租种植（养殖）、联合种植（养殖）等方式非法吸收资金的。

（4）不具有销售商品、提供服务的真实内容或者不以销售商品、提供服务为主要目的，以商品回购、寄存代售等方式非法吸收资金的。

（5）不具有发行股票、债券的真实内容，以虚假转让股权、发售虚构债券等方式非法吸收资金的。

（6）不具有募集基金的真实内容，以假借境外基金、发售虚构基金等方式非法吸收资金的。

（7）不具有销售保险的真实内容，以假冒保险公司、伪造保险单据等方式非法吸收资金的。

（8）以投资入股的方式非法吸收资金的。

（9）以委托理财的方式非法吸收资金的。

（10）利用民间"会"、"社"等组织非法吸收资金的。

（11）其他非法吸收资金的行为。

以非法占有为目的，使用诈骗方法实施前述所列行为的，以集资诈骗罪定罪处罚。使用诈骗方法非法集资，具有下列情形之一的，可以认定为"以非法占有为目的"：

（1）集资后不用于生产经营活动或者用于生产经营活动与筹集资金规模明显不成比例，致使集资款不能返还的。

（2）肆意挥霍集资款，致使集资款不能返还的。

（3）携带集资款逃匿的。

（4）将集资款用于违法犯罪活动的。

（5）抽逃、转移资金，隐匿财产，逃避返还资金的。

（6）隐匿、销毁账目，或者搞假破产、假倒闭，逃避返还资金的。

（7）拒不交代资金去向，逃避返还资金的。

（8）其他可以认定非法占有目的的情形。

综合来看，严守行业底线，坚守私募原则，向合格投资者募集资金，杜绝保底保收益，勤勉尽责、诚信信披是避免非法集资的有效方式。

第十章　行业自律管理

第一节　行业自律概述

一、行业自律管理的法律依据

中国证券投资基金业协会是我国股权投资基金行业的自律机构。

2013 年 6 月 1 日，新修订的《证券投资基金法》增设了第十二章"基金行业协会"，为中国证券投资基金业协会的地位和职责权限提供了基本的法律依据。

2014 年 8 月 21 日，中国证监会颁布的《私募投资基金监督管理暂行办法》，明确中国证券投资基金业协会对股权投资开展行业自律，协调行业关系，提供行业服务，促进行业发展。

二、中国证券投资基金业协会的法律地位和职责

中国证券投资基金业协会是股权投资基金行业的自律性组织，是社会团体法人。

中国证券投资基金业协会履行下列职责：

（1）教育和组织会员遵守有关证券投资的法律、行政法规，维护投资人合法权益。

（2）依法维护会员的合法权益，反映会员的建议和要求。

（3）制定和实施行业自律规则，监督、检查会员及其从业人员的执业行为，对违反自律规则和协会章程的，按照规定给予纪律处分。

（4）制定行业执业标准和业务规范，组织基金从业人员的从业考试、资质管理和业务培训。

（5）提供会员服务，组织行业交流，推动行业创新，开展行业宣传和投资人教育活动。

（6）对会员之间、会员与客户之间发生的基金业务纠纷进行调解。

（7）依法办理非公开募集基金的登记、备案。

（8）协会章程规定的其他职责。

三、自律性规范文件颁布的背景与过程

为保护投资者合法权益，促进私募基金行业规范健康发展，发挥行业自律的基础性作用，不断完善私募基金行业自律管理的规则体制，营造规范、诚信、创新的私募行业发展环境，推动我国各类私募基金持续健康发展，为国民经济发展作出积极贡献，中国证券投资基金业协会根据《证券投资基金法》、《私募投资基金监督管理暂行办法》颁布了一系列自律性规范文件。

第二节　登记备案管理

一、基金管理人备案股权投资基金的时间要求

股权投资基金管理人应当在私募基金募集完毕后 20 个工作日内，通过私募基金登记备案系统进行备案。

股权投资基金管理人提供的登记申请材料完备的，中国证券投资基金业协会应当自收齐登记材料之日起 20 个工作日内，以通过网站公示私募基金管理人基本情况的方式，为私募基金管理人办结登记手续。

自《关于进一步规范私募基金管理人登记若干事项的公告》发布之日起，新登记的股权投资基金管理人在办结登记手续之日起 6 个月内仍未备案首只私募基金产品的，中国证券投资基金业协会将注销该基金管理人登记。

公司型基金自聘管理团队管理基金资产的，该公司型基金在作为基金履行备案手续的同时，还需作为基金管理人履行登记手续。

二、因未备案首只私募基金产品而被注销管理人登记的后果

被注销登记的私募基金管理人若因真实业务需要，可按要求重新申请私募基金管理人登记。对符合要求的申请机构，中国证券投资基金业协会将以在官方网站公示私募基金管理人基本情况的方式，为该申请机构再次办结登记手续。

三、基金管理人的信息报送义务

（一）及时履行信息报送义务

基金管理人通过私募基金登记备案系统持续报送信息是实现行业自律监管的重要基础性措施之一。

股权投资基金管理人应当通过私募基金登记备案系统及时履行股权投资基金基金管理人及其管理的股权投资基金的季度、年度和重大事项信息报送更新等信息报送义务。

（二）违反信息报送义务的处罚

自"登记公告"发布之日起，在基金管理人完成季度、年度及财务报告、重大事项报告等相应信息报送整改要求之前，中国证券投资基金业协会将暂停受理该机构的私募基金产品备案申请。

已登记的基金管理人存在如下情况之一的，中国证券投资基金业协会将其列入异常机构名单，通过基金管理人公示平台对外公示，并暂停受理该机构的私募基金产品备案申请：基金管理人未按时履行季度、年度和重大事项信息报送更新义务累计达2次的；已登记的基金管理人因违反《企业信息公示暂行条例》相关规定，被列入企业信用信息公示系统严重违法企业公示名单的；已登记的基金管理人未按要求提交经审计的年度财务报告的。

新申请基金管理人登记的机构存在如下情况之一的，中国证券投资基金业协会将不予登记：新申请基金管理人登记的机构被列入企业信用信息公示系统严重违法企业公示名单的；成立满一年但未提交经审计的年度财务报告的。

管理人被列为异常机构的后果：一旦私募基金管理人作为异常机构公示，即使整改完毕，至少6个月后才能恢复正常机构公示状态。

四、基金管理人提交年度财务报告的要求

（一）按时提交经审计的年度财务报告

股权投资基金管理人应当于每年度4月底之前，通过私募基金登记备案系统填报经会计师事务所审计的年度财务报告。

（二）违反财务报告提交义务的处罚

已登记的管理人未按要求提交的，完成整改之前，协会暂停受理该机构的产品备案，并列入异常机构名单；异常机构整改完毕后至少6个月才能恢复正常机构公示状态；新申请登记的管理人成立满一年未提交经审计的年度财务报告的，协会将不予登记。

五、法律意见书要求出台的背景

中国证券投资基金业协会要求基金管理人提交法律意见书，引入法律中介机构的尽职调查，是对股权投资基金登记备案制度的进一步完善和发展，有利于保护投

资者利益，规范股权投资基金行业守法合规经营，防止登记申请机构的道德风险外溢。

一方面，目前大量申请股权投资基金管理人登记的机构欠缺诚信约束，提交申请材料不真实、不准确、不完整，中国证券投资基金业协会办理登记面临较高道德风险。前期，中国证券投资基金业协会的股权投资基金登记备案不作事前的实质性审查，对申请材料的真实性、准确性、完整性高度依赖于申请机构的自身承诺。实际中，申请机构材料中大量存在瞒报、漏报甚至虚假陈述的情况。在我国全社会诚信体系尚未健全的现状下，这种做法很难真正实现对申请机构的诚信约束，甚至滋长了一些不法机构铤而走险，不断测试中国证券投资基金业协会登记工作的底线，造成后续自律管理、行政监管和司法办案上的被动和无奈。

另一方面，引入法律中介机构的监督和约束，本身就是股权投资基金行业自律和社会监督的重要力量。律师事务所是持牌的专业法律服务提供者，独立性高，法律合规意识强。请专业律师事务所对股权投资基金管理人登记申请进行第三方尽职调查，提供法律意见书，可提高申请机构的违规登记成本和社会诚信约束，有助于提升申请材料信息质量和合规性，提高中国证券投资基金业协会登记办理工作效能。

六、基金管理人登记法律意见书的内容

新申请股权投资基金管理人登记、已登记的股权投资基金管理人发生部分重大事项变更，需通过私募基金登记备案系统提交中国律师事务所出具的法律意见书。

法律意见书应当对下列内容逐项发表法律意见：

（1）申请机构是否依法在中国境内设立并有效存续。

（2）申请机构的工商登记文件所记载的经营范围是否符合国家相关法律法规的规定。申请机构的名称和经营范围中是否含有"基金管理"、"投资管理"、"资产管理"、"股权投资"、"创业投资"等与私募基金管理人业务属性密切相关字样；以及私募基金管理人名称中是否含有"私募"相关字样。

（3）申请机构是否符合《私募投资基金监督管理暂行办法》第二十二条专业化经营原则，说明申请机构主营业务是否为私募基金管理业务；申请机构的工商经营范围或实际经营业务中，是否兼营可能与私募投资基金业务存在冲突的业务、是否兼营与"投资管理"的买方业务存在冲突的业务、是否兼营其他非金融业务。

（4）申请机构股东的股权结构情况。申请机构是否有直接或间接控股或参股的境外股东；若有，请说明穿透后其境外股东是否符合现行法律法规的要求和中国证券投资基金业协会的规定。

（5）申请机构是否具有实际控制人；若有，请说明实际控制人的身份或工商注册信息，以及实际控制人与申请机构的控制关系，并说明实际控制人能够对机构起到的实际支配作用。

（6）申请机构是否存在子公司（持股5%以上的金融企业、上市公司及持股20%以上的其他企业）、分支机构和其他关联方（受同一控股股东/实际控制人控制的金融企业、资产管理机构或相关服务机构）；若有，请说明情况及其子公司、关联方是否已登记为私募基金管理人。

（7）申请机构是否按规定具有开展私募基金管理业务所需的从业人员、营业场所、资本金等企业运营基本设施和条件。

（8）申请机构是否已制定风险管理和内部控制制度。是否已经根据其拟申请的私募基金管理业务类型建立了与之相适应的制度，包括（视具体业务类型而定）运营风险控制制度、信息披露制度、机构内部交易记录制度、防范内幕交易、利益冲突的投资交易制度、合格投资者风险揭示制度、合格投资者内部审核流程及相关制度、私募基金宣传推介、募集相关规范制度以及（适用于私募证券投资基金业务的）公平交易制度、从业人员买卖证券申报制度等配套管理制度。

（9）申请机构是否与其他机构签署基金外包服务协议，说明其外包服务协议情况及是否存在潜在风险。

（10）申请机构的高管人员是否具备基金从业资格，高管岗位设置是否符合中国证券投资基金业协会的要求。高管人员包括法定代表人/执行事务合伙人委派代表、总经理、副总经理（如有）和合规/风控负责人等。

（11）申请机构是否受到刑事处罚、金融监管部门行政处罚或者被采取行政监管措施；申请机构及其高管人员是否受到行业协会的纪律处分；是否在资本市场诚信数据库中存在负面信息；是否被列入失信被执行人名单；是否被列入全国企业信用信息公示系统的经营异常名录或严重违法企业名录；是否在"信用中国"网站上存在不良信用记录等。

（12）申请机构最近三年涉诉或仲裁的情况。

（13）申请机构向中国证券投资基金业协会提交的登记申请材料是否真实、准确、完整。

（14）经办执业律师及律师事务所认为需要说明的其他事项。

七、基金管理人登记法律意见书的律师及律师事务所资质问题

中国证券投资基金业协会对出具意见书的律师事务所无特殊的资质要求，在中

国境内设立、可就中国法律事项发表专业意见的律师事务所和中国执业律师，均可受聘出具法律意见书。

中国证券投资基金业协会鼓励基金管理人选择符合《律师事务所从事证券法律业务管理办法》相关资质要求的律师事务所及其执业律师出具"法律意见书"。

作为基金服务机构的律师事务所可以申请成为中国证券投资基金业协会会员，但中国证券投资基金业协会未就律师事务所入会作出强制性要求。

八、未登记备案对股权投资基金开展投资业务的影响

基金管理人未经登记不得开展股权投资基金管理、募集业务。

中介机构需对股权投资基金是否按规定履行备案程序进行核查并发表专项意见，未登记备案的股权投资基金所投资项目，在新三板挂牌、定增、并购重组、首次公开发行时将会受到限制。

九、登记备案的流程

基金管理人可以根据需要申请成为中国证券投资基金业协会会员单位，但加入会员并不是登记备案的必备前置程序，基金管理人登记和基金备案需通过私募基金登记备案系统提交相关材料。

基金管理人申请私募基金管理人登记的，应当通过私募基金登记备案系统，提交以下信息：

（1）工商登记和营业执照正副本复印件。

（2）公司章程或者合伙协议。

（3）主要股东或者合伙人名单。

（4）高级管理人员的基本信息。

（5）中国证券投资基金业协会规定的其他信息。

基金管理人应当通过私募基金登记备案系统向中国证券投资基金业协会报送以下基本信息：

（1）主要投资方向及根据主要投资方向注明的基金类别。

（2）基金合同、公司章程或者合伙协议。资金募集过程中向投资者提供基金招募说明书的，应当报送基金招募说明书。以公司、合伙等企业形式设立的私募基金，还应当报送工商登记和营业执照正副本复印件。

（3）采取委托管理方式的，应当报送委托管理协议。委托托管机构托管基金财产的，还应当报送托管协议。

（4）中国证券投资基金业协会规定的其他信息。

第三节　募集管理办法

一、募集办法出台的背景

私募基金行业的发展日益壮大，与此同时，风险不断积聚，风险事件陆续暴露，出现了大量涉嫌违规的私募案件，案件涉及的主要违法违规类型表现为公开宣传、虚假宣传、保本保收益、向非合格投资者募集资金、非法集资、非法吸收公众存款等，其中多数为发生在募集环节的问题。

为加强保护私募基金投资者的合法权益，进一步规范私募基金的募集市场，中国证券投资基金业协会在对近年来私募基金在募集过程中的各种现象、问题研究和总结的基础上，制定了《私募投资基金募集行为管理办法》。

二、募集行为主要自律管理的内容

（一）募集主体、方式、对象、各方责任

在中国证券投资基金业协会办理私募基金管理人登记的机构，在中国证监会注册取得基金销售业务资格且成为中国证券投资基金业协会会员的机构可以从事股权投资基金的募集活动，其他任何机构和个人不得从事股权投资基金的募集活动。

募集行为包含推介基金，发售基金份额（权益），办理基金份额（权益）认缴、退出等活动。

募集方式包括基金管理人自行募集、委托基金销售机构募集。

股权投资基金应该向特定的合格投资者募集。

募集机构应当履行说明义务、反洗钱义务等相关义务，承担特定对象确定、投资者适当性审查、私募基金推介及合格投资者确认等相关责任。基金管理人委托基金销售机构募集的，不得因委托募集免除私募基金管理人依法承担的责任。

（二）募集行为的主要流程

主要流程：特定对象确定；投资者适当性匹配；基金风险提示；合格投资者确认；投资冷静期；回访确认。

（三）主要法律文件及禁止行为

主要法律文件：募集说明书、合格投资者调查问卷、合格投资者承诺、风险揭示书、基金合同、账户监督协议。

禁止行为：公开推介或者变相公开推介；推介材料虚假记载、误导性陈述或者

重大遗漏；以任何方式承诺投资者资金不受损失，或者以任何方式承诺投资者最低收益，包括宣传"预期收益"、"预计收益"、"预测投资业绩"等相关内容；夸大或者片面推介基金，违规使用"安全"、"保证"、"承诺"、"保险"、"避险"、"有保障"、"高收益"、"无风险"等可能误导投资人进行风险判断的措辞；使用"欲购从速"、"申购良机"等片面强调集中营销时间限制的措辞；推介或片面节选少于6个月的过往整体业绩或过往基金产品业绩；登载个人、法人或者其他组织的祝贺性、恭维性或推荐性的文字；采用不具有可比性、公平性、准确性、权威性的数据来源和方法进行业绩比较，任意使用"业绩最佳"、"规模最大"等相关措辞；恶意贬低同行；允许非本机构雇佣的人员进行私募基金推介；推介非本机构设立或负责募集的私募基金；法律、行政法规、中国证监会和中国证券投资基金业协会禁止的其他行为。

募集机构不得通过下列媒介渠道推介私募基金：公开出版资料；面向社会公众的宣传单、布告、手册、信函、传真；海报、户外广告；电视、电影、电台及其他音像等公共传播媒体；公共、门户网站链接广告、博客等；未设置特定对象确定程序的募集机构官方网站、微信朋友圈等互联网媒介；未设置特定对象确定程序的讲座、报告会、分析会；未设置特定对象确定程序的电话、短信和电子邮件等通信媒介；法律、行政法规、中国证监会规定和中国证券投资基金业协会自律规则禁止的其他行为。

三、风险揭示的内容

在投资者签署基金合同之前，募集机构应当向投资者说明有关法律法规，须重点揭示私募基金风险，并与投资者一同签署风险揭示书。

风险揭示书的内容包括但不限于：

（1）私募基金的特殊风险，包括基金合同与中国证券投资基金业协会合同指引不一致的风险、基金未托管风险、基金委托募集的风险、未在中国证券投资基金业协会备案的风险、聘请投资顾问的风险等。

（2）私募基金投资运作中面临的一般风险，包括资金损失风险、流动性风险、募集失败风险等。

（3）投资者对基金合同中投资者权益相关重要条款的逐项确认，包括当事人权利义务、费用及税收、纠纷解决方式等。

第四节　信息披露管理办法

一、出台的背景

加强私募基金信息披露的制度建设，规范私募基金信息披露义务人向投资者进行披露的内容和方式，有利于保障私募基金投资者的知情权，从而保护私募基金投资者的合法权益，促进市场资源的合理配置。基于此，中国证券投资基金业协会出台了《私募投资基金信息披露管理办法》。

二、信息披露的基本要求

基金募集期间，应当在宣传推介材料中向投资者披露以下信息：基金基本信息；管理人基本信息；基金的投资信息；基金的募集期限；基金估值政策、程序和定价模式；基金合同的主要条款；基金的申购与赎回安排；基金管理人最近三年的诚信情况说明；其他事项。

基金运行期间，信息披露义务人应当披露季度披露：信息披露义务人应当在每季度结束之日起 10 个工作日以内向投资者披露基金净值、主要财务指标以及投资组合情况等信息。年度披露：信息披露义务人应当在每年结束之日起 4 个月以内向投资者披露报告期末基金净值和基金份额总额、基金的财务情况、基金投资运作情况和运用杠杆情况、投资者账户信息、投资收益分配和损失承担情况、基金管理人取得的管理费和业绩报酬。

涉及重大事项的，信息披露义务人应当按照基金合同的约定及时向投资者披露。

三、违反信息披露要求的后果

中国证券投资基金业协会可以视情节轻重对信息披露义务人及主要负责人采取谈话提醒、书面警示、要求参加强制培训、行业内谴责、加入黑名单等纪律处分。

第五节　内控指引

对各项内控制度的要求及其有效运行的相关规定如下：

专业化原则：管理人应遵循专业化原则，主营业务清晰，不得兼营与私募基金管理无关或存在利益冲突的其他业务。

高管资质：管理人应具备至少 2 名高级管理人员，其中应当包括一名负责合规风控的高级管理人员。

投资者管理：管理人应建立合格投资者适当性制度。

募集遴选：管理人委托募集的，应当委托获得中国证监会基金销售业务资格且成为中国证券投资基金业协会会员的机构募集私募基金，并制定募集机构遴选制度。

财产独立性：管理人应当建立财产分离制度，私募基金财产与私募基金管理人固有财产之间、不同私募基金财产之间、私募基金财产和其他财产之间要实行独立运作，分别核算。

托管：除基金合同另有约定外，私募基金应当由基金托管人托管。

第六节　合同指引

私募投资基金合同指引，根据私募基金的组织形式不同，分为1号《契约型私募投资基金合同内容与格式指引》、2号《公司章程必备条款指引》以及3号《合伙协议必备条款指引》。其中，《契约型私募投资基金合同内容与格式指引》适用于契约型基金，《公司章程必备条款指引》适用于公司型基金，《合伙协议必备条款指引》适用于合伙型基金。

第七节　外包和托管

一、基金业务外包

外包服务是指基金业务外包服务机构（以下简称外包机构）为基金管理人提供销售、销售支付、份额登记、估值核算、信息技术系统等业务的服务。

外包机构应到中国证券投资基金业协会备案，并加入中国证券投资基金业协会成为会员。

基金管理人委托外包机构开展外包活动前，应对外包机构开展尽职调查。外包机构应具备开展外包业务的营运能力和风险承受能力。

外包服务所涉及的基金资产和客户资产应独立于外包机构的自有财产。提供托管服务的，应设立专门的团队与业务系统，外包业务与基金托管业务团队之间建立必要的业务隔离。

基金管理人可以自行办理其募集的基金产品的销售业务或委托外包机构从事基金销售业务，可委托外包机构办理基金份额（权益）登记，可委托外包机构办理基金估值核算。

二、基金业务托管

除基金合同另有约定外，基金应当由基金托管人托管。基金合同约定基金不进行托管的，应当在基金合同中明确保障基金财产安全的制度措施和纠纷解决机制。

基金托管人不得有以下行为：将其固有财产或者他人财产混同于基金财产从事

投资活动；不公平地对待其管理的不同基金财产；利用基金财产或者职务之便，为本人或者投资者以外的人牟取利益，进行利益输送；侵占、挪用基金财产；泄露因职务便利获取的未公开信息，利用该信息从事或者明示、暗示他人从事相关的交易活动；从事损害基金财产和投资者利益的投资活动；玩忽职守，不按照规定履行职责；从事内幕交易、操纵交易价格及其他不正当交易活动；法律、行政法规和中国证监会规定禁止的其他行为。

基金托管人应当按照合同约定，如实向投资者披露基金投资、资产负债、投资收益分配、基金承担的费用和业绩报酬、可能存在的利益冲突情况以及可能影响投资者合法权益的其他重大信息，不得隐瞒或者提供虚假信息。

第八节　从业人员管理

一、对从业人员从业资格的基本要求

股权投资基金管理人，至少 2 名高管人员应当取得基金从业资格，其法定代表人/执行事务合伙人（委派代表）、合规/风控负责人应当取得基金从业资格。股权投资基金管理人的合规/风控负责人不得从事投资业务。

二、从业资格的取得方式及维持有效性的条件

目前，获得从业资格的具体途径有两个：一是通过考试，通过科目一《基金法律法规、职业道德与业务规范》和科目二《证券投资基金基础知识》考试，或通过科目一《基金法律法规、职业道德与业务规范》和科目三《股权投资基金基础知识》考试成绩合格的，均可申请注册基金从业资格；二是通过资格认定，根据中国证券投资基金业协会 2016 年 2 月 5 日发布的《关于进一步规范私募基金管理人登记若干事项的公告》及《私募基金登记备案相关问题解答（九）》，符合条件的私募股权投资基金管理人（含创业投资基金管理人）的高级管理人员可以通过资格认定委员会认定基金从业资格。

已取得基金从业资格的人员，应每年度完成 15 学时的后续培训方可维持其基金从业资格。

三、从业人员资格认定的条件

符合下列条件之一的私募基金管理人的高级管理人员，并通过科目一考试的，可以申请认定基金从业资格：

（1）最近三年从事资产管理相关业务，且管理资产年均规模 1000 万元以上。

（2）已通过证券从业资格（不含《证券投资基金》和《证券发行与承销》科目）、期货从业资格、银行从业资格、特许金融分析师（CFA）等金融相关资格考试，或取得注册会计师资格、法律职业资格、资产评估师资格，或担任上市公司董事、监事及高级管理人员等。

符合上述条件之一的，由所在机构或个人向中国证券投资基金业协会提交基金托管人（的托管部门）或基金服务机构出具的最近三年的资产管理规模证明，或相关资格证书或证明。

符合下列条件之一的股权投资基金管理人（含创业投资基金管理人）的高级管理人员，可以向中国证券投资基金业协会资格认定委员会申请认定基金从业资格：

（1）从事私募股权投资（含创业投资）6 年及以上，且参与并成功退出至少两个项目：符合本条件的，需提交参与项目成功退出证明和两份行业知名人士署名的推荐信，推荐信中应附有推荐人职务及联系方式。

（2）担任过上市公司或实收资本不低于 10 亿元人民币的大中型企业高级管理人员，且从业 12 年及以上：符合本条件的，需提交企业和个人的相关证明和两份行业知名人士署名的推荐信，推荐信中应附有推荐人职务及联系方式。

（3）从事经济社会管理工作 12 年及以上的高级管理人员：符合本条件的，需提交有关组织部门出具的任职证明。

（4）在大专院校、研究机构从事经济、金融等相关专业教学研究 12 年及以上，并获得教授或研究员职称的：符合本条件的，需要提交相关资格证书和两份行业知名人士署名的推荐信，推荐信中应附有推荐人职务及联系方式。

符合上述条件之一的，由所在机构或个人向中国证券投资基金业协会提交以下材料：个人资格认定申请书；个人基本情况登记表；相关证明材料。

参与资格认定的表决人、推荐人及资格认定结果将通过中国证券投资基金业协会网站的从业人员信息公示平台向社会公示。

第二部分

法律法规汇编

一、国家法律

中华人民共和国证券投资基金法

（2015 年修正）

（2003 年 10 月 28 日第十届全国人民代表大会常务委员会第五次会议通过；2012 年 12 月 28 日第十一届全国人民代表大会常务委员会第三十次会议修订；中华人民共和国主席令第七十一号公布；自 2013 年 6 月 1 日起施行。根据 2015 年 4 月 24 日第十二届全国人民代表大会常务委员会第十四次会议《全国人民代表大会常务委员会关于修改〈中华人民共和国港口法〉等七部法律的决定》修正："六、对《中华人民共和国证券投资基金法》作出修改，删去第十七条。"）

第一章 总 则

第一条 为了规范证券投资基金活动，保护投资人及相关当事人的合法权益，促进证券投资基金和资本市场的健康发展，制定本法。

第二条 在中华人民共和国境内，公开或者非公开募集资金设立证券投资基金（以下简称基金），由基金管理人管理，基金托管人托管，为基金份额持有人的利益，进行证券投资活动，适用本法；本法未规定的，适用《中华人民共和国信托法》、《中华人民共和国证券法》和其他有关法律、行政法规的规定。

第三条 基金管理人、基金托管人和基金份额持有人的权利、义务，依照本法在基金合同中约定。

基金管理人、基金托管人依照本法和基金合同的约定，履行受托职责。

通过公开募集方式设立的基金（以下简称公开募集基金）的基金份额持有人按其所持基金份额享受收益和承担风险，通过非公开募集方式设立的基金（以下简称非公开募集基金）的收益分配和风险承担由基金合同约定。

第四条 从事证券投资基金活动，应当遵循自愿、公平、诚实信用的原则，不得损害国家利益和社会公共利益。

第五条 基金财产的债务由基金财产本身承担，基金份额持有人以其出资为限对基金财产的债务承担责任。但基金合同依照本法另有约定的，从其约定。

基金财产独立于基金管理人、基金托管人的固有财产。基金管理人、基金托管人不得将基金财产归入其固有财产。

基金管理人、基金托管人因基金财产的管理、运用或者其他情形而取得的财产和收益，归入基金财产。

基金管理人、基金托管人因依法解散、被依法撤销或者被依法宣告破产等原因进行清算的，基金财产不属于其清算财产。

第六条 基金财产的债权，不得与基金管理人、基金托管人固有财产的债务相抵销；不同基金财产的债权债务，不得相互抵销。

第七条 非因基金财产本身承担的债务，不得对基金财产强制执行。

第八条 基金财产投资的相关税收，由基金份额持有人承担，基金管理人或者其他扣缴义务人按照国家有关税收征收的规定代扣代缴。

第九条 基金管理人、基金托管人管理、运用基金财产，基金服务机构从事基金服务活动，应当恪尽职守，履行诚实信用、谨慎勤勉的义务。

基金管理人运用基金财产进行证券投资，应当遵守审慎经营规则，制定科学合理的投资策略和风险管理制度，有效防范和控制风险。

基金从业人员应当具备基金从业资格，遵守法律、行政法规，恪守职业道德和行为规范。

第十条 基金管理人、基金托管人和基金服务机构，应当依照本法成立证券投资基金行业协会（以下简称基金行业协会），进行行业自律，协调行业关系，提供行业服务，促进行业发展。

第十一条 国务院证券监督管理机构依法对证券投资基金活动实施监督管理；其派出机构依照授权履行职责。

第二章　基金管理人

第十二条 基金管理人由依法设立的公司或者合伙企业担任。

公开募集基金的基金管理人，由基金管理公司或者经国务院证券监督管理机构按照规定核准的其他机构担任。

第十三条 设立管理公开募集基金的基金管理公司，应当具备下列条件，并经国务院证券监督管理机构批准：

（一）有符合本法和《中华人民共和国公司法》规定的章程；

（二）注册资本不低于一亿元人民币，且必须为实缴货币资本；

（三）主要股东应当具有经营金融业务或者管理金融机构的良好业绩、良好的财务状况和社会信誉，资产规模达到国务院规定的标准，最近三年没有违法记录；

（四）取得基金从业资格的人员达到法定人数；

（五）董事、监事、高级管理人员具备相应的任职条件；

（六）有符合要求的营业场所、安全防范设施和与基金管理业务有关的其他设施；

（七）有良好的内部治理结构、完善的内部稽核监控制度、风险控制制度；

（八）法律、行政法规规定的和经国务院批准的国务院证券监督管理机构规定的其他条件。

第十四条 国务院证券监督管理机构应当自受理基金管理公司设立申请之日起六个月内依照本法第十三条规定的条件和审慎监管原则进行审查，作出批准或者不予批准的决定，并通知申请人；不予批准的，应当说明理由。

基金管理公司变更持有百分之五以上股权的股东，变更公司的实际控制人，或者变更其他重大事项，应当报经国务院证券监督管理机构批准。国务院证券监督管理机构应当自受理申请之日起六十日内作出批准或者不予批准的决定，并通知申请人；不予批准的，应当说明理由。

第十五条 有下列情形之一的，不得担任公开募集基金的基金管理人的董事、监事、高级管理人员和其他从业人员：

（一）因犯有贪污贿赂、渎职、侵犯财产罪或者破坏社会主义市场经济秩序罪，被判处刑罚的；

（二）对所任职的公司、企业因经营不善破产清算或者因违法被吊销营业执照负有个人责任的董事、监事、厂长、高级管理人员，自该公司、企业破产清算终结或者被吊销营业执照之日起未逾五年的；

（三）个人所负债务数额较大，到期未清偿的；

（四）因违法行为被开除的基金管理人、基金托管人、证券交易所、证券公司、证券登记结算机构、期货交易所、期货公司及其他机构的从业人员和国家机关工作人员；

（五）因违法行为被吊销执业证书或者被取消资格的律师、注册会计师和资产评估机构、验证机构的从业人员、投资咨询从业人员；

（六）法律、行政法规规定不得从事基金业务的其他人员。

第十六条 公开募集基金的基金管理人的董事、监事和高级管理人员，应当熟悉证券投资方面的法律、行政法规，具有三年以上与其所任职务相关的工作经历；高级管理人员还应当具备基金从业资格。

第十七条 公开募集基金的基金管理人的法定代表人、经营管理主要负责人和从事合规监管的负责人的选任或者改任，应当报经国务院证券监督管理机构依照本法和其他有关法律、行政法规规定的任职条件进行审核。[①]

第十八条 公开募集基金的基金管理人的董事、监事、高级管理人员和其他从业人员，其本人、配偶、利害关系人进行证券投资，应当事先向基金管理人申报，并不得与基金份额持有人发生利益冲突。

公开募集基金的基金管理人应当建立前款规定人员进行证券投资的申报、登记、审查、处置等管理制度，并报国务院证券监督管理机构备案。

第十九条 公开募集基金的基金管理人的董事、监事、高级管理人员和其他从业人员，不得担任基金托管人或者其他基金管理人的任何职务，不得从事损害基金财产和基金份额持有人利益的证券交易及其他活动。

第二十条 公开募集基金的基金管理人应当履行下列职责：

（一）依法募集资金，办理基金份额的发售和登记事宜；

（二）办理基金备案手续；

（三）对所管理的不同基金财产分别管理、分别记账，进行证券投资；

（四）按照基金合同的约定确定基金收益分配方案，及时向基金份额持有人分配收益；

（五）进行基金会计核算并编制基金财务会计报告；

（六）编制中期和年度基金报告；

（七）计算并公告基金资产净值，确定基金份额申购、赎回价格；

（八）办理与基金财产管理业务活动有关的信息披露事项；

（九）按照规定召集基金份额持有人大会；

（十）保存基金财产管理业务活动的记录、账册、报表和其他相关资料；

（十一）以基金管理人名义，代表基金份额持有人利益行使诉讼权利或者实施其他法律行为；

（十二）国务院证券监督管理机构规定的其他职责。

第二十一条 公开募集基金的基金管理人及其董事、监事、高级管理人员和其他从业人员不得有下列行为：

---

① 根据 2015 年 4 月 24 日第十二届全国人民代表大会常务委员会第十四次会议《全国人民代表大会常务委员会关于修改〈中华人民共和国港口法〉等七部法律的决定》修正："六、对《中华人民共和国证券投资基金法》作出修改，删去第十七条。"

（一）将其固有财产或者他人财产混同于基金财产从事证券投资；

（二）不公平地对待其管理的不同基金财产；

（三）利用基金财产或者职务之便为基金份额持有人以外的人牟取利益；

（四）向基金份额持有人违规承诺收益或者承担损失；

（五）侵占、挪用基金财产；

（六）泄露因职务便利获取的未公开信息、利用该信息从事或者明示、暗示他人从事相关的交易活动；

（七）玩忽职守，不按照规定履行职责；

（八）法律、行政法规和国务院证券监督管理机构规定禁止的其他行为。

第二十二条 公开募集基金的基金管理人应当建立良好的内部治理结构，明确股东会、董事会、监事会和高级管理人员的职责权限，确保基金管理人独立运作。

公开募集基金的基金管理人可以实行专业人士持股计划，建立长效激励约束机制。

公开募集基金的基金管理人的股东、董事、监事和高级管理人员在行使权利或者履行职责时，应当遵循基金份额持有人利益优先的原则。

第二十三条 公开募集基金的基金管理人应当从管理基金的报酬中计提风险准备金。

公开募集基金的基金管理人因违法违规、违反基金合同等原因给基金财产或者基金份额持有人合法权益造成损失，应当承担赔偿责任的，可以优先使用风险准备金予以赔偿。

第二十四条 公开募集基金的基金管理人的股东、实际控制人应当按照国务院证券监督管理机构的规定及时履行重大事项报告义务，并不得有下列行为：

（一）虚假出资或者抽逃出资；

（二）未依法经股东会或者董事会决议擅自干预基金管理人的基金经营活动；

（三）要求基金管理人利用基金财产为自己或者他人牟取利益，损害基金份额持有人利益；

（四）国务院证券监督管理机构规定禁止的其他行为。

公开募集基金的基金管理人的股东、实际控制人有前款行为或者股东不再符合法定条件的，国务院证券监督管理机构应当责令其限期改正，并可视情节责令其转让所持有或者控制的基金管理人的股权。

在前款规定的股东、实际控制人按照要求改正违法行为、转让所持有或者控制的基金管理人的股权前，国务院证券监督管理机构可以限制有关股东行使股东权利。

第二十五条 公开募集基金的基金管理人违法违规，或者其内部治理结构、稽核监控和风险控制管理不符合规定的，国务院证券监督管理机构应当责令其限期改正；逾期未改正，或者其行为严重危及该基金管理人的稳健运行、损害基金份额持有人合法权益的，国务院证券监督管理机构可以区别情形，对其采取下列措施：

（一）限制业务活动，责令暂停部分或者全部业务；

（二）限制分配红利，限制向董事、监事、高级管理人员支付报酬、提供福利；

（三）限制转让固有财产或者在固有财产上设定其他权利；

（四）责令更换董事、监事、高级管理人员或者限制其权利；

（五）责令有关股东转让股权或者限制有关股东行使股东权利。

公开募集基金的基金管理人整改后，应当向国务院证券监督管理机构提交报告。国务院证券监督管理机构经验收，符合有关要求的，应当自验收完毕之日起三日内解除对其采取的有关措施。

第二十六条 公开募集基金的基金管理人的董事、监事、高级管理人员未能勤勉尽责，致使基金管理人存在重大违法违规行为或者重大风险的，国务院证券监督管理机构可以责令更换。

第二十七条 公开募集基金的基金管理人违法经营或者出现重大风险，严重危害证券市场秩序、损害基金份额持有人利益的，国务院证券监督管理机构可以对该基金管理人采取责令停业整顿、指定其他机构托管、接管、取消基金管理资格或者撤销等监管措施。

第二十八条 在公开募集基金的基金管理人被责令停业整顿、被依法指定托管、接管或者清算期间，或者出现重大风险时，经国务院证券监督管理机构批准，可以对该基金管理人直接负责的董事、监事、高级管理人员和其他直接责任人员采取下列措施：

（一）通知出境管理机关依法阻止其出境；

（二）申请司法机关禁止其转移、转让或者以其他方式处分财产，或者在财产上设定其他权利。

第二十九条 有下列情形之一的，公开募集基金的基金管理人职责终止：

（一）被依法取消基金管理资格；

（二）被基金份额持有人大会解任；

（三）依法解散、被依法撤销或者被依法宣告破产；

（四）基金合同约定的其他情形。

第三十条 公开募集基金的基金管理人职责终止的，基金份额持有人大会应当在六个月内选任新基金管理人；新基金管理人产生前，由国务院证券监督管理机构指定临时基金管理人。

公开募集基金的基金管理人职责终止的，应当妥善保管基金管理业务资料，及时办理基金管理业务的移交手续，新基金管理人或者临时基金管理人应当及时接收。

第三十一条　公开募集基金的基金管理人职责终止的，应当按照规定聘请会计师事务所对基金财产进行审计，并将审计结果予以公告，同时报国务院证券监督管理机构备案。

第三十二条　对非公开募集基金的基金管理人进行规范的具体办法，由国务院金融监督管理机构依照本章的原则制定。

第三章　基金托管人

第三十三条　基金托管人由依法设立的商业银行或者其他金融机构担任。

商业银行担任基金托管人的，由国务院证券监督管理机构会同国务院银行业监督管理机构核准；其他金融机构担任基金托管人的，由国务院证券监督管理机构核准。

第三十四条　担任基金托管人，应当具备下列条件：

（一）净资产和风险控制指标符合有关规定；

（二）设有专门的基金托管部门；

（三）取得基金从业资格的专职人员达到法定人数；

（四）有安全保管基金财产的条件；

（五）有安全高效的清算、交割系统；

（六）有符合要求的营业场所、安全防范设施和与基金托管业务有关的其他设施；

（七）有完善的内部稽核监控制度和风险控制制度；

（八）法律、行政法规规定的和经国务院批准的国务院证券监督管理机构、国务院银行业监督管理机构规定的其他条件。

第三十五条　本法第十五条、第十八条、第十九条的规定，适用于基金托管人的专门基金托管部门的高级管理人员和其他从业人员。

本法第十六条的规定，适用于基金托管人的专门基金托管部门的高级管理人员。

第三十六条　基金托管人与基金管理人不得为同一机构，不得相互出资或者持有股份。

第三十七条　基金托管人应当履行下列职责：

（一）安全保管基金财产；

（二）按照规定开设基金财产的资金账户和证券账户；

（三）对所托管的不同基金财产分别设置账户，确保基金财产的完整与独立；

（四）保存基金托管业务活动的记录、账册、报表和其他相关资料；

（五）按照基金合同的约定，根据基金管理人的投资指令，及时办理清算、交割事宜；

（六）办理与基金托管业务活动有关的信息披露事项；

（七）对基金财务会计报告、中期和年度基金报告出具意见；

（八）复核、审查基金管理人计算的基金资产净值和基金份额申购、赎回价格；

（九）按照规定召集基金份额持有人大会；

（十）按照规定监督基金管理人的投资运作；

（十一）国务院证券监督管理机构规定的其他职责。

第三十八条 基金托管人发现基金管理人的投资指令违反法律、行政法规和其他有关规定，或者违反基金合同约定的，应当拒绝执行，立即通知基金管理人，并及时向国务院证券监督管理机构报告。

基金托管人发现基金管理人依据交易程序已经生效的投资指令违反法律、行政法规和其他有关规定，或者违反基金合同约定的，应当立即通知基金管理人，并及时向国务院证券监督管理机构报告。

第三十九条 本法第二十一条、第二十三条的规定，适用于基金托管人。

第四十条 基金托管人不再具备本法规定的条件，或者未能勤勉尽责，在履行本法规定的职责时存在重大失误的，国务院证券监督管理机构、国务院银行业监督管理机构应当责令其改正；逾期未改正，或者其行为严重影响所托管基金的稳健运行、损害基金份额持有人利益的，国务院证券监督管理机构、国务院银行业监督管理机构可以区别情形，对其采取下列措施：

（一）限制业务活动，责令暂停办理新的基金托管业务；

（二）责令更换负有责任的专门基金托管部门的高级管理人员。

基金托管人整改后，应当向国务院证券监督管理机构、国务院银行业监督管理机构提交报告；经验收，符合有关要求的，应当自验收完毕之日起三日内解除对其采取的有关措施。

第四十一条 国务院证券监督管理机构、国务院银行业监督管理机构对有下列情形之一的基金托管人，可以取消其基金托管资格：

（一）连续三年没有开展基金托管业务的；

（二）违反本法规定，情节严重的；

（三）法律、行政法规规定的其他情形。

第四十二条 有下列情形之一的，基金托管人职责终止：

（一）被依法取消基金托管资格；

（二）被基金份额持有人大会解任；

（三）依法解散、被依法撤销或者被依法宣告破产；

（四）基金合同约定的其他情形。

第四十三条 基金托管人职责终止的，基金份额持有人大会应当在六个月内选任新基金托管人；新基金托管人产生前，由国务院证券监督管理机构指定临时基金托管人。

基金托管人职责终止的，应当妥善保管基金财产和基金托管业务资料，及时办理基金财产和基金托管业务的移交手续，新基金托管人或者临时基金托管人应当及时接收。

第四十四条 基金托管人职责终止的，应当按照规定聘请会计师事务所对基金财产进行审计，并将审计结果予以公告，同时报国务院证券监督管理机构备案。

第四章 基金的运作方式和组织

第四十五条 基金合同应当约定基金的运作方式。

第四十六条 基金的运作方式可以采用封闭式、开放式或者其他方式。

采用封闭式运作方式的基金（以下简称封闭式基金），是指基金份额总额在基金合同期限内固定不变，基金份额持有人不得申请赎回的基金；采用开放式运作方式的基金（以下简称开放式基金），是指基金份额总额不固定，基金份额可以在基金合同约定的时间和场所申购或者赎回的基金。

采用其他运作方式的基金的基金份额发售、交易、申购、赎回的办法，由国务院证券监督管理机构另行规定。

第四十七条 基金份额持有人享有下列权利：

（一）分享基金财产收益；

（二）参与分配清算后的剩余基金财产；

（三）依法转让或者申请赎回其持有的基金份额；

（四）按照规定要求召开基金份额持有人大会或者召集基金份额持有人大会；

（五）对基金份额持有人大会审议事项行使表决权；

（六）对基金管理人、基金托管人、基金服务机构损害其合法权益的行为依法提起诉讼；

（七）基金合同约定的其他权利。

公开募集基金的基金份额持有人有权查阅或者复制公开披露的基金信息资料；非公开募集基金的基金份额持有人对涉及自身利益的情况，有权查阅基金的财务会计账簿等财务资料。

第四十八条　基金份额持有人大会由全体基金份额持有人组成，行使下列职权：

（一）决定基金扩募或者延长基金合同期限；

（二）决定修改基金合同的重要内容或者提前终止基金合同；

（三）决定更换基金管理人、基金托管人；

（四）决定调整基金管理人、基金托管人的报酬标准；

（五）基金合同约定的其他职权。

第四十九条　按照基金合同约定，基金份额持有人大会可以设立日常机构，行使下列职权：

（一）召集基金份额持有人大会；

（二）提请更换基金管理人、基金托管人；

（三）监督基金管理人的投资运作、基金托管人的托管活动；

（四）提请调整基金管理人、基金托管人的报酬标准；

（五）基金合同约定的其他职权。

前款规定的日常机构，由基金份额持有人大会选举产生的人员组成；其议事规则，由基金合同约定。

第五十条　基金份额持有人大会及其日常机构不得直接参与或者干涉基金的投资管理活动。

第五章　基金的公开募集

第五十一条　公开募集基金，应当经国务院证券监督管理机构注册。未经注册，不得公开或者变相公开募集基金。

前款所称公开募集基金，包括向不特定对象募集资金、向特定对象募集资金累计超过二百人，以及法律、行政法规规定的其他情形。

公开募集基金应当由基金管理人管理，基金托管人托管。

第五十二条　注册公开募集基金，由拟任基金管理人向国务院证券监督管理机构提交下列文件：

（一）申请报告；

（二）基金合同草案；

（三）基金托管协议草案；

（四）招募说明书草案；

（五）律师事务所出具的法律意见书；

（六）国务院证券监督管理机构规定提交的其他文件。

第五十三条　公开募集基金的基金合同应当包括下列内容：

（一）募集基金的目的和基金名称；

（二）基金管理人、基金托管人的名称和住所；

（三）基金的运作方式；

（四）封闭式基金的基金份额总额和基金合同期限，或者开放式基金的最低募集份额总额；

（五）确定基金份额发售日期、价格和费用的原则；

（六）基金份额持有人、基金管理人和基金托管人的权利、义务；

（七）基金份额持有人大会召集、议事及表决的程序和规则；

（八）基金份额发售、交易、申购、赎回的程序、时间、地点、费用计算方式，以及给付赎回款项的时间和方式；

（九）基金收益分配原则、执行方式；

（十）基金管理人、基金托管人报酬的提取、支付方式与比例；

（十一）与基金财产管理、运用有关的其他费用的提取、支付方式；

（十二）基金财产的投资方向和投资限制；

（十三）基金资产净值的计算方法和公告方式；

（十四）基金募集未达到法定要求的处理方式；

（十五）基金合同解除和终止的事由、程序以及基金财产清算方式；

（十六）争议解决方式；

（十七）当事人约定的其他事项。

第五十四条 公开募集基金的基金招募说明书应当包括下列内容：

（一）基金募集申请的准予注册文件名称和注册日期；

（二）基金管理人、基金托管人的基本情况；

（三）基金合同和基金托管协议的内容摘要；

（四）基金份额的发售日期、价格、费用和期限；

（五）基金份额的发售方式、发售机构及登记机构名称；

（六）出具法律意见书的律师事务所和审计基金财产的会计师事务所的名称和住所；

（七）基金管理人、基金托管人报酬及其他有关费用的提取、支付方式与比例；

（八）风险警示内容；

（九）国务院证券监督管理机构规定的其他内容。

第五十五条 国务院证券监督管理机构应当自受理公开募集基金的募集注册申请之日起六个月内依照法律、行政法规及国务院证券监督管理机构的规定进行审查，作出注册或者不予注册的决定，并通知申请人；不予注册的，应当说明理由。

第五十六条 基金募集申请经注册后，方可发售基金份额。

基金份额的发售，由基金管理人或者其委托的基金销售机构办理。

第五十七条 基金管理人应当在基金份额发售的三日前公布招募说明书、基金合同及其他有关文件。

前款规定的文件应当真实、准确、完整。

对基金募集所进行的宣传推介活动，应当符合有关法律、行政法规的规定，不得有本法第七十八条所列行为。

第五十八条 基金管理人应当自收到准予注册文件之日起六个月内进行基金募集。超过六个月开始募集，原注册的事项未发生实质性变化的，应当报国务院证券监督管理机构备案；发生实质性变化的，应当向国务院证券监督管理机构重新提交注册申请。

基金募集不得超过国务院证券监督管理机构准予注册的基金募集期限。基金募集期限自基金份额发售之日起计算。

第五十九条 基金募集期限届满，封闭式基金募集的基金份额总额达到准予注册规模的百分之八十以上，开放式基金募集的基金份额总额超过准予注册的最低募集份额总额，并且基金份额持有人人数符合国务院证券监督管理机构规定的，基金管理人应当自募集期限届满之日起十日内聘请法定验资机构验资，自收到验资报告之日起十日内，向国务院证券监督管理机构提交验资报告，办理基金备案手续，并予以公告。

第六十条 基金募集期间募集的资金应当存入专门账户，在基金募集行为结束前，任何人不得动用。

第六十一条 投资人交纳认购的基金份额的款项时，基金合同成立；基金管理人依照本法第五十九条的规定向国务院证券监督管理机构办理基金备案手续，基金合同生效。

基金募集期限届满，不能满足本法第五十九条规定的条件的，基金管理人应当承担下列责任：

（一）以其固有财产承担因募集行为而产生的债务和费用；

（二）在基金募集期限届满后三十日内返还投资人已交纳的款项，并加计银行同期存款利息。

第六章　公开募集基金的基金份额的交易、申购与赎回

第六十二条 申请基金份额上市交易，基金管理人应当向证券交易所提出申请，证券交易所依法审核同意的，双方应当签订上市协议。

第六十三条 基金份额上市交易，应当符合下列条件：

（一）基金的募集符合本法规定；

（二）基金合同期限为五年以上；

（三）基金募集金额不低于二亿元人民币；

（四）基金份额持有人不少于一千人；

（五）基金份额上市交易规则规定的其他条件。

第六十四条 基金份额上市交易规则由证券交易所制定，报国务院证券监督管理机构批准。

第六十五条 基金份额上市交易后，有下列情形之一的，由证券交易所终止其上市交易，并报国务院证券监督管理机构备案：

（一）不再具备本法第六十三条规定的上市交易条件；

（二）基金合同期限届满；

（三）基金份额持有人大会决定提前终止上市交易；

（四）基金合同约定的或者基金份额上市交易规则规定的终止上市交易的其他情形。

第六十六条 开放式基金的基金份额的申购、赎回、登记，由基金管理人或者其委托的基金服务机构办理。

第六十七条 基金管理人应当在每个工作日办理基金份额的申购、赎回业务；基金合同另有约定的，从其约定。

投资人交付申购款项，申购成立；基金份额登记机构确认基金份额时，申购生效。

基金份额持有人递交赎回申请，赎回成立；基金份额登记机构确认赎回时，赎回生效。

第六十八条 基金管理人应当按时支付赎回款项，但是下列情形除外：

（一）因不可抗力导致基金管理人不能支付赎回款项；

（二）证券交易场所依法决定临时停市，导致基金管理人无法计算当日基金资产净值；

（三）基金合同约定的其他特殊情形。

发生上述情形之一的，基金管理人应当在当日报国务院证券监督管理机构备案。本条第一款规定的情形消失后，基金管理人应当及时支付赎回款项。

第六十九条 开放式基金应当保持足够的现金或者政府债券，以备支付基金份额持有人的赎回款项。基金财产中应当保持的现金或者政府债券的具体比例，由国务院证券监督管理机构规定。

第七十条　基金份额的申购、赎回价格，依据申购、赎回日基金份额净值加、减有关费用计算。

第七十一条　基金份额净值计价出现错误时，基金管理人应当立即纠正，并采取合理的措施防止损失进一步扩大。计价错误达到基金份额净值百分之零点五时，基金管理人应当公告，并报国务院证券监督管理机构备案。

因基金份额净值计价错误造成基金份额持有人损失的，基金份额持有人有权要求基金管理人、基金托管人予以赔偿。

第七章　公开募集基金的投资与信息披露

第七十二条　基金管理人运用基金财产进行证券投资，除国务院证券监督管理机构另有规定外，应当采用资产组合的方式。

资产组合的具体方式和投资比例，依照本法和国务院证券监督管理机构的规定在基金合同中约定。

第七十三条　基金财产应当用于下列投资：

（一）上市交易的股票、债券；

（二）国务院证券监督管理机构规定的其他证券及其衍生品种。

第七十四条　基金财产不得用于下列投资或者活动：

（一）承销证券；

（二）违反规定向他人贷款或者提供担保；

（三）从事承担无限责任的投资；

（四）买卖其他基金份额，但是国务院证券监督管理机构另有规定的除外；

（五）向基金管理人、基金托管人出资；

（六）从事内幕交易、操纵证券交易价格及其他不正当的证券交易活动；

（七）法律、行政法规和国务院证券监督管理机构规定禁止的其他活动。

运用基金财产买卖基金管理人、基金托管人及其控股股东、实际控制人或者与其有其他重大利害关系的公司发行的证券或承销期内承销的证券，或者从事其他重大关联交易的，应当遵循基金份额持有人利益优先的原则，防范利益冲突，符合国务院证券监督管理机构的规定，并履行信息披露义务。

第七十五条　基金管理人、基金托管人和其他基金信息披露义务人应当依法披露基金信息，并保证所披露信息的真实性、准确性和完整性。

第七十六条　基金信息披露义务人应当确保应予披露的基金信息在国务院证券监督管理机构规定时间内披露，并保证投资人能够按照基金合同约定的时间和方式查阅或者复制公开披露的信息资料。

第七十七条 公开披露的基金信息包括：

（一）基金招募说明书、基金合同、基金托管协议；

（二）基金募集情况；

（三）基金份额上市交易公告书；

（四）基金资产净值、基金份额净值；

（五）基金份额申购、赎回价格；

（六）基金财产的资产组合季度报告、财务会计报告及中期和年度基金报告；

（七）临时报告；

（八）基金份额持有人大会决议；

（九）基金管理人、基金托管人的专门基金托管部门的重大人事变动；

（十）涉及基金财产、基金管理业务、基金托管业务的诉讼或者仲裁；

（十一）国务院证券监督管理机构规定应予披露的其他信息。

第七十八条 公开披露基金信息，不得有下列行为：

（一）虚假记载、误导性陈述或者重大遗漏；

（二）对证券投资业绩进行预测；

（三）违规承诺收益或者承担损失；

（四）诋毁其他基金管理人、基金托管人或者基金销售机构；

（五）法律、行政法规和国务院证券监督管理机构规定禁止的其他行为。

第八章 公开募集基金的基金合同的变更、终止与基金财产清算

第七十九条 按照基金合同的约定或者基金份额持有人大会的决议，基金可以转换运作方式或者与其他基金合并。

第八十条 封闭式基金扩募或者延长基金合同期限，应当符合下列条件，并报国务院证券监督管理机构备案：

（一）基金运营业绩良好；

（二）基金管理人最近二年内没有因违法违规行为受到行政处罚或者刑事处罚；

（三）基金份额持有人大会决议通过；

（四）本法规定的其他条件。

第八十一条 有下列情形之一的，基金合同终止：

（一）基金合同期限届满而未延期；

（二）基金份额持有人大会决定终止；

（三）基金管理人、基金托管人职责终止，在六个月内没有新基金管理人、新基金托管人承接；

（四）基金合同约定的其他情形。

第八十二条　基金合同终止时，基金管理人应当组织清算组对基金财产进行清算。

清算组由基金管理人、基金托管人以及相关的中介服务机构组成。

清算组作出的清算报告经会计师事务所审计，律师事务所出具法律意见书后，报国务院证券监督管理机构备案并公告。

第八十三条　清算后的剩余基金财产，应当按照基金份额持有人所持份额比例进行分配。

第九章　公开募集基金的基金份额持有人权利行使

第八十四条　基金份额持有人大会由基金管理人召集。基金份额持有人大会设立日常机构的，由该日常机构召集；该日常机构未召集的，由基金管理人召集。基金管理人未按规定召集或者不能召开的，由基金托管人召集。

代表基金份额百分之十以上的基金份额持有人就同一事项要求召开基金份额持有人大会，而基金份额持有人大会的日常机构、基金管理人、基金托管人都不召集的，代表基金份额百分之十以上的基金份额持有人有权自行召集，并报国务院证券监督管理机构备案。

第八十五条　召开基金份额持有人大会，召集人应当至少提前三十日公告基金份额持有人大会的召开时间、会议形式、审议事项、议事程序和表决方式等事项。

基金份额持有人大会不得就未经公告的事项进行表决。

第八十六条　基金份额持有人大会可以采取现场方式召开，也可以采取通讯等方式召开。

每一基金份额具有一票表决权，基金份额持有人可以委托代理人出席基金份额持有人大会并行使表决权。

第八十七条　基金份额持有人大会应当有代表二分之一以上基金份额的持有人参加，方可召开。

参加基金份额持有人大会的持有人的基金份额低于前款规定比例的，召集人可以在原公告的基金份额持有人大会召开时间的三个月以后、六个月以内，就原定审议事项重新召集基金份额持有人大会。重新召集的基金份额持有人大会应当有代表三分之一以上基金份额的持有人参加，方可召开。

基金份额持有人大会就审议事项作出决定，应当经参加大会的基金份额持有人所持表决权的二分之一以上通过；但是，转换基金的运作方式、更换基金管理人或者基金托管人、提前终止基金合同、与其他基金合并，应当经参加大会的基金份额持有人所持表决权的三分之二以上通过。

基金份额持有人大会决定的事项，应当依法报国务院证券监督管理机构备案，并予以公告。

第十章　非公开募集基金

第八十八条　非公开募集基金应当向合格投资者募集，合格投资者累计不得超过二百人。

前款所称合格投资者，是指达到规定资产规模或者收入水平，并且具备相应的风险识别能力和风险承担能力、其基金份额认购金额不低于规定限额的单位和个人。

合格投资者的具体标准由国务院证券监督管理机构规定。

第八十九条　除基金合同另有约定外，非公开募集基金应当由基金托管人托管。

第九十条　担任非公开募集基金的基金管理人，应当按照规定向基金行业协会履行登记手续，报送基本情况。

第九十一条　未经登记，任何单位或者个人不得使用"基金"或者"基金管理"字样或者近似名称进行证券投资活动；但是，法律、行政法规另有规定的除外。

第九十二条　非公开募集基金，不得向合格投资者之外的单位和个人募集资金，不得通过报刊、电台、电视台、互联网等公众传播媒体或者讲座、报告会、分析会等方式向不特定对象宣传推介。

第九十三条　非公开募集基金，应当制定并签订基金合同。基金合同应当包括下列内容：

（一）基金份额持有人、基金管理人、基金托管人的权利、义务；

（二）基金的运作方式；

（三）基金的出资方式、数额和认缴期限；

（四）基金的投资范围、投资策略和投资限制；

（五）基金收益分配原则、执行方式；

（六）基金承担的有关费用；

（七）基金信息提供的内容、方式；

（八）基金份额的认购、赎回或者转让的程序和方式；

（九）基金合同变更、解除和终止的事由、程序；

（十）基金财产清算方式；

（十一）当事人约定的其他事项。

基金份额持有人转让基金份额的，应当符合本法第八十八条、第九十二条的规定。

第九十四条 按照基金合同约定，非公开募集基金可以由部分基金份额持有人作为基金管理人负责基金的投资管理活动，并在基金财产不足以清偿其债务时对基金财产的债务承担无限连带责任。

前款规定的非公开募集基金，其基金合同还应载明：

（一）承担无限连带责任的基金份额持有人和其他基金份额持有人的姓名或者名称、住所；

（二）承担无限连带责任的基金份额持有人的除名条件和更换程序；

（三）基金份额持有人增加、退出的条件、程序以及相关责任；

（四）承担无限连带责任的基金份额持有人和其他基金份额持有人的转换程序。

第九十五条 非公开募集基金募集完毕，基金管理人应当向基金行业协会备案。对募集的资金总额或者基金份额持有人的人数达到规定标准的基金，基金行业协会应当向国务院证券监督管理机构报告。

非公开募集基金财产的证券投资，包括买卖公开发行的股份有限公司股票、债券、基金份额，以及国务院证券监督管理机构规定的其他证券及其衍生品种。

第九十六条 基金管理人、基金托管人应当按照基金合同的约定，向基金份额持有人提供基金信息。

第九十七条 专门从事非公开募集基金管理业务的基金管理人，其股东、高级管理人员、经营期限、管理的基金资产规模等符合规定条件的，经国务院证券监督管理机构核准，可以从事公开募集基金管理业务。

第十一章 基金服务机构

第九十八条 从事公开募集基金的销售、销售支付、份额登记、估值、投资顾问、评价、信息技术系统服务等基金服务业务的机构，应当按照国务院证券监督管理机构的规定进行注册或者备案。

第九十九条 基金销售机构应当向投资人充分揭示投资风险，并根据投资人的风险承担能力销售不同风险等级的基金产品。

第一百条 基金销售支付机构应当按照规定办理基金销售结算资金的划付，确保基金销售结算资金安全、及时划付。

第一百零一条 基金销售结算资金、基金份额独立于基金销售机构、基金销售支付机构或者基金份额登记机构的自有财产。基金销售机构、基金销售支付机构或者基金份额登记机构破产或者清算时，基金销售结算资金、基金份额不属于其破产财产或者清算财产。非因投资人本身的债务或者法律规定的其他情形，不得查封、冻结、扣划或者强制执行基金销售结算资金、基金份额。

基金销售机构、基金销售支付机构、基金份额登记机构应当确保基金销售结算资金、基金份额的安全、独立，禁止任何单位或者个人以任何形式挪用基金销售结算资金、基金份额。

第一百零二条 基金管理人可以委托基金服务机构代为办理基金的份额登记、核算、估值、投资顾问等事项，基金托管人可以委托基金服务机构代为办理基金的核算、估值、复核等事项，但基金管理人、基金托管人依法应当承担的责任不因委托而免除。

第一百零三条 基金份额登记机构以电子介质登记的数据，是基金份额持有人权利归属的根据。基金份额持有人以基金份额出质的，质权自基金份额登记机构办理出质登记时设立。

基金份额登记机构应当妥善保存登记数据，并将基金份额持有人名称、身份信息及基金份额明细等数据备份至国务院证券监督管理机构认定的机构。其保存期限自基金账户销户之日起不得少于二十年。

基金份额登记机构应当保证登记数据的真实、准确、完整，不得隐匿、伪造、篡改或者毁损。

第一百零四条 基金投资顾问机构及其从业人员提供基金投资顾问服务，应当具有合理的依据，对其服务能力和经营业绩进行如实陈述，不得以任何方式承诺或者保证投资收益，不得损害服务对象的合法权益。

第一百零五条 基金评价机构及其从业人员应当客观公正，按照依法制定的业务规则开展基金评价业务，禁止误导投资人，防范可能发生的利益冲突。

第一百零六条 基金管理人、基金托管人、基金服务机构的信息技术系统，应当符合规定的要求。国务院证券监督管理机构可以要求信息技术系统服务机构提供该信息技术系统的相关资料。

第一百零七条 律师事务所、会计师事务所接受基金管理人、基金托管人的委托，为有关基金业务活动出具法律意见书、审计报告、内部控制评价报告等文件，应当勤勉尽责，对所依据的文件资料内容的真实性、准确性、完整性进行核查和验证。其制作、出具的文件有虚假记载、误导性陈述或者重大遗漏，给他人财产造成损失的，应当与委托人承担连带赔偿责任。

第一百零八条 基金服务机构应当勤勉尽责、恪尽职守，建立应急等风险管理制度和灾难备份系统，不得泄露与基金份额持有人、基金投资运作相关的非公开信息。

第十二章 基金行业协会

第一百零九条 基金行业协会是证券投资基金行业的自律性组织，是社会团体法人。

基金管理人、基金托管人应当加入基金行业协会，基金服务机构可以加入基金行业协会。

第一百一十条　基金行业协会的权力机构为全体会员组成的会员大会。

基金行业协会设理事会。理事会成员依章程的规定由选举产生。

第一百一十一条　基金行业协会章程由会员大会制定，并报国务院证券监督管理机构备案。

第一百一十二条　基金行业协会履行下列职责：

（一）教育和组织会员遵守有关证券投资的法律、行政法规，维护投资人合法权益；

（二）依法维护会员的合法权益，反映会员的建议和要求；

（三）制定和实施行业自律规则，监督、检查会员及其从业人员的执业行为，对违反自律规则和协会章程的，按照规定给予纪律处分；

（四）制定行业执业标准和业务规范，组织基金从业人员的从业考试、资质管理和业务培训；

（五）提供会员服务，组织行业交流，推动行业创新，开展行业宣传和投资人教育活动；

（六）对会员之间、会员与客户之间发生的基金业务纠纷进行调解；

（七）依法办理非公开募集基金的登记、备案；

（八）协会章程规定的其他职责。

第十三章　监督管理

第一百一十三条　国务院证券监督管理机构依法履行下列职责：

（一）制定有关证券投资基金活动监督管理的规章、规则，并行使审批、核准或者注册权；

（二）办理基金备案；

（三）对基金管理人、基金托管人及其他机构从事证券投资基金活动进行监督管理，对违法行为进行查处，并予以公告；

（四）制定基金从业人员的资格标准和行为准则，并监督实施；

（五）监督检查基金信息的披露情况；

（六）指导和监督基金行业协会的活动；

（七）法律、行政法规规定的其他职责。

第一百一十四条　国务院证券监督管理机构依法履行职责，有权采取下列措施：

（一）对基金管理人、基金托管人、基金服务机构进行现场检查，并要求其报送有关的业务资料；

（二）进入涉嫌违法行为发生场所调查取证；

（三）询问当事人和与被调查事件有关的单位和个人，要求其对与被调查事件有关的事项作出说明；

（四）查阅、复制与被调查事件有关的财产权登记、通讯记录等资料；

（五）查阅、复制当事人和与被调查事件有关的单位和个人的证券交易记录、登记过户记录、财务会计资料及其他相关文件和资料；对可能被转移、隐匿或者毁损的文件和资料，可以予以封存；

（六）查询当事人和与被调查事件有关的单位和个人的资金账户、证券账户和银行账户；对有证据证明已经或者可能转移或者隐匿违法资金、证券等涉案财产或者隐匿、伪造、毁损重要证据的，经国务院证券监督管理机构主要负责人批准，可以冻结或者查封；

（七）在调查操纵证券市场、内幕交易等重大证券违法行为时，经国务院证券监督管理机构主要负责人批准，可以限制被调查事件当事人的证券买卖，但限制的期限不得超过十五个交易日；案情复杂的，可以延长十五个交易日。

第一百一十五条 国务院证券监督管理机构工作人员依法履行职责，进行调查或者检查时，不得少于二人，并应当出示合法证件；对调查或者检查中知悉的商业秘密负有保密的义务。

第一百一十六条 国务院证券监督管理机构工作人员应当忠于职守，依法办事，公正廉洁，接受监督，不得利用职务牟取私利。

第一百一十七条 国务院证券监督管理机构依法履行职责时，被调查、检查的单位和个人应当配合，如实提供有关文件和资料，不得拒绝、阻碍和隐瞒。

第一百一十八条 国务院证券监督管理机构依法履行职责，发现违法行为涉嫌犯罪的，应当将案件移送司法机关处理。

第一百一十九条 国务院证券监督管理机构工作人员在任职期间，或者离职后在《中华人民共和国公务员法》规定的期限内，不得在被监管的机构中担任职务。

第十四章 法律责任

第一百二十条 违反本法规定，未经批准擅自设立基金管理公司或者未经核准从事公开募集基金管理业务的，由证券监督管理机构予以取缔或者责令改正，没收违法所得，并处违法所得一倍以上五倍以下罚款；没有违法所得或者违法所得不足一百万元的，并处十万元以上一百万元以下罚款。对直接负责的主管人员和其他直接责任人员给予警告，并处三万元以上三十万元以下罚款。

基金管理公司违反本法规定，擅自变更持有百分之五以上股权的股东、实际控制人或者其他重大事项的，责令改正，没收违法所得，并处违法所得一倍以上五倍以下罚款；没有违法所得或者违法所得不足五十万元的，并处五万元以上五十万元以下罚款。对直接负责的主管人员给予警告，并处三万元以上十万元以下罚款。

第一百二十一条 基金管理人的董事、监事、高级管理人员和其他从业人员，基金托管人的专门基金托管部门的高级管理人员和其他从业人员，未按照本法第十八条第一款规定申报的，责令改正，处三万元以上十万元以下罚款。

基金管理人、基金托管人违反本法第十八条第二款规定的，责令改正，处十万元以上一百万元以下罚款；对直接负责的主管人员和其他直接责任人员给予警告，暂停或者撤销基金从业资格，并处三万元以上三十万元以下罚款。

第一百二十二条 基金管理人的董事、监事、高级管理人员和其他从业人员，基金托管人的专门基金托管部门的高级管理人员和其他从业人员违反本法第十九条规定的，责令改正，没收违法所得，并处违法所得一倍以上五倍以下罚款；没有违法所得或者违法所得不足一百万元的，并处十万元以上一百万元以下罚款；情节严重的，撤销基金从业资格。

第一百二十三条 基金管理人、基金托管人违反本法规定，未对基金财产实行分别管理或者分账保管，责令改正，处五万元以上五十万元以下罚款；对直接负责的主管人员和其他直接责任人员给予警告，暂停或者撤销基金从业资格，并处三万元以上三十万元以下罚款。

第一百二十四条 基金管理人、基金托管人及其董事、监事、高级管理人员和其他从业人员有本法第二十一条所列行为之一的，责令改正，没收违法所得，并处违法所得一倍以上五倍以下罚款；没有违法所得或者违法所得不足一百万元的，并处十万元以上一百万元以下罚款；基金管理人、基金托管人有上述行为的，还应当对其直接负责的主管人员和其他直接责任人员给予警告，暂停或者撤销基金从业资格，并处三万元以上三十万元以下罚款。

基金管理人、基金托管人及其董事、监事、高级管理人员和其他从业人员侵占、挪用基金财产而取得的财产和收益，归入基金财产。但是，法律、行政法规另有规定的，依照其规定。

第一百二十五条 基金管理人的股东、实际控制人违反本法第二十四条规定的，责令改正，没收违法所得，并处违法所得一倍以上五倍以下罚款；没有违法所得或者违法所得不足一百万元的，并处十万元以上一百万元以下罚款；对直接负责的主管人员和其他直接责任人员给予警告，暂停或者撤销基金或证券从业资格，并处三万元以上三十万元以下罚款。

第一百二十六条　未经核准，擅自从事基金托管业务的，责令停止，没收违法所得，并处违法所得一倍以上五倍以下罚款；没有违法所得或者违法所得不足一百万元的，并处十万元以上一百万元以下罚款；对直接负责的主管人员和其他直接责任人员给予警告，并处三万元以上三十万元以下罚款。

第一百二十七条　基金管理人、基金托管人违反本法规定，相互出资或者持有股份的，责令改正，可以处十万元以下罚款。

第一百二十八条　违反本法规定，擅自公开或者变相公开募集基金的，责令停止，返还所募资金和加计的银行同期存款利息，没收违法所得，并处所募资金金额百分之一以上百分之五以下罚款。对直接负责的主管人员和其他直接责任人员给予警告，并处五万元以上五十万元以下罚款。

第一百二十九条　违反本法第六十条规定，动用募集的资金的，责令返还，没收违法所得，并处违法所得一倍以上五倍以下罚款；没有违法所得或者违法所得不足五十万元的，并处五万元以上五十万元以下罚款；对直接负责的主管人员和其他直接责任人员给予警告，并处三万元以上三十万元以下罚款。

第一百三十条　基金管理人、基金托管人有本法第七十四条第一款第一项至第五项和第七项所列行为之一，或者违反本法第七十四条第二款规定的，责令改正，处十万元以上一百万元以下罚款；对直接负责的主管人员和其他直接责任人员给予警告，暂停或者撤销基金从业资格，并处三万元以上三十万元以下罚款。

基金管理人、基金托管人有前款行为，运用基金财产而取得的财产和收益，归入基金财产。但是，法律、行政法规另有规定的，依照其规定。

第一百三十一条　基金管理人、基金托管人有本法第七十四条第一款第六项规定行为的，除依照《中华人民共和国证券法》的有关规定处罚外，对直接负责的主管人员和其他直接责任人员暂停或者撤销基金从业资格。

第一百三十二条　基金信息披露义务人不依法披露基金信息或者披露的信息有虚假记载、误导性陈述或者重大遗漏的，责令改正，没收违法所得，并处十万元以上一百万元以下罚款；对直接负责的主管人员和其他直接责任人员给予警告，暂停或者撤销基金从业资格，并处三万元以上三十万元以下罚款。

第一百三十三条　基金管理人或者基金托管人不按照规定召集基金份额持有人大会的，责令改正，可以处五万元以下罚款；对直接负责的主管人员和其他直接责任人员给予警告，暂停或者撤销基金从业资格。

第一百三十四条　违反本法规定，未经登记，使用"基金"或者"基金管理"字样或者近似名称进行证券投资活动的，没收违法所得，并处违法所得一倍以上五倍以下罚款；没有违法所得或者违法所得不足一百万元的，并处十万元以上一百万元以下罚款。对直接负责的主管人员和其他直接责任人员给予警告，并处三万元以上三十万元以下罚款。

第一百三十五条 违反本法规定，非公开募集基金募集完毕，基金管理人未备案的，处十万元以上三十万元以下罚款。对直接负责的主管人员和其他直接责任人员给予警告，并处三万元以上十万元以下罚款。

第一百三十六条 违反本法规定，向合格投资者之外的单位或者个人非公开募集资金或者转让基金份额的，没收违法所得，并处违法所得一倍以上五倍以下罚款；没有违法所得或者违法所得不足一百万元的，并处十万元以上一百万元以下罚款。对直接负责的主管人员和其他直接责任人员给予警告，并处三万元以上三十万元以下罚款。

第一百三十七条 违反本法规定，擅自从事公开募集基金的基金服务业务的，责令改正，没收违法所得，并处违法所得一倍以上五倍以下罚款；没有违法所得或者违法所得不足三十万元的，并处十万元以上三十万元以下罚款。对直接负责的主管人员和其他直接责任人员给予警告，并处三万元以上十万元以下罚款。

第一百三十八条 基金销售机构未向投资人充分揭示投资风险并误导其购买与其风险承担能力不相当的基金产品的，处十万元以上三十万元以下罚款；情节严重的，责令其停止基金服务业务。对直接负责的主管人员和其他直接责任人员给予警告，撤销基金从业资格，并处三万元以上十万元以下罚款。

第一百三十九条 基金销售支付机构未按照规定划付基金销售结算资金的，处十万元以上三十万元以下罚款；情节严重的，责令其停止基金服务业务。对直接负责的主管人员和其他直接责任人员给予警告，撤销基金从业资格，并处三万元以上十万元以下罚款。

第一百四十条 挪用基金销售结算资金或者基金份额的，责令改正，没收违法所得，并处违法所得一倍以上五倍以下罚款；没有违法所得或者违法所得不足一百万元的，并处十万元以上一百万元以下罚款。对直接负责的主管人员和其他直接责任人员给予警告，并处三万元以上三十万元以下罚款。

第一百四十一条 基金份额登记机构未妥善保存或者备份基金份额登记数据的，责令改正，给予警告，并处十万元以上三十万元以下罚款；情节严重的，责令其停止基金服务业务。对直接负责的主管人员和其他直接责任人员给予警告，撤销基金从业资格，并处三万元以上十万元以下罚款。

基金份额登记机构隐匿、伪造、篡改、毁损基金份额登记数据的，责令改正，处十万元以上一百万元以下罚款，并责令其停止基金服务业务。对直接负责的主管人员和其他直接责任人员给予警告，撤销基金从业资格，并处三万元以上三十万元以下罚款。

第一百四十二条 基金投资顾问机构、基金评价机构及其从业人员违反本法规定开展投资顾问、基金评价服务的，处十万元以上三十万元以下罚款；情节严重的，责令其停止基金服务业务。对直接负责的主管人员和其他直接责任人员给予警告，撤销基金从业资格，并处三万元以上十万元以下罚款。

第一百四十三条 信息技术系统服务机构未按照规定向国务院证券监督管理机构提供相关信息技术系统资料，或者提供的信息技术系统资料虚假、有重大遗漏的，责令改正，处三万元以上十万元以下罚款。对直接负责的主管人员和其他直接责任人员给予警告，并处一万元以上三万元以下罚款。

第一百四十四条 会计师事务所、律师事务所未勤勉尽责，所出具的文件有虚假记载、误导性陈述或者重大遗漏的，责令改正，没收业务收入，暂停或者撤销相关业务许可，并处业务收入一倍以上五倍以下罚款。对直接负责的主管人员和其他直接责任人员给予警告，并处三万元以上十万元以下罚款。

第一百四十五条 基金服务机构未建立应急等风险管理制度和灾难备份系统，或者泄露与基金份额持有人、基金投资运作相关的非公开信息的，处十万元以上三十万元以下罚款；情节严重的，责令其停止基金服务业务。对直接负责的主管人员和其他直接责任人员给予警告，撤销基金从业资格，并处三万元以上十万元以下罚款。

第一百四十六条 违反本法规定，给基金财产、基金份额持有人或者投资人造成损害的，依法承担赔偿责任。

基金管理人、基金托管人在履行各自职责的过程中，违反本法规定或者基金合同约定，给基金财产或者基金份额持有人造成损害的，应当分别对各自的行为依法承担赔偿责任；因共同行为给基金财产或者基金份额持有人造成损害的，应当承担连带赔偿责任。

第一百四十七条 证券监督管理机构工作人员玩忽职守、滥用职权、徇私舞弊或者利用职务上的便利索取或者收受他人财物的，依法给予行政处分。

第一百四十八条 拒绝、阻碍证券监督管理机构及其工作人员依法行使监督检查、调查职权未使用暴力、威胁方法的，依法给予治安管理处罚。

第一百四十九条 违反法律、行政法规或者国务院证券监督管理机构的有关规定，情节严重的，国务院证券监督管理机构可以对有关责任人员采取证券市场禁入的措施。

第一百五十条 违反本法规定，构成犯罪的，依法追究刑事责任。

第一百五十一条 违反本法规定，应当承担民事赔偿责任和缴纳罚款、罚金，其财产不足以同时支付时，先承担民事赔偿责任。

第一百五十二条 依照本法规定，基金管理人、基金托管人、基金服务机构应当承担的民事赔偿责任和缴纳的罚款、罚金，由基金管理人、基金托管人、基金服务机构以其固有财产承担。

依法收缴的罚款、罚金和没收的违法所得，应当全部上缴国库。

第十五章 附 则

第一百五十三条 在中华人民共和国境内募集投资境外证券的基金，以及合格境外投资者在境内进行证券投资，应当经国务院证券监督管理机构批准，具体办法由国务院证券监督管理机构会同国务院有关部门规定，报国务院批准。

第一百五十四条 公开或者非公开募集资金，以进行证券投资活动为目的设立的公司或者合伙企业，资产由基金管理人或者普通合伙人管理的，其证券投资活动适用本法。

第一百五十五条 本法自 2013 年 6 月 1 日起施行。

中华人民共和国公司法

（1993 年 12 月 29 日第八届全国人民代表大会常务委员会第五次会议通过　根据 1999 年 12 月 25 日第九届全国人民代表大会常务委员会第十三次会议《关于修改〈中华人民共和国公司法〉的决定》第一次修正　根据 2004 年 8 月 28 日第十届全国人民代表大会常务委员会第十一次会议《关于修改〈中华人民共和国公司法〉的决定》第二次修正　2005 年 10 月 27 日第十届全国人民代表大会常务委员会第十八次会议修订　根据 2013 年 12 月 28 日第十二届全国人民代表大会常务委员会第六次会议《关于修改〈中华人民共和国海洋环境保护法〉等七部法律的决定》第三次修正）

第一章　总　则

第一条　为了规范公司的组织和行为，保护公司、股东和债权人的合法权益，维护社会经济秩序，促进社会主义市场经济的发展，制定本法。

第二条　本法所称公司是指依照本法在中国境内设立的有限责任公司和股份有限公司。

第三条　公司是企业法人，有独立的法人财产，享有法人财产权。公司以其全部财产对公司的债务承担责任。

有限责任公司的股东以其认缴的出资额为限对公司承担责任；股份有限公司的股东以其认购的股份为限对公司承担责任。

第四条　公司股东依法享有资产收益、参与重大决策和选择管理者等权利。

第五条　公司从事经营活动，必须遵守法律、行政法规，遵守社会公德、商业道德，诚实守信，接受政府和社会公众的监督，承担社会责任。

公司的合法权益受法律保护，不受侵犯。

第六条　设立公司，应当依法向公司登记机关申请设立登记。符合本法规定的设立条件的，由公司登记机关分别登记为有限责任公司或者股份有限公司；不符合本法规定的设立条件的，不得登记为有限责任公司或者股份有限公司。

法律、行政法规规定设立公司必须报经批准的，应当在公司登记前依法办理批准手续。

公众可以向公司登记机关申请查询公司登记事项，公司登记机关应当提供查询服务。

第七条 依法设立的公司，由公司登记机关发给公司营业执照。公司营业执照签发日期为公司成立日期。

公司营业执照应当载明公司的名称、住所、注册资本、经营范围、法定代表人姓名等事项。

公司营业执照记载的事项发生变更的，公司应当依法办理变更登记，由公司登记机关换发营业执照。

第八条 依照本法设立的有限责任公司，必须在公司名称中标明有限责任公司或者有限公司字样。

依照本法设立的股份有限公司，必须在公司名称中标明股份有限公司或者股份公司字样。

第九条 有限责任公司变更为股份有限公司，应当符合本法规定的股份有限公司的条件。股份有限公司变更为有限责任公司，应当符合本法规定的有限责任公司的条件。

有限责任公司变更为股份有限公司的，或者股份有限公司变更为有限责任公司的，公司变更前的债权、债务由变更后的公司承继。

第十条 公司以其主要办事机构所在地为住所。

第十一条 设立公司必须依法制定公司章程。公司章程对公司、股东、董事、监事、高级管理人员具有约束力。

第十二条 公司的经营范围由公司章程规定，并依法登记。公司可以修改公司章程，改变经营范围，但是应当办理变更登记。

公司的经营范围中属于法律、行政法规规定须经批准的项目，应当依法经过批准。

第十三条 公司法定代表人依照公司章程的规定，由董事长、执行董事或者经理担任，并依法登记。公司法定代表人变更，应当办理变更登记。

第十四条 公司可以设立分公司。设立分公司，应当向公司登记机关申请登记，领取营业执照。分公司不具有法人资格，其民事责任由公司承担。

公司可以设立子公司，子公司具有法人资格，依法独立承担民事责任。

第十五条 公司可以向其他企业投资；但是，除法律另有规定外，不得成为对所投资企业的债务承担连带责任的出资人。

第十六条 公司向其他企业投资或者为他人提供担保，依照公司章程的规定，由董事会或者股东会、股东大会决议；公司章程对投资或者担保的总额及单项投资或者担保的数额有限额规定的，不得超过规定的限额。

公司为公司股东或者实际控制人提供担保的，必须经股东会或者股东大会决议。

前款规定的股东或者受前款规定的实际控制人支配的股东，不得参加前款规定事项的表决。该项表决由出席会议的其他股东所持表决权的过半数通过。

第十七条　公司必须保护职工的合法权益，依法与职工签订劳动合同，参加社会保险，加强劳动保护，实现安全生产。

公司应当采用多种形式，加强公司职工的职业教育和岗位培训，提高职工素质。

第十八条　公司职工依照《中华人民共和国工会法》组织工会，开展工会活动，维护职工合法权益。公司应当为本公司工会提供必要的活动条件。公司工会代表职工就职工的劳动报酬、工作时间、福利、保险和劳动安全卫生等事项依法与公司签订集体合同。

公司依照宪法和有关法律的规定，通过职工代表大会或者其他形式，实行民主管理。

公司研究决定改制以及经营方面的重大问题、制定重要的规章制度时，应当听取公司工会的意见，并通过职工代表大会或者其他形式听取职工的意见和建议。

第十九条　在公司中，根据中国共产党章程的规定，设立中国共产党的组织，开展党的活动。公司应当为党组织的活动提供必要条件。

第二十条　公司股东应当遵守法律、行政法规和公司章程，依法行使股东权利，不得滥用股东权利损害公司或者其他股东的利益；不得滥用公司法人独立地位和股东有限责任损害公司债权人的利益。

公司股东滥用股东权利给公司或者其他股东造成损失的，应当依法承担赔偿责任。

公司股东滥用公司法人独立地位和股东有限责任，逃避债务，严重损害公司债权人利益的，应当对公司债务承担连带责任。

第二十一条　公司的控股股东、实际控制人、董事、监事、高级管理人员不得利用其关联关系损害公司利益。

违反前款规定，给公司造成损失的，应当承担赔偿责任。

第二十二条　公司股东会或者股东大会、董事会的决议内容违反法律、行政法规的无效。

股东会或者股东大会、董事会的会议召集程序、表决方式违反法律、行政法规或者公司章程，或者决议内容违反公司章程的，股东可以自决议作出之日起六十日内，请求人民法院撤销。

股东依照前款规定提起诉讼的，人民法院可以应公司的请求，要求股东提供相应担保。

公司根据股东会或者股东大会、董事会决议已办理变更登记的，人民法院宣告该决议无效或者撤销该决议后，公司应当向公司登记机关申请撤销变更登记。

第二章　有限责任公司的设立和组织机构

第一节　设　立

第二十三条　设立有限责任公司，应当具备下列条　件：

（一）股东符合法定人数；

（二）有符合公司章程规定的全体股东认缴的出资额；

（三）股东共同制定公司章程；

（四）有公司名称，建立符合有限责任公司要求的组织机构；

（五）有公司住所。

第二十四条　有限责任公司由五十个以下股东出资设立。

第二十五条　有限责任公司章程应当载明下列事项：

（一）公司名称和住所；

（二）公司经营范围；

（三）公司注册资本；

（四）股东的姓名或者名称；

（五）股东的出资方式、出资额和出资时间；

（六）公司的机构及其产生办法、职权、议事规则；

（七）公司法定代表人；

（八）股东会会议认为需要规定的其他事项。

股东应当在公司章程上签名、盖章。

第二十六条　有限责任公司的注册资本为在公司登记机关登记的全体股东认缴的出资额。

法律、行政法规以及国务院决定对有限责任公司注册资本实缴、注册资本最低限额另有规定的，从其规定。

第二十七条　股东可以用货币出资，也可以用实物、知识产权、土地使用权等可以用货币估价并可以依法转让的非货币财产作价出资；但是，法律、行政法规规定不得作为出资的财产除外。

对作为出资的非货币财产应当评估作价，核实财产，不得高估或者低估作价。法律、行政法规对评估作价有规定的，从其规定。

第二十八条 股东应当按期足额缴纳公司章程中规定的各自所认缴的出资额。股东以货币出资的，应当将货币出资足额存入有限责任公司在银行开设的账户；以非货币财产出资的，应当依法办理其财产权的转移手续。

股东不按照前款规定缴纳出资的，除应当向公司足额缴纳外，还应当向已按期足额缴纳出资的股东承担违约责任。

第二十九条 股东认足公司章程规定的出资后，由全体股东指定的代表或者共同委托的代理人向公司登记机关报送公司登记申请书、公司章程等文件，申请设立登记。

第三十条 有限责任公司成立后，发现作为设立公司出资的非货币财产的实际价额显著低于公司章程所定价额的，应当由交付该出资的股东补足其差额；公司设立时的其他股东承担连带责任。

第三十一条 有限责任公司成立后，应当向股东签发出资证明书。

出资证明书应当载明下列事项：

（一）公司名称；

（二）公司成立日期；

（三）公司注册资本；

（四）股东的姓名或者名称、缴纳的出资额和出资日期；

（五）出资证明书的编号和核发日期。

出资证明书由公司盖章。

第三十二条 有限责任公司应当置备股东名册，记载下列事项：

（一）股东的姓名或者名称及住所；

（二）股东的出资额；

（三）出资证明书编号。

记载于股东名册的股东，可以依股东名册主张行使股东权利。

公司应当将股东的姓名或者名称向公司登记机关登记；登记事项发生变更的，应当办理变更登记。未经登记或者变更登记的，不得对抗第三人。

第三十三条 股东有权查阅、复制公司章程、股东会会议记录、董事会会议决议、监事会会议决议和财务会计报告。

股东可以要求查阅公司会计账簿。股东要求查阅公司会计账簿的，应当向公司提出书面请求，说明目的。公司有合理根据认为股东查阅会计账簿有不正当目的，可能损害公司合法利益的，可以拒绝提供查阅，并应当自股东提出书面请求之日起十五日内书面答复股东并说明理由。公司拒绝提供查阅的，股东可以请求人民法院要求公司提供查阅。

第三十四条 股东按照实缴的出资比例分取红利；公司新增资本时，股东有权优先按照实缴的出资比例认缴出资。但是，全体股东约定不按照出资比例分取红利或者不按照出资比例优先认缴出资的除外。

第三十五条 公司成立后，股东不得抽逃出资。

第二节　组织机构

第三十六条 有限责任公司股东会由全体股东组成。股东会是公司的权力机构，依照本法行使职权。

第三十七条 股东会行使下列职权：

（一）决定公司的经营方针和投资计划；

（二）选举和更换非由职工代表担任的董事、监事，决定有关董事、监事的报酬事项；

（三）审议批准董事会的报告；

（四）审议批准监事会或者监事的报告；

（五）审议批准公司的年度财务预算方案、决算方案；

（六）审议批准公司的利润分配方案和弥补亏损方案；

（七）对公司增加或者减少注册资本作出决议；

（八）对发行公司债券作出决议；

（九）对公司合并、分立、解散、清算或者变更公司形式作出决议；

（十）修改公司章程；

（十一）公司章程规定的其他职权。

对前款所列事项股东以书面形式一致表示同意的，可以不召开股东会会议，直接作出决定，并由全体股东在决定文件上签名、盖章。

第三十八条 首次股东会会议由出资最多的股东召集和主持，依照本法规定行使职权。

第三十九条 股东会会议分为定期会议和临时会议。

定期会议应当依照公司章程的规定按时召开。代表十分之一以上表决权的股东，三分之一以上的董事，监事会或者不设监事会的公司的监事提议召开临时会议的，应当召开临时会议。

第四十条 有限责任公司设立董事会的，股东会会议由董事会召集，董事长主持；董事长不能履行职务或者不履行职务的，由副董事长主持；副董事长不能履行职务或者不履行职务的，由半数以上董事共同推举一名董事主持。

有限责任公司不设董事会的，股东会会议由执行董事召集和主持。

董事会或者执行董事不能履行或者不履行召集股东会会议职责的，由监事会或者不设监事会的公司的监事召集和主持；监事会或者监事不召集和主持的，代表十分之一以上表决权的股东可以自行召集和主持。

第四十一条 召开股东会会议，应当于会议召开十五日前通知全体股东；但是，公司章程另有规定或者全体股东另有约定的除外。

股东会应当对所议事项的决定作成会议记录，出席会议的股东应当在会议记录上签名。

第四十二条 股东会会议由股东按照出资比例行使表决权；但是，公司章程另有规定的除外。

第四十三条 股东会的议事方式和表决程序，除本法有规定的外，由公司章程规定。

股东会会议作出修改公司章程、增加或者减少注册资本的决议，以及公司合并、分立、解散或者变更公司形式的决议，必须经代表三分之二以上表决权的股东通过。

第四十四条 有限责任公司设董事会，其成员为三人至十三人；但是，本法第五十条 另有规定的除外。

两个以上的国有企业或者两个以上的其他国有投资主体投资设立的有限责任公司，其董事会成员中应当有公司职工代表；其他有限责任公司董事会成员中可以有公司职工代表。董事会中的职工代表由公司职工通过职工代表大会、职工大会或者其他形式民主选举产生。

董事会设董事长一人，可以设副董事长。董事长、副董事长的产生办法由公司章程规定。

第四十五条 董事任期由公司章程规定，但每届任期不得超过三年。董事任期届满，连选可以连任。

董事任期届满未及时改选，或者董事在任期内辞职导致董事会成员低于法定人数的，在改选出的董事就任前，原董事仍应当依照法律、行政法规和公司章程的规定，履行董事职务。

第四十六条 董事会对股东会负责，行使下列职权：

（一）召集股东会会议，并向股东会报告工作；

（二）执行股东会的决议；

（三）决定公司的经营计划和投资方案；

（四）制订公司的年度财务预算方案、决算方案；

（五）制订公司的利润分配方案和弥补亏损方案；

（六）制订公司增加或者减少注册资本以及发行公司债券的方案；

（七）制订公司合并、分立、解散或者变更公司形式的方案；

（八）决定公司内部管理机构的设置；

（九）决定聘任或者解聘公司经理及其报酬事项，并根据经理的提名决定聘任或者解聘公司副经理、财务负责人及其报酬事项；

（十）制定公司的基本管理制度；

（十一）公司章程规定的其他职权。

第四十七条 董事会会议由董事长召集和主持；董事长不能履行职务或者不履行职务的，由副董事长召集和主持；副董事长不能履行职务或者不履行职务的，由半数以上董事共同推举一名董事召集和主持。

第四十八条 董事会的议事方式和表决程序，除本法有规定的外，由公司章程规定。

董事会应当对所议事项的决定作成会议记录，出席会议的董事应当在会议记录上签名。

董事会决议的表决，实行一人一票。

第四十九条 有限责任公司可以设经理，由董事会决定聘任或者解聘。经理对董事会负责，行使下列职权：

（一）主持公司的生产经营管理工作，组织实施董事会决议；

（二）组织实施公司年度经营计划和投资方案；

（三）拟订公司内部管理机构设置方案；

（四）拟订公司的基本管理制度；

（五）制定公司的具体规章；

（六）提请聘任或者解聘公司副经理、财务负责人；

（七）决定聘任或者解聘除应由董事会决定聘任或者解聘以外的负责管理人员；

（八）董事会授予的其他职权。

公司章程对经理职权另有规定的，从其规定。

经理列席董事会会议。

第五十条 股东人数较少或者规模较小的有限责任公司，可以设一名执行董事，不设董事会。执行董事可以兼任公司经理。

执行董事的职权由公司章程规定。

第五十一条 有限责任公司设监事会，其成员不得少于三人。股东人数较少或者规模较小的有限责任公司，可以设一至二名监事，不设监事会。

监事会应当包括股东代表和适当比例的公司职工代表，其中职工代表的比例不得低于三分之一，具体比例由公司章程规定。监事会中的职工代表由公司职工通过职工代表大会、职工大会或者其他形式民主选举产生。

监事会设主席一人，由全体监事过半数选举产生。监事会主席召集和主持监事会会议；监事会主席不能履行职务或者不履行职务的，由半数以上监事共同推举一名监事召集和主持监事会会议。

董事、高级管理人员不得兼任监事。

第五十二条 监事的任期每届为三年。监事任期届满，连选可以连任。

监事任期届满未及时改选，或者监事在任期内辞职导致监事会成员低于法定人数的，在改选出的监事就任前，原监事仍应当依照法律、行政法规和公司章程的规定，履行监事职务。

第五十三条 监事会、不设监事会的公司的监事行使下列职权：

（一）检查公司财务；

（二）对董事、高级管理人员执行公司职务的行为进行监督，对违反法律、行政法规、公司章程或者股东会决议的董事、高级管理人员提出罢免的建议；

（三）当董事、高级管理人员的行为损害公司的利益时，要求董事、高级管理人员予以纠正；

（四）提议召开临时股东会会议，在董事会不履行本法规定的召集和主持股东会会议职责时召集和主持股东会会议；

（五）向股东会会议提出提案；

（六）依照本法第一百五十一条 的规定，对董事、高级管理人员提起诉讼；

（七）公司章程规定的其他职权。

第五十四条 监事可以列席董事会会议，并对董事会决议事项提出质询或者建议。

监事会、不设监事会的公司的监事发现公司经营情况异常，可以进行调查；必要时，可以聘请会计师事务所等协助其工作，费用由公司承担。

第五十五条 监事会每年度至少召开一次会议，监事可以提议召开临时监事会会议。

监事会的议事方式和表决程序，除本法有规定的外，由公司章程规定。

监事会决议应当经半数以上监事通过。

监事会应当对所议事项的决定作成会议记录，出席会议的监事应当在会议记录上签名。

第五十六条 监事会、不设监事会的公司的监事行使职权所必需的费用，由公司承担。

第三节　一人有限责任公司的特别规定

第五十七条 一人有限责任公司的设立和组织机构，适用本节规定；本节没有规定的，适用本章第一节、第二节的规定。

本法所称一人有限责任公司，是指只有一个自然人股东或者一个法人股东的有限责任公司。

第五十八条　一个自然人只能投资设立一个一人有限责任公司。该一人有限责任公司不能投资设立新的一人有限责任公司。

第五十九条　一人有限责任公司应当在公司登记中注明自然人独资或者法人独资，并在公司营业执照中载明。

第六十条　一人有限责任公司章程由股东制定。

第六十一条　一人有限责任公司不设股东会。股东作出本法第三十七条第一款所列决定时，应当采用书面形式，并由股东签名后置备于公司。

第六十二条　一人有限责任公司应当在每一会计年度终了时编制财务会计报告，并经会计师事务所审计。

第六十三条　一人有限责任公司的股东不能证明公司财产独立于股东自己的财产的，应当对公司债务承担连带责任。

第四节　国有独资公司的特别规定

第六十四条　国有独资公司的设立和组织机构，适用本节规定；本节没有规定的，适用本章第一节、第二节的规定。

本法所称国有独资公司，是指国家单独出资、由国务院或者地方人民政府授权本级人民政府国有资产监督管理机构履行出资人职责的有限责任公司。

第六十五条　国有独资公司章程由国有资产监督管理机构制定，或者由董事会制订报国有资产监督管理机构批准。

第六十六条　国有独资公司不设股东会，由国有资产监督管理机构行使股东会职权。国有资产监督管理机构可以授权公司董事会行使股东会的部分职权，决定公司的重大事项，但公司的合并、分立、解散、增加或者减少注册资本和发行公司债券，必须由国有资产监督管理机构决定；其中，重要的国有独资公司合并、分立、解散、申请破产的，应当由国有资产监督管理机构审核后，报本级人民政府批准。

前款所称重要的国有独资公司，按照国务院的规定确定。

第六十七条　国有独资公司设董事会，依照本法第四十六条、第六十六条的规定行使职权。董事每届任期不得超过三年。董事会成员中应当有公司职工代表。

董事会成员由国有资产监督管理机构委派；但是，董事会成员中的职工代表由公司职工代表大会选举产生。

董事会设董事长一人，可以设副董事长。董事长、副董事长由国有资产监督管理机构从董事会成员中指定。

第六十八条 国有独资公司设经理，由董事会聘任或者解聘。经理依照本法第四十九条规定行使职权。

经国有资产监督管理机构同意，董事会成员可以兼任经理。

第六十九条 国有独资公司的董事长、副董事长、董事、高级管理人员，未经国有资产监督管理机构同意，不得在其他有限责任公司、股份有限公司或者其他经济组织兼职。

第七十条 国有独资公司监事会成员不得少于五人，其中职工代表的比例不得低于三分之一，具体比例由公司章程规定。

监事会成员由国有资产监督管理机构委派；但是，监事会成员中的职工代表由公司职工代表大会选举产生。监事会主席由国有资产监督管理机构从监事会成员中指定。

监事会行使本法第五十三条第（一）项至第（三）项规定的职权和国务院规定的其他职权。

第三章 有限责任公司的股权转让

第七十一条 有限责任公司的股东之间可以相互转让其全部或者部分股权。

股东向股东以外的人转让股权，应当经其他股东过半数同意。股东应就其股权转让事项书面通知其他股东征求同意，其他股东自接到书面通知之日起满三十日未答复的，视为同意转让。其他股东半数以上不同意转让的，不同意的股东应当购买该转让的股权；不购买的，视为同意转让。

经股东同意转让的股权，在同等条件下，其他股东有优先购买权。两个以上股东主张行使优先购买权的，协商确定各自的购买比例；协商不成的，按照转让时各自的出资比例行使优先购买权。

公司章程对股权转让另有规定的，从其规定。

第七十二条 人民法院依照法律规定的强制执行程序转让股东的股权时，应当通知公司及全体股东，其他股东在同等条件下有优先购买权。其他股东自人民法院通知之日起满二十日不行使优先购买权的，视为放弃优先购买权。

第七十三条 依照本法第七十一条、第七十二条转让股权后，公司应当注销原股东的出资证明书，向新股东签发出资证明书，并相应修改公司章程和股东名册中有关股东及其出资额的记载。对公司章程的该项修改不需再由股东会表决。

第七十四条 有下列情形之一的，对股东会该项决议投反对票的股东可以请求公司按照合理的价格收购其股权：

（一）公司连续五年不向股东分配利润，而公司该五年连续盈利，并且符合本法规定的分配利润条件的；

（二）公司合并、分立、转让主要财产的；

（三）公司章程规定的营业期限届满或者章程规定的其他解散事由出现，股东会会议通过决议修改章程使公司存续的。

自股东会会议决议通过之日起六十日内，股东与公司不能达成股权收购协议的，股东可以自股东会会议决议通过之日起九十日内向人民法院提起诉讼。

第七十五条 自然人股东死亡后，其合法继承人可以继承股东资格；但是，公司章程另有规定的除外。

第四章 股份有限公司的设立和组织机构

第一节 设 立

第七十六条 设立股份有限公司，应当具备下列条件：

（一）发起人符合法定人数；

（二）有符合公司章程规定的全体发起人认购的股本总额或者募集的实收股本总额；

（三）股份发行、筹办事项符合法律规定；

（四）发起人制订公司章程，采用募集方式设立的经创立大会通过；

（五）有公司名称，建立符合股份有限公司要求的组织机构；

（六）有公司住所。

第七十七条 股份有限公司的设立，可以采取发起设立或者募集设立的方式。

发起设立，是指由发起人认购公司应发行的全部股份而设立公司。

募集设立，是指由发起人认购公司应发行股份的一部分，其余股份向社会公开募集或者向特定对象募集而设立公司。

第七十八条 设立股份有限公司，应当有二人以上二百人以下为发起人，其中须有半数以上的发起人在中国境内有住所。

第七十九条 股份有限公司发起人承担公司筹办事务。

发起人应当签订发起人协议，明确各自在公司设立过程中的权利和义务。

第八十条 股份有限公司采取发起设立方式设立的，注册资本为在公司登记机关登记的全体发起人认购的股本总额。在发起人认购的股份缴足前，不得向他人募集股份。

股份有限公司采取募集方式设立的，注册资本为在公司登记机关登记的实收股本总额。

法律、行政法规以及国务院决定对股份有限公司注册资本实缴、注册资本最低限额另有规定的，从其规定。

第八十一条　股份有限公司章程应当载明下列事项：

（一）公司名称和住所；

（二）公司经营范围；

（三）公司设立方式；

（四）公司股份总数、每股金额和注册资本；

（五）发起人的姓名或者名称、认购的股份数、出资方式和出资时间；

（六）董事会的组成、职权和议事规则；

（七）公司法定代表人；

（八）监事会的组成、职权和议事规则；

（九）公司利润分配办法；

（十）公司的解散事由与清算办法；

（十一）公司的通知和公告办法；

（十二）股东大会会议认为需要规定的其他事项。

第八十二条　发起人的出资方式，适用本法第二十七条的规定。

第八十三条　以发起设立方式设立股份有限公司的，发起人应当书面认足公司章程规定其认购的股份，并按照公司章程规定缴纳出资。以非货币财产出资的，应当依法办理其财产权的转移手续。

发起人不依照前款规定缴纳出资的，应当按照发起人协议承担违约责任。

发起人认足公司章程规定的出资后，应当选举董事会和监事会，由董事会向公司登记机关报送公司章程以及法律、行政法规规定的其他文件，申请设立登记。

第八十四条　以募集设立方式设立股份有限公司的，发起人认购的股份不得少于公司股份总数的百分之三十五；但是，法律、行政法规另有规定的，从其规定。

第八十五条　发起人向社会公开募集股份，必须公告招股说明书，并制作认股书。认股书应当载明本法第八十六条所列事项，由认股人填写认购股数、金额、住所，并签名、盖章。认股人按照所认购股数缴纳股款。

第八十六条　招股说明书应当附有发起人制订的公司章程，并载明下列事项：

（一）发起人认购的股份数；

（二）每股的票面金额和发行价格；

（三）无记名股票的发行总数；

（四）募集资金的用途；

（五）认股人的权利、义务；

（六）本次募股的起止期限及逾期未募足时认股人可以撤回所认股份的说明。

第八十七条 发起人向社会公开募集股份，应当由依法设立的证券公司承销，签订承销协议。

第八十八条 发起人向社会公开募集股份，应当同银行签订代收股款协议。

代收股款的银行应当按照协议代收和保存股款，向缴纳股款的认股人出具收款单据，并负有向有关部门出具收款证明的义务。

第八十九条 发行股份的股款缴足后，必须经依法设立的验资机构验资并出具证明。发起人应当自股款缴足之日起三十日内主持召开公司创立大会。创立大会由发起人、认股人组成。

发行的股份超过招股说明书规定的截止期限尚未募足的，或者发行股份的股款缴足后，发起人在三十日内未召开创立大会的，认股人可以按照所缴股款并加算银行同期存款利息，要求发起人返还。

第九十条 发起人应当在创立大会召开十五日前将会议日期通知各认股人或者予以公告。创立大会应有代表股份总数过半数的发起人、认股人出席，方可举行。

创立大会行使下列职权：

（一）审议发起人关于公司筹办情况的报告；

（二）通过公司章程；

（三）选举董事会成员；

（四）选举监事会成员；

（五）对公司的设立费用进行审核；

（六）对发起人用于抵作股款的财产的作价进行审核；

（七）发生不可抗力或者经营条件发生重大变化直接影响公司设立的，可以作出不设立公司的决议。

创立大会对前款所列事项作出决议，必须经出席会议的认股人所持表决权过半数通过。

第九十一条 发起人、认股人缴纳股款或者交付抵作股款的出资后，除未按期募足股份、发起人未按期召开创立大会或者创立大会决议不设立公司的情形外，不得抽回其股本。

第九十二条 董事会应于创立大会结束后三十日内，向公司登记机关报送下列文件，申请设立登记：

（一）公司登记申请书；

（二）创立大会的会议记录；

（三）公司章程；

（四）验资证明；

（五）法定代表人、董事、监事的任职文件及其身份证明；

（六）发起人的法人资格证明或者自然人身份证明；

（七）公司住所证明。

以募集方式设立股份有限公司公开发行股票的，还应当向公司登记机关报送国务院证券监督管理机构的核准文件。

第九十三条 股份有限公司成立后，发起人未按照公司章程的规定缴足出资的，应当补缴；其他发起人承担连带责任。

股份有限公司成立后，发现作为设立公司出资的非货币财产的实际价额显著低于公司章程所定价额的，应当由交付该出资的发起人补足其差额；其他发起人承担连带责任。

第九十四条 股份有限公司的发起人应当承担下列责任：

（一）公司不能成立时，对设立行为所产生的债务和费用负连带责任；

（二）公司不能成立时，对认股人已缴纳的股款，负返还股款并加算银行同期存款利息的连带责任；

（三）在公司设立过程中，由于发起人的过失致使公司利益受到损害的，应当对公司承担赔偿责任。

第九十五条 有限责任公司变更为股份有限公司时，折合的实收股本总额不得高于公司净资产额。有限责任公司变更为股份有限公司，为增加资本公开发行股份时，应当依法办理。

第九十六条 股份有限公司应当将公司章程、股东名册、公司债券存根、股东大会会议记录、董事会会议记录、监事会会议记录、财务会计报告置备于本公司。

第九十七条 股东有权查阅公司章程、股东名册、公司债券存根、股东大会会议记录、董事会会议决议、监事会会议决议、财务会计报告，对公司的经营提出建议或者质询。

第二节　股东大会

第九十八条 股份有限公司股东大会由全体股东组成。股东大会是公司的权力机构，依照本法行使职权。

第九十九条 本法第三十七条第一款关于有限责任公司股东会职权的规定，适用于股份有限公司股东大会。

第一百条 股东大会应当每年召开一次年会。有下列情形之一的，应当在两个月内召开临时股东大会：

（一）董事人数不足本法规定人数或者公司章程所定人数的三分之二时；

（二）公司未弥补的亏损达实收股本总额三分之一时；

（三）单独或者合计持有公司百分之十以上股份的股东请求时；

（四）董事会认为必要时；

（五）监事会提议召开时；

（六）公司章程规定的其他情形。

第一百零一条 股东大会会议由董事会召集，董事长主持；董事长不能履行职务或者不履行职务的，由副董事长主持；副董事长不能履行职务或者不履行职务的，由半数以上董事共同推举一名董事主持。

董事会不能履行或者不履行召集股东大会会议职责的，监事会应当及时召集和主持；监事会不召集和主持的，连续九十日以上单独或者合计持有公司百分之十以上股份的股东可以自行召集和主持。

第一百零二条 召开股东大会会议，应当将会议召开的时间、地点和审议的事项于会议召开二十日前通知各股东；临时股东大会应当于会议召开十五日前通知各股东；发行无记名股票的，应当于会议召开三十日前公告会议召开的时间、地点和审议事项。

单独或者合计持有公司百分之三以上股份的股东，可以在股东大会召开十日前提出临时提案并书面提交董事会；董事会应当在收到提案后二日内通知其他股东，并将该临时提案提交股东大会审议。临时提案的内容应当属于股东大会职权范围，并有明确议题和具体决议事项。

股东大会不得对前两款通知中未列明的事项作出决议。

无记名股票持有人出席股东大会会议的，应当于会议召开五日前至股东大会闭会时将股票交存于公司。

第一百零三条 股东出席股东大会会议，所持每一股份有一表决权。但是，公司持有的本公司股份没有表决权。

股东大会作出决议，必须经出席会议的股东所持表决权过半数通过。但是，股东大会作出修改公司章程、增加或者减少注册资本的决议，以及公司合并、分立、解散或者变更公司形式的决议，必须经出席会议的股东所持表决权的三分之二以上通过。

第一百零四条 本法和公司章程规定公司转让、受让重大资产或者对外提供担保等事项必须经股东大会作出决议的，董事会应当及时召集股东大会会议，由股东大会就上述事项进行表决。

第一百零五条 股东大会选举董事、监事，可以依照公司章程的规定或者股东大会的决议，实行累积投票制。

本法所称累积投票制，是指股东大会选举董事或者监事时，每一股份拥有与应选董事或者监事人数相同的表决权，股东拥有的表决权可以集中使用。

第一百零六条 股东可以委托代理人出席股东大会会议，代理人应当向公司提交股东授权委托书，并在授权范围内行使表决权。

第一百零七条 股东大会应当对所议事项的决定作成会议记录，主持人、出席会议的董事应当在会议记录上签名。会议记录应当与出席股东的签名册及代理出席的委托书一并保存。

第三节　董事会、经理

第一百零八条 股份有限公司设董事会，其成员为五人至十九人。

董事会成员中可以有公司职工代表。董事会中的职工代表由公司职工通过职工代表大会、职工大会或者其他形式民主选举产生。

本法第四十五条　关于有限责任公司董事任期的规定，适用于股份有限公司董事。

本法第四十六条　关于有限责任公司董事会职权的规定，适用于股份有限公司董事会。

第一百零九条 董事会设董事长一人，可以设副董事长。董事长和副董事长由董事会以全体董事的过半数选举产生。

董事长召集和主持董事会会议，检查董事会决议的实施情况。副董事长协助董事长工作，董事长不能履行职务或者不履行职务的，由副董事长履行职务；副董事长不能履行职务或者不履行职务的，由半数以上董事共同推举一名董事履行职务。

第一百一十条 董事会每年度至少召开两次会议，每次会议应当于会议召开十日前通知全体董事和监事。

代表十分之一以上表决权的股东、三分之一以上董事或者监事会，可以提议召开董事会临时会议。董事长应当自接到提议后十日内，召集和主持董事会会议。

董事会召开临时会议，可以另定召集董事会的通知方式和通知时限。

第一百一十一条 董事会会议应有过半数的董事出席方可举行。董事会作出决议，必须经全体董事的过半数通过。

董事会决议的表决，实行一人一票。

第一百一十二条 董事会会议，应由董事本人出席；董事因故不能出席，可以书面委托其他董事代为出席，委托书中应载明授权范围。

董事会应当对会议所议事项的决定作成会议记录，出席会议的董事应当在会议记录上签名。

董事应当对董事会的决议承担责任。董事会的决议违反法律、行政法规或者公司章程、股东大会决议，致使公司遭受严重损失的，参与决议的董事对公司负赔偿责任。但经证明在表决时曾表明异议并记载于会议记录的，该董事可以免除责任。

第一百一十三条 股份有限公司设经理，由董事会决定聘任或者解聘。

本法第四十九条 关于有限责任公司经理职权的规定，适用于股份有限公司经理。

第一百一十四条 公司董事会可以决定由董事会成员兼任经理。

第一百一十五条 公司不得直接或者通过子公司向董事、监事、高级管理人员提供借款。

第一百一十六条 公司应当定期向股东披露董事、监事、高级管理人员从公司获得报酬的情况。

第四节　监事会

第一百一十七条 股份有限公司设监事会，其成员不得少于三人。

监事会应当包括股东代表和适当比例的公司职工代表，其中职工代表的比例不得低于三分之一，具体比例由公司章程规定。监事会中的职工代表由公司职工通过职工代表大会、职工大会或者其他形式民主选举产生。

监事会设主席一人，可以设副主席。监事会主席和副主席由全体监事过半数选举产生。监事会主席召集和主持监事会会议；监事会主席不能履行职务或者不履行职务的，由监事会副主席召集和主持监事会会议；监事会副主席不能履行职务或者不履行职务的，由半数以上监事共同推举一名监事召集和主持监事会会议。

董事、高级管理人员不得兼任监事。

本法第五十二条关于有限责任公司监事任期的规定，适用于股份有限公司监事。

第一百一十八条 本法第五十三条、第五十四条关于有限责任公司监事会职权的规定，适用于股份有限公司监事会。

监事会行使职权所必需的费用，由公司承担。

第一百一十九条 监事会每六个月至少召开一次会议。监事可以提议召开临时监事会会议。

监事会的议事方式和表决程序，除本法有规定的外，由公司章程规定。

监事会决议应当经半数以上监事通过。

监事会应当对所议事项的决定作成会议记录，出席会议的监事应当在会议记录上签名。

第五节　上市公司组织机构的特别规定

第一百二十条 本法所称上市公司，是指其股票在证券交易所上市交易的股份有限公司。

第一百二十一条 上市公司在一年内购买、出售重大资产或者担保金额超过公司资产总额百分之三十的，应当由股东大会作出决议，并经出席会议的股东所持表决权的三分之二以上通过。

第一百二十二条 上市公司设独立董事，具体办法由国务院规定。

第一百二十三条 上市公司设董事会秘书，负责公司股东大会和董事会会议的筹备、文件保管以及公司股东资料的管理，办理信息披露事务等事宜。

第一百二十四条 上市公司董事与董事会会议决议事项所涉及的企业有关联关系的，不得对该项决议行使表决权，也不得代理其他董事行使表决权。该董事会会议由过半数的无关联关系董事出席即可举行，董事会会议所作决议须经无关联关系董事过半数通过。出席董事会的无关联关系董事人数不足三人的，应将该事项提交上市公司股东大会审议。

第五章　股份有限公司的股份发行和转让

第一节　股份发行

第一百二十五条 股份有限公司的资本划分为股份，每一股的金额相等。

公司的股份采取股票的形式。股票是公司签发的证明股东所持股份的凭证。

第一百二十六条 股份的发行，实行公平、公正的原则，同种类的每一股份应当具有同等权利。

同次发行的同种类股票，每股的发行条件和价格应当相同；任何单位或者个人所认购的股份，每股应当支付相同价额。

第一百二十七条 股票发行价格可以按票面金额，也可以超过票面金额，但不得低于票面金额。

第一百二十八条 股票采用纸面形式或者国务院证券监督管理机构规定的其他形式。

股票应当载明下列主要事项：

（一）公司名称；

（二）公司成立日期；

（三）股票种类、票面金额及代表的股份数；

（四）股票的编号。

股票由法定代表人签名，公司盖章。

发起人的股票，应当标明发起人股票字样。

第一百二十九条 公司发行的股票，可以为记名股票，也可以为无记名股票。

公司向发起人、法人发行的股票，应当为记名股票，并应当记载该发起人、法人的名称或者姓名，不得另立户名或者以代表人姓名记名。

第一百三十条 公司发行记名股票的，应当置备股东名册，记载下列事项：

（一）股东的姓名或者名称及住所；

（二）各股东所持股份数；

（三）各股东所持股票的编号；

（四）各股东取得股份的日期。

发行无记名股票的，公司应当记载其股票数量、编号及发行日期。

第一百三十一条 国务院可以对公司发行本法规定以外的其他种类的股份，另行作出规定。

第一百三十二条 股份有限公司成立后，即向股东正式交付股票。公司成立前不得向股东交付股票。

第一百三十三条 公司发行新股，股东大会应当对下列事项作出决议：

（一）新股种类及数额；

（二）新股发行价格；

（三）新股发行的起止日期；

（四）向原有股东发行新股的种类及数额。

第一百三十四条 公司经国务院证券监督管理机构核准公开发行新股时，必须公告新股招股说明书和财务会计报告，并制作认股书。

本法第八十七条、第八十八条的规定适用于公司公开发行新股。

第一百三十五条 公司发行新股，可以根据公司经营情况和财务状况，确定其作价方案。

第一百三十六条 公司发行新股募足股款后，必须向公司登记机关办理变更登记，并公告。

第二节 股份转让

第一百三十七条 股东持有的股份可以依法转让。

第一百三十八条 股东转让其股份，应当在依法设立的证券交易场所进行或者按照国务院规定的其他方式进行。

第一百三十九条 记名股票，由股东以背书方式或者法律、行政法规规定的其他方式转让；转让后由公司将受让人的姓名或者名称及住所记载于股东名册。

股东大会召开前二十日内或者公司决定分配股利的基准日前五日内，不得进行前款规定的股东名册的变更登记。但是，法律对上市公司股东名册变更登记另有规定的，从其规定。

第一百四十条 无记名股票的转让，由股东将该股票交付给受让人后即发生转让的效力。

第一百四十一条　发起人持有的本公司股份，自公司成立之日起一年内不得转让。公司公开发行股份前已发行的股份，自公司股票在证券交易所上市交易之日起一年内不得转让。

公司董事、监事、高级管理人员应当向公司申报所持有的本公司的股份及其变动情况，在任职期间每年转让的股份不得超过其所持有本公司股份总数的百分之二十五；所持本公司股份自公司股票上市交易之日起一年内不得转让。上述人员离职后半年内，不得转让其所持有的本公司股份。公司章程可以对公司董事、监事、高级管理人员转让其所持有的本公司股份作出其他限制性规定。

第一百四十二条　公司不得收购本公司股份。但是，有下列情形之一的除外：

（一）减少公司注册资本；

（二）与持有本公司股份的其他公司合并；

（三）将股份奖励给本公司职工；

（四）股东因对股东大会作出的公司合并、分立决议持异议，要求公司收购其股份的。

公司因前款第（一）项至第（三）项的原因收购本公司股份的，应当经股东大会决议。公司依照前款规定收购本公司股份后，属于第（一）项情形的，应当自收购之日起十日内注销；属于第（二）项、第（四）项情形的，应当在六个月内转让或者注销。

公司依照第一款第（三）项规定收购的本公司股份，不得超过本公司已发行股份总额的百分之五；用于收购的资金应当从公司的税后利润中支出；所收购的股份应当在一年内转让给职工。

公司不得接受本公司的股票作为质押权的标的。

第一百四十三条　记名股票被盗、遗失或者灭失，股东可以依照《中华人民共和国民事诉讼法》规定的公示催告程序，请求人民法院宣告该股票失效。人民法院宣告该股票失效后，股东可以向公司申请补发股票。

第一百四十四条　上市公司的股票，依照有关法律、行政法规及证券交易所交易规则上市交易。

第一百四十五条　上市公司必须依照法律、行政法规的规定，公开其财务状况、经营情况及重大诉讼，在每会计年度内半年公布一次财务会计报告。

第六章　公司董事、监事、高级管理人员的资格和义务

第一百四十六条　有下列情形之一的，不得担任公司的董事、监事、高级管理人员：

（一）无民事行为能力或者限制民事行为能力；

（二）因贪污、贿赂、侵占财产、挪用财产或者破坏社会主义市场经济秩序，被判处刑罚，执行期满未逾五年，或者因犯罪被剥夺政治权利，执行期满未逾五年；

（三）担任破产清算的公司、企业的董事或者厂长、经理，对该公司、企业的破产负有个人责任的，自该公司、企业破产清算完结之日起未逾三年；

（四）担任因违法被吊销营业执照、责令关闭的公司、企业的法定代表人，并负有个人责任的，自该公司、企业被吊销营业执照之日起未逾三年；

（五）个人所负数额较大的债务到期未清偿。

公司违反前款规定选举、委派董事、监事或者聘任高级管理人员的，该选举、委派或者聘任无效。

董事、监事、高级管理人员在任职期间出现本条第一款所列情形的，公司应当解除其职务。

第一百四十七条　董事、监事、高级管理人员应当遵守法律、行政法规和公司章程，对公司负有忠实义务和勤勉义务。

董事、监事、高级管理人员不得利用职权收受贿赂或者其他非法收入，不得侵占公司的财产。

第一百四十八条　董事、高级管理人员不得有下列行为：

（一）挪用公司资金；

（二）将公司资金以其个人名义或者以其他个人名义开立账户存储；

（三）违反公司章程的规定，未经股东会、股东大会或者董事会同意，将公司资金借贷给他人或者以公司财产为他人提供担保；

（四）违反公司章程的规定或者未经股东会、股东大会同意，与本公司订立合同或者进行交易；

（五）未经股东会或者股东大会同意，利用职务便利为自己或者他人谋取属于公司的商业机会，自营或者为他人经营与所任职公司同类的业务；

（六）接受他人与公司交易的佣金归为己有；

（七）擅自披露公司秘密；

（八）违反对公司忠实义务的其他行为。

董事、高级管理人员违反前款规定所得的收入应当归公司所有。

第一百四十九条　董事、监事、高级管理人员执行公司职务时违反法律、行政法规或者公司章程的规定，给公司造成损失的，应当承担赔偿责任。

第一百五十条　股东会或者股东大会要求董事、监事、高级管理人员列席会议的，董事、监事、高级管理人员应当列席并接受股东的质询。

董事、高级管理人员应当如实向监事会或者不设监事会的有限责任公司的监事提供有关情况和资料，不得妨碍监事会或者监事行使职权。

第一百五十一条 董事、高级管理人员有本法第一百四十九条规定的情形的，有限责任公司的股东、股份有限公司连续一百八十日以上单独或者合计持有公司百分之一以上股份的股东，可以书面请求监事会或者不设监事会的有限责任公司的监事向人民法院提起诉讼；监事有本法第一百四十九条规定的情形的，前述股东可以书面请求董事会或者不设董事会的有限责任公司的执行董事向人民法院提起诉讼。

监事会、不设监事会的有限责任公司的监事，或者董事会、执行董事收到前款规定的股东书面请求后拒绝提起诉讼，或者自收到请求之日起三十日内未提起诉讼，或者情况紧急、不立即提起诉讼将会使公司利益受到难以弥补的损害的，前款规定的股东有权为了公司的利益以自己的名义直接向人民法院提起诉讼。

他人侵犯公司合法权益，给公司造成损失的，本条第一款规定的股东可以依照前两款的规定向人民法院提起诉讼。

第一百五十二条 董事、高级管理人员违反法律、行政法规或者公司章程的规定，损害股东利益的，股东可以向人民法院提起诉讼。

第七章 公司债券

第一百五十三条 本法所称公司债券，是指公司依照法定程序发行、约定在一定期限还本付息的有价证券。

公司发行公司债券应当符合《中华人民共和国证券法》规定的发行条件。

第一百五十四条 发行公司债券的申请经国务院授权的部门核准后，应当公告公司债券募集办法。

公司债券募集办法中应当载明下列主要事项：

（一）公司名称；

（二）债券募集资金的用途；

（三）债券总额和债券的票面金额；

（四）债券利率的确定方式；

（五）还本付息的期限和方式；

（六）债券担保情况；

（七）债券的发行价格、发行的起止日期；

（八）公司净资产额；

（九）已发行的尚未到期的公司债券总额；

（十）公司债券的承销机构。

第一百五十五条 公司以实物券方式发行公司债券的，必须在债券上载明公司名称、债券票面金额、利率、偿还期限等事项，并由法定代表人签名，公司盖章。

第一百五十六条 公司债券，可以为记名债券，也可以为无记名债券。

第一百五十七条 公司发行公司债券应当置备公司债券存根簿。

发行记名公司债券的，应当在公司债券存根簿上载明下列事项：

（一）债券持有人的姓名或者名称及住所；

（二）债券持有人取得债券的日期及债券的编号；

（三）债券总额，债券的票面金额、利率、还本付息的期限和方式；

（四）债券的发行日期。

发行无记名公司债券的，应当在公司债券存根簿上载明债券总额、利率、偿还期限和方式、发行日期及债券的编号。

第一百五十八条 记名公司债券的登记结算机构应当建立债券登记、存管、付息、兑付等相关制度。

第一百五十九条 公司债券可以转让，转让价格由转让人与受让人约定。

公司债券在证券交易所上市交易的，按照证券交易所的交易规则转让。

第一百六十条 记名公司债券，由债券持有人以背书方式或者法律、行政法规规定的其他方式转让；转让后由公司将受让人的姓名或者名称及住所记载于公司债券存根簿。

无记名公司债券的转让，由债券持有人将该债券交付给受让人后即发生转让的效力。

第一百六十一条 上市公司经股东大会决议可以发行可转换为股票的公司债券，并在公司债券募集办法中规定具体的转换办法。上市公司发行可转换为股票的公司债券，应当报国务院证券监督管理机构核准。

发行可转换为股票的公司债券，应当在债券上标明可转换公司债券字样，并在公司债券存根簿上载明可转换公司债券的数额。

第一百六十二条 发行可转换为股票的公司债券的，公司应当按照其转换办法向债券持有人换发股票，但债券持有人对转换股票或者不转换股票有选择权。

第八章 公司财务、会计

第一百六十三条 公司应当依照法律、行政法规和国务院财政部门的规定建立本公司的财务、会计制度。

第一百六十四条 公司应当在每一会计年度终了时编制财务会计报告，并依法经会计师事务所审计。

财务会计报告应当依照法律、行政法规和国务院财政部门的规定制作。

第一百六十五条 有限责任公司应当依照公司章程规定的期限将财务会计报告送交各股东。

股份有限公司的财务会计报告应当在召开股东大会年会的二十日前置备于本公司，供股东查阅；公开发行股票的股份有限公司必须公告其财务会计报告。

第一百六十六条 公司分配当年税后利润时，应当提取利润的百分之十列入公司法定公积金。公司法定公积金累计额为公司注册资本的百分之五十以上的，可以不再提取。

公司的法定公积金不足以弥补以前年度亏损的，在依照前款规定提取法定公积金之前，应当先用当年利润弥补亏损。

公司从税后利润中提取法定公积金后，经股东会或者股东大会决议，还可以从税后利润中提取任意公积金。

公司弥补亏损和提取公积金后所余税后利润，有限责任公司依照本法第三十四条的规定分配；股份有限公司按照股东持有的股份比例分配，但股份有限公司章程规定不按持股比例分配的除外。

股东会、股东大会或者董事会违反前款规定，在公司弥补亏损和提取法定公积金之前向股东分配利润的，股东必须将违反规定分配的利润退还公司。

公司持有的本公司股份不得分配利润。

第一百六十七条 股份有限公司以超过股票票面金额的发行价格发行股份所得的溢价款以及国务院财政部门规定列入资本公积金的其他收入，应当列为公司资本公积金。

第一百六十八条 公司的公积金用于弥补公司的亏损、扩大公司生产经营或者转为增加公司资本。但是，资本公积金不得用于弥补公司的亏损。

法定公积金转为资本时，所留存的该项公积金不得少于转增前公司注册资本的百分之二十五。

第一百六十九条 公司聘用、解聘承办公司审计业务的会计师事务所，依照公司章程的规定，由股东会、股东大会或者董事会决定。

公司股东会、股东大会或者董事会就解聘会计师事务所进行表决时，应当允许会计师事务所陈述意见。

第一百七十条 公司应当向聘用的会计师事务所提供真实、完整的会计凭证、会计账簿、财务会计报告及其他会计资料，不得拒绝、隐匿、谎报。

第一百七十一条 公司除法定的会计账簿外，不得另立会计账簿。

对公司资产，不得以任何个人名义开立账户存储。

第九章 公司合并、分立、增资、减资

第一百七十二条 公司合并可以采取吸收合并或者新设合并。

一个公司吸收其他公司为吸收合并，被吸收的公司解散。两个以上公司合并设立一个新的公司为新设合并，合并各方解散。

第一百七十三条 公司合并，应当由合并各方签订合并协议，并编制资产负债表及财产清单。公司应当自作出合并决议之日起十日内通知债权人，并于三十日内在报纸上公告。债权人自接到通知书之日起三十日内，未接到通知书的自公告之日起四十五日内，可以要求公司清偿债务或者提供相应的担保。

第一百七十四条 公司合并时，合并各方的债权、债务，应当由合并后存续的公司或者新设的公司承继。

第一百七十五条 公司分立，其财产作相应的分割。

公司分立，应当编制资产负债表及财产清单。公司应当自作出分立决议之日起十日内通知债权人，并于三十日内在报纸上公告。

第一百七十六条 公司分立前的债务由分立后的公司承担连带责任。但是，公司在分立前与债权人就债务清偿达成的书面协议另有约定的除外。

第一百七十七条 公司需要减少注册资本时，必须编制资产负债表及财产清单。

公司应当自作出减少注册资本决议之日起十日内通知债权人，并于三十日内在报纸上公告。债权人自接到通知书之日起三十日内，未接到通知书的自公告之日起四十五日内，有权要求公司清偿债务或者提供相应的担保。

第一百七十八条 有限责任公司增加注册资本时，股东认缴新增资本的出资，依照本法设立有限责任公司缴纳出资的有关规定执行。

股份有限公司为增加注册资本发行新股时，股东认购新股，依照本法设立股份有限公司缴纳股款的有关规定执行。

第一百七十九条 公司合并或者分立，登记事项发生变更的，应当依法向公司登记机关办理变更登记；公司解散的，应当依法办理公司注销登记；设立新公司的，应当依法办理公司设立登记。

公司增加或者减少注册资本，应当依法向公司登记机关办理变更登记。

第十章 公司解散和清算

第一百八十条 公司因下列原因解散：

（一）公司章程规定的营业期限届满或者公司章程规定的其他解散事由出现；

（二）股东会或者股东大会决议解散；

（三）因公司合并或者分立需要解散；

（四）依法被吊销营业执照、责令关闭或者被撤销；

（五）人民法院依照本法第一百八十二条的规定予以解散。

第一百八十一条 公司有本法第一百八十条第（一）项情形的，可以通过修改公司章程而存续。

依照前款规定修改公司章程，有限责任公司须经持有三分之二以上表决权的股东通过，股份有限公司须经出席股东大会会议的股东所持表决权的三分之二以上通过。

第一百八十二条 公司经营管理发生严重困难，继续存续会使股东利益受到重大损失，通过其他途径不能解决的，持有公司全部股东表决权百分之十以上的股东，可以请求人民法院解散公司。

第一百八十三条 公司因本法第一百八十条第（一）项、第（二）项、第（四）项、第（五）项规定而解散的，应当在解散事由出现之日起十五日内成立清算组，开始清算。有限责任公司的清算组由股东组成，股份有限公司的清算组由董事或者股东大会确定的人员组成。逾期不成立清算组进行清算的，债权人可以申请人民法院指定有关人员组成清算组进行清算。人民法院应当受理该申请，并及时组织清算组进行清算。

第一百八十四条 清算组在清算期间行使下列职权：

（一）清理公司财产，分别编制资产负债表和财产清单；

（二）通知、公告债权人；

（三）处理与清算有关的公司未了结的业务；

（四）清缴所欠税款以及清算过程中产生的税款；

（五）清理债权、债务；

（六）处理公司清偿债务后的剩余财产；

（七）代表公司参与民事诉讼活动。

第一百八十五条 清算组应当自成立之日起十日内通知债权人，并于六十日内在报纸上公告。债权人应当自接到通知书之日起三十日内，未接到通知书的自公告之日起四十五日内，向清算组申报其债权。

债权人申报债权，应当说明债权的有关事项，并提供证明材料。清算组应当对债权进行登记。

在申报债权期间，清算组不得对债权人进行清偿。

第一百八十六条 清算组在清理公司财产、编制资产负债表和财产清单后，应当制定清算方案，并报股东会、股东大会或者人民法院确认。

公司财产在分别支付清算费用、职工的工资、社会保险费用和法定补偿金，缴纳所欠税款，清偿公司债务后的剩余财产，有限责任公司按照股东的出资比例分配，股份有限公司按照股东持有的股份比例分配。

清算期间，公司存续，但不得开展与清算无关的经营活动。公司财产在未依照前款规定清偿前，不得分配给股东。

第一百八十七条 清算组在清理公司财产、编制资产负债表和财产清单后，发现公司财产不足清偿债务的，应当依法向人民法院申请宣告破产。

公司经人民法院裁定宣告破产后，清算组应当将清算事务移交给人民法院。

第一百八十八条 公司清算结束后，清算组应当制作清算报告，报股东会、股东大会或者人民法院确认，并报送公司登记机关，申请注销公司登记，公告公司终止。

第一百八十九条 清算组成员应当忠于职守，依法履行清算义务。

清算组成员不得利用职权收受贿赂或者其他非法收入，不得侵占公司财产。

清算组成员因故意或者重大过失给公司或者债权人造成损失的，应当承担赔偿责任。

第一百九十条 公司被依法宣告破产的，依照有关企业破产的法律实施破产清算。

第十一章　外国公司的分支机构

第一百九十一条 本法所称外国公司是指依照外国法律在中国境外设立的公司。

第一百九十二条 外国公司在中国境内设立分支机构，必须向中国主管机关提出申请，并提交其公司章程、所属国的公司登记证书等有关文件，经批准后，向公司登记机关依法办理登记，领取营业执照。

外国公司分支机构的审批办法由国务院另行规定。

第一百九十三条 外国公司在中国境内设立分支机构，必须在中国境内指定负责该分支机构的代表人或者代理人，并向该分支机构拨付与其所从事的经营活动相适应的资金。

对外国公司分支机构的经营资金需要规定最低限额的，由国务院另行规定。

第一百九十四条 外国公司的分支机构应当在其名称中标明该外国公司的国籍及责任形式。

外国公司的分支机构应当在本机构中置备该外国公司章程。

第一百九十五条 外国公司在中国境内设立的分支机构不具有中国法人资格。

外国公司对其分支机构在中国境内进行经营活动承担民事责任。

第一百九十六条　经批准设立的外国公司分支机构，在中国境内从事业务活动，必须遵守中国的法律，不得损害中国的社会公共利益，其合法权益受中国法律保护。

第一百九十七条　外国公司撤销其在中国境内的分支机构时，必须依法清偿债务，依照本法有关公司清算程序的规定进行清算。未清偿债务之前，不得将其分支机构的财产移至中国境外。

第十二章　法律责任

第一百九十八条　违反本法规定，虚报注册资本、提交虚假材料或者采取其他欺诈手段隐瞒重要事实取得公司登记的，由公司登记机关责令改正，对虚报注册资本的公司，处以虚报注册资本金额百分之五以上百分之十五以下的罚款；对提交虚假材料或者采取其他欺诈手段隐瞒重要事实的公司，处以五万元以上五十万元以下的罚款；情节严重的，撤销公司登记或者吊销营业执照。

第一百九十九条　公司的发起人、股东虚假出资，未交付或者未按期交付作为出资的货币或者非货币财产的，由公司登记机关责令改正，处以虚假出资金额百分之五以上百分之十五以下的罚款。

第二百条　公司的发起人、股东在公司成立后，抽逃其出资的，由公司登记机关责令改正，处以所抽逃出资金额百分之五以上百分之十五以下的罚款。

第二百零一条　公司违反本法规定，在法定的会计账簿以外另立会计账簿的，由县级以上人民政府财政部门责令改正，处以五万元以上五十万元以下的罚款。

第二百零二条　公司在依法向有关主管部门提供的财务会计报告等材料上作虚假记载或者隐瞒重要事实的，由有关主管部门对直接负责的主管人员和其他直接责任人员处以三万元以上三十万元以下的罚款。

第二百零三条　公司不依照本法规定提取法定公积金的，由县级以上人民政府财政部门责令如数补足应当提取的金额，可以对公司处以二十万元以下的罚款。

第二百零四条　公司在合并、分立、减少注册资本或者进行清算时，不依照本法规定通知或者公告债权人的，由公司登记机关责令改正，对公司处以一万元以上十万元以下的罚款。

公司在进行清算时，隐匿财产，对资产负债表或者财产清单作虚假记载或者在未清偿债务前分配公司财产的，由公司登记机关责令改正，对公司处以隐匿财产或者未清偿债务前分配公司财产金额百分之五以上百分之十以下的罚款；对直接负责的主管人员和其他直接责任人员处以一万元以上十万元以下的罚款。

第二百零五条　公司在清算期间开展与清算无关的经营活动的，由公司登记机关予以警告，没收违法所得。

第二百零六条 清算组不依照本法规定向公司登记机关报送清算报告，或者报送清算报告隐瞒重要事实或者有重大遗漏的，由公司登记机关责令改正。

清算组成员利用职权徇私舞弊、谋取非法收入或者侵占公司财产的，由公司登记机关责令退还公司财产，没收违法所得，并可以处以违法所得一倍以上五倍以下的罚款。

第二百零七条 承担资产评估、验资或者验证的机构提供虚假材料的，由公司登记机关没收违法所得，处以违法所得一倍以上五倍以下的罚款，并可以由有关主管部门依法责令该机构停业、吊销直接责任人员的资格证书，吊销营业执照。

承担资产评估、验资或者验证的机构因过失提供有重大遗漏的报告的，由公司登记机关责令改正，情节较重的，处以所得收入一倍以上五倍以下的罚款，并可以由有关主管部门依法责令该机构停业、吊销直接责任人员的资格证书，吊销营业执照。

承担资产评估、验资或者验证的机构因其出具的评估结果、验资或者验证证明不实，给公司债权人造成损失的，除能够证明自己没有过错的外，在其评估或者证明不实的金额范围内承担赔偿责任。

第二百零八条 公司登记机关对不符合本法规定条件的登记申请予以登记，或者对符合本法规定条件的登记申请不予登记的，对直接负责的主管人员和其他直接责任人员，依法给予行政处分。

第二百零九条 公司登记机关的上级部门强令公司登记机关对不符合本法规定条件的登记申请予以登记，或者对符合本法规定条件的登记申请不予登记的，或者对违法登记进行包庇的，对直接负责的主管人员和其他直接责任人员依法给予行政处分。

第二百一十条 未依法登记为有限责任公司或者股份有限公司，而冒用有限责任公司或者股份有限公司名义的，或者未依法登记为有限责任公司或者股份有限公司的分公司，而冒用有限责任公司或者股份有限公司的分公司名义的，由公司登记机关责令改正或者予以取缔，可以并处十万元以下的罚款。

第二百一十一条 公司成立后无正当理由超过六个月未开业的，或者开业后自行停业连续六个月以上的，可以由公司登记机关吊销营业执照。

公司登记事项发生变更时，未依照本法规定办理有关变更登记的，由公司登记机关责令限期登记；逾期不登记的，处以一万元以上十万元以下的罚款。

第二百一十二条 外国公司违反本法规定，擅自在中国境内设立分支机构的，由公司登记机关责令改正或者关闭，可以并处五万元以上二十万元以下的罚款。

第二百一十三条 利用公司名义从事危害国家安全、社会公共利益的严重违法行为的，吊销营业执照。

第二百一十四条 公司违反本法规定，应当承担民事赔偿责任和缴纳罚款、罚金的，其财产不足以支付时，先承担民事赔偿责任。

第二百一十五条 违反本法规定，构成犯罪的，依法追究刑事责任。

第十三章 附 则

第二百一十六条 本法下列用语的含义：

（一）高级管理人员，是指公司的经理、副经理、财务负责人，上市公司董事会秘书和公司章程规定的其他人员。

（二）控股股东，是指其出资额占有限责任公司资本总额百分之五十以上或者其持有的股份占股份有限公司股本总额百分之五十以上的股东；出资额或者持有股份的比例虽然不足百分之五十，但依其出资额或者持有的股份所享有的表决权已足以对股东会、股东大会的决议产生重大影响的股东。

（三）实际控制人，是指虽不是公司的股东，但通过投资关系、协议或者其他安排，能够实际支配公司行为的人。

（四）关联关系，是指公司控股股东、实际控制人、董事、监事、高级管理人员与其直接或者间接控制的企业之间的关系，以及可能导致公司利益转移的其他关系。但是，国家控股的企业之间不仅因为同受国家控股而具有关联关系。

第二百一十七条 外商投资的有限责任公司和股份有限公司适用本法；有关外商投资的法律另有规定的，适用其规定。

第二百一十八条 本法自 2006 年 1 月 1 日起施行。

中华人民共和国合伙企业法

（1997 年 2 月 23 日第八届全国人民代表大会常务委员会
第二十四次会议通过　2006 年 8 月 27 日第十届全国人民代
表大会常务委员会第二十三次会议修订）

第一章　总　则

第一条　为了规范合伙企业的行为，保护合伙企业及其合伙人、债权人的合法权益，维护社会经济秩序，促进社会主义市场经济的发展，制定本法。

第二条　本法所称合伙企业，是指自然人、法人和其他组织依照本法在中国境内设立的普通合伙企业和有限合伙企业。

普通合伙企业由普通合伙人组成，合伙人对合伙企业债务承担无限连带责任。本法对普通合伙人承担责任的形式有特别规定的，从其规定。

有限合伙企业由普通合伙人和有限合伙人组成，普通合伙人对合伙企业债务承担无限连带责任，有限合伙人以其认缴的出资额为限对合伙企业债务承担责任。

第三条　国有独资公司、国有企业、上市公司以及公益性的事业单位、社会团体不得成为普通合伙人。

第四条　合伙协议依法由全体合伙人协商一致、以书面形式订立。

第五条　订立合伙协议、设立合伙企业，应当遵循自愿、平等、公平、诚实信用原则。

第六条　合伙企业的生产经营所得和其他所得，按照国家有关税收规定，由合伙人分别缴纳所得税。

第七条　合伙企业及其合伙人必须遵守法律、行政法规，遵守社会公德、商业道德，承担社会责任。

第八条　合伙企业及其合伙人的合法财产及其权益受法律保护。

第九条　申请设立合伙企业，应当向企业登记机关提交登记申请书、合伙协议书、合伙人身份证明等文件。

合伙企业的经营范围中有属于法律、行政法规规定在登记前须经批准的项目的，该项经营业务应当依法经过批准，并在登记时提交批准文件。

第十条　申请人提交的登记申请材料齐全、符合法定形式，企业登记机关能够当场登记的，应予当场登记，发给营业执照。

除前款规定情形外，企业登记机关应当自受理申请之日起二十日内，作出是否登记的决定。予以登记的，发给营业执照；不予登记的，应当给予书面答复，并说明理由。

第十一条 合伙企业的营业执照签发日期，为合伙企业成立日期。

合伙企业领取营业执照前，合伙人不得以合伙企业名义从事合伙业务。

第十二条 合伙企业设立分支机构，应当向分支机构所在地的企业登记机关申请登记，领取营业执照。

第十三条 合伙企业登记事项发生变更的，执行合伙事务的合伙人应当自作出变更决定或者发生变更事由之日起十五日内，向企业登记机关申请办理变更登记。

第二章 普通合伙企业

第一节 合伙企业设立

第十四条 设立合伙企业，应当具备下列条件：

（一）有二个以上合伙人。合伙人为自然人的，应当具有完全民事行为能力；

（二）有书面合伙协议；

（三）有合伙人认缴或者实际缴付的出资；

（四）有合伙企业的名称和生产经营场所；

（五）法律、行政法规规定的其他条件。

第十五条 合伙企业名称中应当标明"普通合伙"字样。

第十六条 合伙人可以用货币、实物、知识产权、土地使用权或者其他财产权利出资，也可以用劳务出资。

合伙人以实物、知识产权、土地使用权或者其他财产权利出资，需要评估作价的，可以由全体合伙人协商确定，也可以由全体合伙人委托法定评估机构评估。

合伙人以劳务出资的，其评估办法由全体合伙人协商确定，并在合伙协议中载明。

第十七条 合伙人应当按照合伙协议约定的出资方式、数额和缴付期限，履行出资义务。

以非货币财产出资的，依照法律、行政法规的规定，需要办理财产权转移手续的，应当依法办理。

第十八条 合伙协议应当载明下列事项：

（一）合伙企业的名称和主要经营场所的地点；

（二）合伙目的和合伙经营范围；

（三）合伙人的姓名或者名称、住所；

（四）合伙人的出资方式、数额和缴付期限；

（五）利润分配、亏损分担方式；

（六）合伙事务的执行；

（七）入伙与退伙；

（八）争议解决办法；

（九）合伙企业的解散与清算；

（十）违约责任。

第十九条 合伙协议经全体合伙人签名、盖章后生效。合伙人按照合伙协议享有权利，履行义务。

修改或者补充合伙协议，应当经全体合伙人一致同意；但是，合伙协议另有约定的除外。

合伙协议未约定或者约定不明确的事项，由合伙人协商决定；协商不成的，依照本法和其他有关法律、行政法规的规定处理。

第二节 合伙企业财产

第二十条 合伙人的出资、以合伙企业名义取得的收益和依法取得的其他财产，均为合伙企业的财产。

第二十一条 合伙人在合伙企业清算前，不得请求分割合伙企业的财产；但是，本法另有规定的除外。

合伙人在合伙企业清算前私自转移或者处分合伙企业财产的，合伙企业不得以此对抗善意第三人。

第二十二条 除合伙协议另有约定外，合伙人向合伙人以外的人转让其在合伙企业中的全部或者部分财产份额时，须经其他合伙人一致同意。

合伙人之间转让在合伙企业中的全部或者部分财产份额时，应当通知其他合伙人。

第二十三条 合伙人向合伙人以外的人转让其在合伙企业中的财产份额的，在同等条件下，其他合伙人有优先购买权；但是，合伙协议另有约定的除外。

第二十四条 合伙人以外的人依法受让合伙人在合伙企业中的财产份额的，经修改合伙协议即成为合伙企业的合伙人，依照本法和修改后的合伙协议享有权利，履行义务。

第二十五条 合伙人以其在合伙企业中的财产份额出质的，须经其他合伙人一致同意；未经其他合伙人一致同意，其行为无效，由此给善意第三人造成损失的，由行为人依法承担赔偿责任。

第三节 合伙事务执行

第二十六条 合伙人对执行合伙事务享有同等的权利。

按照合伙协议的约定或者经全体合伙人决定，可以委托一个或者数个合伙人对外代表合伙企业，执行合伙事务。

作为合伙人的法人、其他组织执行合伙事务的，由其委派的代表执行。

第二十七条 依照本法第二十六条第二款规定委托一个或者数个合伙人执行合伙事务的，其他合伙人不再执行合伙事务。

不执行合伙事务的合伙人有权监督执行事务合伙人执行合伙事务的情况。

第二十八条 由一个或者数个合伙人执行合伙事务的，执行事务合伙人应当定期向其他合伙人报告事务执行情况以及合伙企业的经营和财务状况，其执行合伙事务所产生的收益归合伙企业，所产生的费用和亏损由合伙企业承担。

合伙人为了解合伙企业的经营状况和财务状况，有权查阅合伙企业会计账簿等财务资料。

第二十九条 合伙人分别执行合伙事务的，执行事务合伙人可以对其他合伙人执行的事务提出异议。提出异议时，应当暂停该项事务的执行。如果发生争议，依照本法第三十条规定作出决定。

受委托执行合伙事务的合伙人不按照合伙协议或者全体合伙人的决定执行事务的，其他合伙人可以决定撤销该委托。

第三十条 合伙人对合伙企业有关事项作出决议，按照合伙协议约定的表决办法办理。合伙协议未约定或者约定不明确的，实行合伙人一人一票并经全体合伙人过半数通过的表决办法。

本法对合伙企业的表决办法另有规定的，从其规定。

第三十一条 除合伙协议另有约定外，合伙企业的下列事项应当经全体合伙人一致同意：

（一）改变合伙企业的名称；

（二）改变合伙企业的经营范围、主要经营场所的地点；

（三）处分合伙企业的不动产；

（四）转让或者处分合伙企业的知识产权和其他财产权利；

（五）以合伙企业名义为他人提供担保；

（六）聘任合伙人以外的人担任合伙企业的经营管理人员。

第三十二条 合伙人不得自营或者同他人合作经营与本合伙企业相竞争的业务。

除合伙协议另有约定或者经全体合伙人一致同意外，合伙人不得同本合伙企业进行交易。

合伙人不得从事损害本合伙企业利益的活动。

第三十三条 合伙企业的利润分配、亏损分担，按照合伙协议的约定办理；合伙协议未约定或者约定不明确的，由合伙人协商决定；协商不成的，由合伙人按照实缴出资比例分配、分担；无法确定出资比例的，由合伙人平均分配、分担。

合伙协议不得约定将全部利润分配给部分合伙人或者由部分合伙人承担全部亏损。

第三十四条 合伙人按照合伙协议的约定或者经全体合伙人决定，可以增加或者减少对合伙企业的出资。

第三十五条 被聘任的合伙企业的经营管理人员应当在合伙企业授权范围内履行职务。

被聘任的合伙企业的经营管理人员，超越合伙企业授权范围履行职务，或者在履行职务过程中因故意或者重大过失给合伙企业造成损失的，依法承担赔偿责任。

第三十六条 合伙企业应当依照法律、行政法规的规定建立企业财务、会计制度。

第四节　合伙企业与第三人关系

第三十七条 合伙企业对合伙人执行合伙事务以及对外代表合伙企业权利的限制，不得对抗善意第三人。

第三十八条 合伙企业对其债务，应先以其全部财产进行清偿。

第三十九条 合伙企业不能清偿到期债务的，合伙人承担无限连带责任。

第四十条 合伙人由于承担无限连带责任，清偿数额超过本法第三十三条第一款规定的其亏损分担比例的，有权向其他合伙人追偿。

第四十一条 合伙人发生与合伙企业无关的债务，相关债权人不得以其债权抵销其对合伙企业的债务；也不得代位行使合伙人在合伙企业中的权利。

第四十二条 合伙人的自有财产不足清偿其与合伙企业无关的债务的，该合伙人可以以其从合伙企业中分取的收益用于清偿；债权人也可以依法请求人民法院强制执行该合伙人在合伙企业中的财产份额用于清偿。

人民法院强制执行合伙人的财产份额时，应当通知全体合伙人，其他合伙人有优先购买权；其他合伙人未购买，又不同意将该财产份额转让给他人的，依照本法第五十一条的规定为该合伙人办理退伙结算，或者办理削减该合伙人相应财产份额的结算。

第五节　入伙、退伙

第四十三条 新合伙人入伙，除合伙协议另有约定外，应当经全体合伙人一致同意，并依法订立书面入伙协议。

订立入伙协议时，原合伙人应当向新合伙人如实告知原合伙企业的经营状况和财务状况。

第四十四条　入伙的新合伙人与原合伙人享有同等权利，承担同等责任。入伙协议另有约定的，从其约定。

新合伙人对入伙前合伙企业的债务承担无限连带责任。

第四十五条　合伙协议约定合伙期限的，在合伙企业存续期间，有下列情形之一的，合伙人可以退伙：

（一）合伙协议约定的退伙事由出现；

（二）经全体合伙人一致同意；

（三）发生合伙人难以继续参加合伙的事由；

（四）其他合伙人严重违反合伙协议约定的义务。

第四十六条　合伙协议未约定合伙期限的，合伙人在不给合伙企业事务执行造成不利影响的情况下，可以退伙，但应当提前三十日通知其他合伙人。

第四十七条　合伙人违反本法第四十五条、第四十六条的规定退伙的，应当赔偿由此给合伙企业造成的损失。

第四十八条　合伙人有下列情形之一的，当然退伙：

（一）作为合伙人的自然人死亡或者被依法宣告死亡；

（二）个人丧失偿债能力；

（三）作为合伙人的法人或者其他组织依法被吊销营业执照、责令关闭、撤销，或者被宣告破产；

（四）法律规定或者合伙协议约定合伙人必须具有相关资格而丧失该资格；

（五）合伙人在合伙企业中的全部财产份额被人民法院强制执行。

合伙人被依法认定为无民事行为能力人或者限制民事行为能力人的，经其他合伙人一致同意，可以依法转为有限合伙人，普通合伙企业依法转为有限合伙企业。其他合伙人未能一致同意的，该无民事行为能力或者限制民事行为能力的合伙人退伙。

退伙事由实际发生之日为退伙生效日。

第四十九条　合伙人有下列情形之一的，经其他合伙人一致同意，可以决议将其除名：

（一）未履行出资义务；

（二）因故意或者重大过失给合伙企业造成损失；

（三）执行合伙事务时有不正当行为；

（四）发生合伙协议约定的事由。

对合伙人的除名决议应当书面通知被除名人。被除名人接到除名通知之日，除名生效，被除名人退伙。

被除名人对除名决议有异议的，可以自接到除名通知之日起三十日内，向人民法院起诉。

第五十条 合伙人死亡或者被依法宣告死亡的，对该合伙人在合伙企业中的财产份额享有合法继承权的继承人，按照合伙协议的约定或者经全体合伙人一致同意，从继承开始之日起，取得该合伙企业的合伙人资格。

有下列情形之一的，合伙企业应当向合伙人的继承人退还被继承合伙人的财产份额：

（一）继承人不愿意成为合伙人；

（二）法律规定或者合伙协议约定合伙人必须具有相关资格，而该继承人未取得该资格；

（三）合伙协议约定不能成为合伙人的其他情形。

合伙人的继承人为无民事行为能力人或者限制民事行为能力人的，经全体合伙人一致同意，可以依法成为有限合伙人，普通合伙企业依法转为有限合伙企业。全体合伙人未能一致同意的，合伙企业应当将被继承合伙人的财产份额退还该继承人。

第五十一条 合伙人退伙，其他合伙人应当与该退伙人按照退伙时的合伙企业财产状况进行结算，退还退伙人的财产份额。退伙人对给合伙企业造成的损失负有赔偿责任的，相应扣减其应当赔偿的数额。

退伙时有未了结的合伙企业事务的，待该事务了结后进行结算。

第五十二条 退伙人在合伙企业中财产份额的退还办法，由合伙协议约定或者由全体合伙人决定，可以退还货币，也可以退还实物。

第五十三条 退伙人对基于其退伙前的原因发生的合伙企业债务，承担无限连带责任。

第五十四条 合伙人退伙时，合伙企业财产少于合伙企业债务的，退伙人应当依照本法第三十三条第一款的规定分担亏损。

第六节　特殊的普通合伙企业

第五十五条 以专业知识和专门技能为客户提供有偿服务的专业服务机构，可以设立为特殊的普通合伙企业。

特殊的普通合伙企业是指合伙人依照本法第五十七条的规定承担责任的普通合伙企业。

特殊的普通合伙企业适用本节规定；本节未作规定的，适用本章第一节至第五节的规定。

第五十六条 特殊的普通合伙企业名称中应当标明"特殊普通合伙"字样。

第五十七条 一个合伙人或者数个合伙人在执业活动中因故意或者重大过失造

成合伙企业债务的，应当承担无限责任或者无限连带责任，其他合伙人以其在合伙企业中的财产份额为限承担责任。

合伙人在执业活动中非因故意或者重大过失造成的合伙企业债务以及合伙企业的其他债务，由全体合伙人承担无限连带责任。

第五十八条 合伙人执业活动中因故意或者重大过失造成的合伙企业债务，以合伙企业财产对外承担责任后，该合伙人应当按照合伙协议的约定对给合伙企业造成的损失承担赔偿责任。

第五十九条 特殊的普通合伙企业应当建立执业风险基金、办理职业保险。

执业风险基金用于偿付合伙人执业活动造成的债务。执业风险基金应当单独立户管理。具体管理办法由国务院规定。

第三章 有限合伙企业

第六十条 有限合伙企业及其合伙人适用本章规定；本章未作规定的，适用本法第二章第一节至第五节关于普通合伙企业及其合伙人的规定。

第六十一条 有限合伙企业由二个以上五十个以下合伙人设立；但是，法律另有规定的除外。

有限合伙企业至少应当有一个普通合伙人。

第六十二条 有限合伙企业名称中应当标明"有限合伙"字样。

第六十三条 合伙协议除符合本法第十八条的规定外，还应当载明下列事项：

（一）普通合伙人和有限合伙人的姓名或者名称、住所；

（二）执行事务合伙人应具备的条件和选择程序；

（三）执行事务合伙人权限与违约处理办法；

（四）执行事务合伙人的除名条件和更换程序；

（五）有限合伙人入伙、退伙的条件、程序以及相关责任；

（六）有限合伙人和普通合伙人相互转变程序。

第六十四条 有限合伙人可以用货币、实物、知识产权、土地使用权或者其他财产权利作价出资。

有限合伙人不得以劳务出资。

第六十五条 有限合伙人应当按照合伙协议的约定按期足额缴纳出资；未按期足额缴纳的，应当承担补缴义务，并对其他合伙人承担违约责任。

第六十六条 有限合伙企业登记事项中应当载明有限合伙人的姓名或者名称及认缴的出资数额。

第六十七条 有限合伙企业由普通合伙人执行合伙事务。执行事务合伙人可以要求在合伙协议中确定执行事务的报酬及报酬提取方式。

第六十八条 有限合伙人不执行合伙事务，不得对外代表有限合伙企业。

有限合伙人的下列行为，不视为执行合伙事务：

（一）参与决定普通合伙人入伙、退伙；

（二）对企业的经营管理提出建议；

（三）参与选择承办有限合伙企业审计业务的会计师事务所；

（四）获取经审计的有限合伙企业财务会计报告；

（五）对涉及自身利益的情况，查阅有限合伙企业财务会计账簿等财务资料；

（六）在有限合伙企业中的利益受到侵害时，向有责任的合伙人主张权利或者提起诉讼；

（七）执行事务合伙人怠于行使权利时，督促其行使权利或者为了本企业的利益以自己的名义提起诉讼；

（八）依法为本企业提供担保。

第六十九条 有限合伙企业不得将全部利润分配给部分合伙人；但是，合伙协议另有约定的除外。

第七十条 有限合伙人可以同本有限合伙企业进行交易；但是，合伙协议另有约定的除外。

第七十一条 有限合伙人可以自营或者同他人合作经营与本有限合伙企业相竞争的业务；但是，合伙协议另有约定的除外。

第七十二条 有限合伙人可以将其在有限合伙企业中的财产份额出质；但是，合伙协议另有约定的除外。

第七十三条 有限合伙人可以按照合伙协议的约定向合伙人以外的人转让其在有限合伙企业中的财产份额，但应当提前三十日通知其他合伙人。

第七十四条 有限合伙人的自有财产不足清偿其与合伙企业无关的债务的，该合伙人可以以其从有限合伙企业中分取的收益用于清偿；债权人也可以依法请求人民法院强制执行该合伙人在有限合伙企业中的财产份额用于清偿。

人民法院强制执行有限合伙人的财产份额时，应当通知全体合伙人。在同等条件下，其他合伙人有优先购买权。

第七十五条 有限合伙企业仅剩有限合伙人的，应当解散；有限合伙企业仅剩普通合伙人的，转为普通合伙企业。

第七十六条 第三人有理由相信有限合伙人为普通合伙人并与其交易的，该有限合伙人对该笔交易承担与普通合伙人同样的责任。

有限合伙人未经授权以有限合伙企业名义与他人进行交易，给有限合伙企业或者其他合伙人造成损失的，该有限合伙人应当承担赔偿责任。

第七十七条 新入伙的有限合伙人对入伙前有限合伙企业的债务，以其认缴的出资额为限承担责任。

第七十八条 有限合伙人有本法第四十八条第一款第一项、第三项至第五项所列情形之一的，当然退伙。

第七十九条 作为有限合伙人的自然人在有限合伙企业存续期间丧失民事行为能力的，其他合伙人不得因此要求其退伙。

第八十条 作为有限合伙人的自然人死亡、被依法宣告死亡或者作为有限合伙人的法人及其他组织终止时，其继承人或者权利承受人可以依法取得该有限合伙人在有限合伙企业中的资格。

第八十一条 有限合伙人退伙后，对基于其退伙前的原因发生的有限合伙企业债务，以其退伙时从有限合伙企业中取回的财产承担责任。

第八十二条 除合伙协议另有约定外，普通合伙人转变为有限合伙人，或者有限合伙人转变为普通合伙人，应当经全体合伙人一致同意。

第八十三条 有限合伙人转变为普通合伙人的，对其作为有限合伙人期间有限合伙企业发生的债务承担无限连带责任。

第八十四条 普通合伙人转变为有限合伙人的，对其作为普通合伙人期间合伙企业发生的债务承担无限连带责任。

第四章　合伙企业解散、清算

第八十五条 合伙企业有下列情形之一的，应当解散：

（一）合伙期限届满，合伙人决定不再经营；

（二）合伙协议约定的解散事由出现；

（三）全体合伙人决定解散；

（四）合伙人已不具备法定人数满三十天；

（五）合伙协议约定的合伙目的已经实现或者无法实现；

（六）依法被吊销营业执照、责令关闭或者被撤销；

（七）法律、行政法规规定的其他原因。

第八十六条 合伙企业解散，应当由清算人进行清算。

清算人由全体合伙人担任；经全体合伙人过半数同意，可以自合伙企业解散事由出现后十五日内指定一个或者数个合伙人，或者委托第三人，担任清算人。

自合伙企业解散事由出现之日起十五日内未确定清算人的，合伙人或者其他利害关系人可以申请人民法院指定清算人。

第八十七条 清算人在清算期间执行下列事务：

（一）清理合伙企业财产，分别编制资产负债表和财产清单；

（二）处理与清算有关的合伙企业未了结事务；

（三）清缴所欠税款；

（四）清理债权、债务；

（五）处理合伙企业清偿债务后的剩余财产；

（六）代表合伙企业参加诉讼或者仲裁活动。

第八十八条 清算人自被确定之日起十日内将合伙企业解散事项通知债权人，并于六十日内在报纸上公告。债权人应当自接到通知书之日起三十日内，未接到通知书的自公告之日起四十五日内，向清算人申报债权。

债权人申报债权，应当说明债权的有关事项，并提供证明材料。清算人应当对债权进行登记。

清算期间，合伙企业存续，但不得开展与清算无关的经营活动。

第八十九条 合伙企业财产在支付清算费用和职工工资、社会保险费用、法定补偿金以及缴纳所欠税款、清偿债务后的剩余财产，依照本法第三十三条第一款的规定进行分配。

第九十条 清算结束，清算人应当编制清算报告，经全体合伙人签名、盖章后，在十五日内向企业登记机关报送清算报告，申请办理合伙企业注销登记。

第九十一条 合伙企业注销后，原普通合伙人对合伙企业存续期间的债务仍应承担无限连带责任。

第九十二条 合伙企业不能清偿到期债务的，债权人可以依法向人民法院提出破产清算申请，也可以要求普通合伙人清偿。

合伙企业依法被宣告破产的，普通合伙人对合伙企业债务仍应承担无限连带责任。

第五章 法律责任

第九十三条 违反本法规定，提交虚假文件或者采取其他欺骗手段，取得合伙企业登记的，由企业登记机关责令改正，处以五千元以上五万元以下的罚款；情节严重的，撤销企业登记，并处以五万元以上二十万元以下的罚款。

第九十四条 违反本法规定，合伙企业未在其名称中标明"普通合伙"、??"特殊普通合伙"或者"有限合伙"字样的，由企业登记机关责令限期改正，处以二千元以上一万元以下的罚款。

第九十五条 违反本法规定，未领取营业执照，而以合伙企业或者合伙企业分支机构名义从事合伙业务的，由企业登记机关责令停止，处以五千元以上五万元以下的罚款。

合伙企业登记事项发生变更时，未依照本法规定办理变更登记的，由企业登记机关责令限期登记；逾期不登记的，处以二千元以上二万元以下的罚款。

合伙企业登记事项发生变更，执行合伙事务的合伙人未按期申请办理变更登记的，应当赔偿由此给合伙企业、其他合伙人或者善意第三人造成的损失。

第九十六条 合伙人执行合伙事务，或者合伙企业从业人员利用职务上的便利，将应当归合伙企业的利益据为己有的，或者采取其他手段侵占合伙企业财产的，应当将该利益和财产退还合伙企业；给合伙企业或者其他合伙人造成损失的，依法承担赔偿责任。

第九十七条 合伙人对本法规定或者合伙协议约定必须经全体合伙人一致同意始得执行的事务擅自处理，给合伙企业或者其他合伙人造成损失的，依法承担赔偿责任。

第九十八条 不具有事务执行权的合伙人擅自执行合伙事务，给合伙企业或者其他合伙人造成损失的，依法承担赔偿责任。

第九十九条 合伙人违反本法规定或者合伙协议的约定，从事与本合伙企业相竞争的业务或者与本合伙企业进行交易的，该收益归合伙企业所有；给合伙企业或者其他合伙人造成损失的，依法承担赔偿责任。

第一百条 清算人未依照本法规定向企业登记机关报送清算报告，或者报送清算报告隐瞒重要事实，或者有重大遗漏的，由企业登记机关责令改正。由此产生的费用和损失，由清算人承担和赔偿。

第一百零一条 清算人执行清算事务，牟取非法收入或者侵占合伙企业财产的，应当将该收入和侵占的财产退还合伙企业；给合伙企业或者其他合伙人造成损失的，依法承担赔偿责任。

第一百零二条 清算人违反本法规定，隐匿、转移合伙企业财产，对资产负债表或者财产清单作虚假记载，或者在未清偿债务前分配财产，损害债权人利益的，依法承担赔偿责任。

第一百零三条 合伙人违反合伙协议的，应当依法承担违约责任。

合伙人履行合伙协议发生争议的，合伙人可以通过协商或者调解解决。不愿通过协商、调解解决或者协商、调解不成的，可以按照合伙协议约定的仲裁条款或者事后达成的书面仲裁协议，向仲裁机构申请仲裁。合伙协议中未订立仲裁条款，事后又没有达成书面仲裁协议的，可以向人民法院起诉。

第一百零四条 有关行政管理机关的工作人员违反本法规定，滥用职权、徇私舞弊、收受贿赂、侵害合伙企业合法权益的，依法给予行政处分。

第一百零五条　违反本法规定，构成犯罪的，依法追究刑事责任。

第一百零六条　违反本法规定，应当承担民事赔偿责任和缴纳罚款、罚金，其财产不足以同时支付的，先承担民事赔偿责任。

第六章　附　则

第一百零七条　非企业专业服务机构依据有关法律采取合伙制的，其合伙人承担责任的形式可以适用本法关于特殊的普通合伙企业合伙人承担责任的规定。

第一百零八条　外国企业或者个人在中国境内设立合伙企业的管理办法由国务院规定。

第一百零九条　本法自 2007 年 6 月 1 日起施行。

中华人民共和国信托法

（2001 年 4 月 28 日第九届全国人民代表大会常务委员会
第二十一次会议通过　2001 年 4 月 28 日中华人民共和国主
席令第五十号公布 自 2001 年 10 月 1 日起施行）

第一章　总　则

第一条　为了调整信托关系，规范信托行为，保护信托当事人的合法权益，促进信托事业的健康发展，制定本法。

第二条　本法所称信托，是指委托人基于对受托人的信任，将其财产权委托给受托人，由受托人按委托人的意愿以自己的名义，为受益人的利益或者特定目的，进行管理或者处分的行为。

第三条　委托人、受托人、受益人（以下统称信托当事人）在中华人民共和国境内进行民事、营业、公益信托活动，适用本法。

第四条　受托人采取信托机构形式从事信托活动，其组织和管理由国务院制定具体办法。

第五条　信托当事人进行信托活动，必须遵守法律、行政法规，遵循自愿、公平和诚实信用原则，不得损害国家利益和社会公共利益。

第二章　信托的设立

第六条　设立信托，必须有合法的信托目的。

第七条　设立信托，必须有确定的信托财产，并且该信托财产必须是委托人合法所有的财产。

本法所称财产包括合法的财产权利。

第八条　设立信托，应当采取书面形式。

书面形式包括信托合同、遗嘱或者法律、行政法规规定的其他书面文件等。

采取信托合同形式设立信托的，信托合同签订时，信托成立。采取其他书面形式设立信托的，受托人承诺信托时，信托成立。

第九条　设立信托，其书面文件应当载明下列事项：

（一）信托目的；

（二）委托人、受托人的姓名或者名称、住所；

（三）受益人或者受益人范围；

（四）信托财产的范围、种类及状况；

（五）受益人取得信托利益的形式、方法。

除前款所列事项外，可以载明信托期限、信托财产的管理方法、受托人的报酬、新受托人的选任方式、信托终止事由等事项。

第十条 设立信托，对于信托财产，有关法律、行政法规规定应当办理登记手续的，应当依法办理信托登记。

未依照前款规定办理信托登记的，应当补办登记手续；不补办的，该信托不产生效力。

第十一条 有下列情形之一的，信托无效：

（一）信托目的违反法律、行政法规或者损害社会公共利益；

（二）信托财产不能确定；

（三）委托人以非法财产或者本法规定不得设立信托的财产设立信托；

（四）专以诉讼或者讨债为目的设立信托；

（五）受益人或者受益人范围不能确定；

（六）法律、行政法规规定的其他情形。

第十二条 委托人设立信托损害其债权人利益的，债权人有权申请人民法院撤销该信托。

人民法院依照前款规定撤销信托的，不影响善意受益人已经取得的信托利益。

本条第一款规定的申请权，自债权人知道或者应当知道撤销原因之日起一年内不行使的，归于消灭。

第十三条 设立遗嘱信托，应当遵守继承法关于遗嘱的规定。

遗嘱指定的人拒绝或者无能力担任受托人的，由受益人另行选任受托人；受益人为无民事行为能力人或者限制民事行为能力人的，依法由其监护人代行选任。遗嘱对选任受托人另有规定的，从其规定。

第三章　信托财产

第十四条 受托人因承诺信托而取得的财产是信托财产。

受托人因信托财产的管理运用、处分或者其他情形而取得的财产，也归入信托财产。

法律、行政法规禁止流通的财产，不得作为信托财产。

法律、行政法规限制流通的财产，依法经有关主管部门批准后，可以作为信托财产。

第十五条 信托财产与委托人未设立信托的其他财产相区别。设立信托后，委托人死亡或者依法解散、被依法撤销、被宣告破产时，委托人是唯一受益人的，信托终止，信托财产作为其遗产或者清算财产；委托人不是唯一受益人的，信托存续，信托财产不作为其遗产或者清算财产；但作为共同受益人的委托人死亡或者依法解散、被依法撤销、被宣告破产时，其信托受益权作为其遗产或者清算财产。

第十六条 信托财产与属于受托人所有的财产（以下简称固有财产）相区别，不得归入受托人的固有财产或者成为固有财产的一部分。

受托人死亡或者依法解散、被依法撤销、被宣告破产而终止，信托财产不属于其遗产或者清算财产。

第十七条 除因下列情形之一外，对信托财产不得强制执行：

（一）设立信托前债权人已对该信托财产享有优先受偿的权利，并依法行使该权利的；

（二）受托人处理信托事务所产生债务，债权人要求清偿该债务的；

（三）信托财产本身应担负的税款；

（四）法律规定的其他情形。

对于违反前款规定而强制执行信托财产，委托人、受托人或者受益人有权向人民法院提出异议。

第十八条 受托人管理运用、处分信托财产所产生的债权，不得与其固有财产产生的债务相抵销。

受托人管理运用、处分不同委托人的信托财产所产生的债权债务，不得相互抵销。

第四章 信托当事人

第一节 委托人

第十九条 委托人应当是具有完全民事行为能力的自然人、法人或者依法成立的其他组织。

第二十条 委托人有权了解其信托财产的管理运用、处分及收支情况，并有权要求受托人作出说明。

委托人有权查阅、抄录或者复制与其信托财产有关的信托帐目以及处理信托事务的其他文件。

第二十一条 因设立信托时未能预见的特别事由，致使信托财产的管理方法不利于实现信托目的或者不符合受益人的利益时，委托人有权要求受托人调整该信托财产的管理方法。

第二十二条　受托人违反信托目的处分信托财产或者因违背管理职责、处理信托事务不当致使信托财产受到损失的，委托人有权申请人民法院撤销该处分行为，并有权要求受托人恢复信托财产的原状或者予以赔偿；该信托财产的受让人明知是违反信托目的而接受该财产的，应当予以返还或者予以赔偿。

前款规定的申请权，自委托人知道或者应当知道撤销原因之日起一年内不行使的，归于消灭。

第二十三条　受托人违反信托目的处分信托财产或者管理运用、处分信托财产有重大过失的，委托人有权依照信托文件的规定解任受托人，或者申请人民法院解任受托人。

第二节　受托人

第二十四条　受托人应当是具有完全民事行为能力的自然人、法人。

法律、行政法规对受托人的条件另有规定的，从其规定。

第二十五条　受托人应当遵守信托文件的规定，为受益人的最大利益处理信托事务。

受托人管理信托财产，必须恪尽职守，履行诚实、信用、谨慎、有效管理的义务。

第二十六条　受托人除依照本法规定取得报酬外，不得利用信托财产为自己谋取利益。

受托人违反前款规定，利用信托财产为自己谋取利益的，所得利益归入信托财产。

第二十七条　受托人不得将信托财产转为其固有财产。受托人将信托财产转为其固有财产的，必须恢复该信托财产的原状；造成信托财产损失的，应当承担赔偿责任。

第二十八条　受托人不得将其固有财产与信托财产进行交易或者将不同委托人的信托财产进行相互交易，但信托文件另有规定或者经委托人或者受益人同意，并以公平的市场价格进行交易的除外。

受托人违反前款规定，造成信托财产损失的，应当承担赔偿责任。

第二十九条　受托人必须将信托财产与其固有财产分别管理、分别记帐，并将不同委托人的信托财产分别管理、分别记帐。

第三十条　受托人应当自己处理信托事务，但信托文件另有规定或者有不得已事由的，可以委托他人代为处理。

受托人依法将信托事务委托他人代理的，应当对他人处理信托事务的行为承担责任。

第三十一条　同一信托的受托人有两个以上的，为共同受托人。

共同受托人应当共同处理信托事务，但信托文件规定对某些具体事务由受托人分别处理的，从其规定。

共同受托人共同处理信托事务，意见不一致时，按信托文件规定处理；信托文件未规定的，由委托人、受益人或者其利害关系人决定。

第三十二条　共同受托人处理信托事务对第三人所负债务，应当承担连带清偿责任。第三人对共同受托人之一所作的意思表示，对其他受托人同样有效。

共同受托人之一违反信托目的处分信托财产或者因违背管理职责、处理信托事务不当致使信托财产受到损失的，其他受托人应当承担连带赔偿责任。

第三十三条　受托人必须保存处理信托事务的完整记录。

受托人应当每年定期将信托财产的管理运用、处分及收支情况，报告委托人和受益人。

受托人对委托人、受益人以及处理信托事务的情况和资料负有依法保密的义务。

第三十四条　受托人以信托财产为限向受益人承担支付信托利益的义务。

第三十五条　受托人有权依照信托文件的约定取得报酬。信托文件未作事先约定的，经信托当事人协商同意，可以作出补充约定；未作事先约定和补充约定的，不得收取报酬。

约定的报酬经信托当事人协商同意，可以增减其数额。

第三十六条　受托人违反信托目的处分信托财产或者因违背管理职责、处理信托事务不当致使信托财产受到损失的，在未恢复信托财产的原状或者未予赔偿前，不得请求给付报酬。

第三十七条　受托人因处理信托事务所支出的费用、对第三人所负债务，以信托财产承担。受托人以其固有财产先行支付的，对信托财产享有优先受偿的权利。

受托人违背管理职责或者处理信托事务不当对第三人所负债务或者自己所受到的损失，以其固有财产承担。

第三十八条　设立信托后，经委托人和受益人同意，受托人可以辞任。本法对公益信托的受托人辞任另有规定的，从其规定。

受托人辞任的，在新受托人选出前仍应履行管理信托事务的职责。

第三十九条　受托人有下列情形之一的，其职责终止：

（一）死亡或者被依法宣告死亡；

（二）被依法宣告为无民事行为能力人或者限制民事行为能力人；

（三）被依法撤销或者被宣告破产；

（四）依法解散或者法定资格丧失；

（五）辞任或者被解任；

（六）法律、行政法规规定的其他情形。

受托人职责终止时，其继承人或者遗产管理人、监护人、清算人应当妥善保管信托财产，协助新受托人接管信托事务。

第四十条 受托人职责终止的，依照信托文件规定选任新受托人；信托文件未规定的，由委托人选任；委托人不指定或者无能力指定的，由受益人选任；受益人为无民事行为能力人或者限制民事行为能力人的，依法由其监护人代行选任。

原受托人处理信托事务的权利和义务，由新受托人承继。

第四十一条 受托人有本法第三十九条第一款第（三）项至第（六）项所列情形之一，职责终止的，应当作出处理信托事务的报告，并向新受托人办理信托财产和信托事务的移交手续。

前款报告经委托人或者受益人认可，原受托人就报告中所列事项解除责任。但原受托人有不正当行为的除外。

第四十二条 共同受托人之一职责终止的，信托财产由其他受托人管理和处分。

第三节　受益人

第四十三条 受益人是在信托中享有信托受益权的人。受益人可以是自然人、法人或者依法成立的其他组织。

委托人可以是受益人，也可以是同一信托的唯一受益人。

受托人可以是受益人，但不得是同一信托的唯一受益人。

第四十四条 受益人自信托生效之日起享有信托受益权。信托文件另有规定的，从其规定。

第四十五条 共同受益人按照信托文件的规定享受信托利益。信托文件对信托利益的分配比例或者分配方法未作规定的，各受益人按照均等的比例享受信托利益。

第四十六条 受益人可以放弃信托受益权。

全体受益人放弃信托受益权的，信托终止。

部分受益人放弃信托受益权的，被放弃的信托受益权按下列顺序确定归属：

（一）信托文件规定的人；

（二）其他受益人；

（三）委托人或者其继承人。

第四十七条 受益人不能清偿到期债务的，其信托受益权可以用于清偿债务，但法律、行政法规以及信托文件有限制性规定的除外。

第四十八条 受益人的信托受益权可以依法转让和继承，但信托文件有限制性规定的除外。

第四十九条 受益人可以行使本法第二十条至第二十三条规定的委托人享有的权利。受益人行使上述权利，与委托人意见不一致时，可以申请人民法院作出裁定。

受托人有本法第二十二条第一款所列行为，共同受益人之一申请人民法院撤销该处分行为的，人民法院所作出的撤销裁定，对全体共同受益人有效。

第五章 信托的变更与终止

第五十条 委托人是唯一受益人的，委托人或者其继承人可以解除信托。信托文件另有规定的，从其规定。

第五十一条 设立信托后，有下列情形之一的，委托人可以变更受益人或者处分受益人的信托受益权：

（一）受益人对委托人有重大侵权行为；

（二）受益人对其他共同受益人有重大侵权行为；

（三）经受益人同意；

（四）信托文件规定的其他情形。

有前款第（一）项、第（三）项、第（四）项所列情形之一的，委托人可以解除信托。

第五十二条 信托不因委托人或者受托人的死亡、丧失民事行为能力、依法解散、被依法撤销或者被宣告破产而终止，也不因受托人的辞任而终止。但本法或者信托文件另有规定的除外。

第五十三条 有下列情形之一的，信托终止：

（一）信托文件规定的终止事由发生；

（二）信托的存续违反信托目的；

（三）信托目的已经实现或者不能实现；

（四）信托当事人协商同意；

（五）信托被撤销；

（六）信托被解除。

第五十四条 信托终止的，信托财产归属于信托文件规定的人；信托文件未规定的，按下列顺序确定归属：

（一）受益人或者其继承人；

（二）委托人或者其继承人。

第五十五条 依照前条规定，信托财产的归属确定后，在该信托财产转移给权利归属人的过程中，信托视为存续，权利归属人视为受益人。

第五十六条 信托终止后，人民法院依据本法第十七条的规定对原信托财产进行强制执行的，以权利归属人为被执行人。

第五十七条　信托终止后，受托人依照本法规定行使请求给付报酬、从信托财产中获得补偿的权利时，可以留置信托财产或者对信托财产的权利归属人提出请求。

第五十八条　信托终止的，受托人应当作出处理信托事务的清算报告。受益人或者信托财产的权利归属人对清算报告无异议的，受托人就清算报告所列事项解除责任。但受托人有不正当行为的除外。

第六章　公益信托

第五十九条　公益信托适用本章规定。本章未规定的，适用本法及其他相关法律的规定。

第六十条　为了下列公共利益目的之一而设立的信托，属于公益信托：

（一）救济贫困；

（二）救助灾民；

（三）扶助残疾人；

（四）发展教育、科技、文化、艺术、体育事业；

（五）发展医疗卫生事业；

（六）发展环境保护事业，维护生态环境；

（七）发展其他社会公益事业。

第六十一条　国家鼓励发展公益信托。

第六十二条　公益信托的设立和确定其受托人，应当经有关公益事业的管理机构（以下简称公益事业管理机构）批准。

未经公益事业管理机构的批准，不得以公益信托的名义进行活动。

公益事业管理机构对于公益信托活动应当给予支持。

第六十三条　公益信托的信托财产及其收益，不得用于非公益目的。

第六十四条　公益信托应当设置信托监察人。

信托监察人由信托文件规定。信托文件未规定的，由公益事业管理机构指定。

第六十五条　信托监察人有权以自己的名义，为维护受益人的利益，提起诉讼或者实施其他法律行为。

第六十六条　公益信托的受托人未经公益事业管理机构批准，不得辞任。

第六十七条　公益事业管理机构应当检查受托人处理公益信托事务的情况及财产状况。

受托人应当至少每年一次作出信托事务处理情况及财产状况报告，经信托监察人认可后，报公益事业管理机构核准，并由受托人予以公告。

第六十八条 公益信托的受托人违反信托义务或者无能力履行其职责的，由公益事业管理机构变更受托人。

第六十九条 公益信托成立后，发生设立信托时不能预见的情形，公益事业管理机构可以根据信托目的，变更信托文件中的有关条款。

第七十条 公益信托终止的，受托人应当于终止事由发生之日起十五日内，将终止事由和终止日期报告公益事业管理机构。

第七十一条 公益信托终止的，受托人作出的处理信托事务的清算报告，应当经信托监察人认可后，报公益事业管理机构核准，并由受托人予以公告。

第七十二条 公益信托终止，没有信托财产权利归属人或者信托财产权利归属人是不特定的社会公众的，经公益事业管理机构批准，受托人应当将信托财产用于与原公益目的相近似的目的，或者将信托财产转移给具有近似目的的公益组织或者其他公益信托。

第七十三条 公益事业管理机构违反本法规定的，委托人、受托人或者受益人有权向人民法院起诉。

第七章 附 则

第七十四条 本法自 2001 年 10 月 1 日起施行。

二、证监会部门规章

私募投资基金监督管理暂行办法

中国证券监督管理委员会令　第 105 号

《私募投资基金监督管理暂行办法》已经 2014 年 6 月 30 日中国证券监督管理委员会第 51 次主席办公会议审议通过，现予公布，自公布之日起施行。

中国证券监督管理委员会主席　肖钢
2014 年 8 月 21 日

第一章　总　则

第一条　为了规范私募投资基金活动，保护投资者及相关当事人的合法权益，促进私募投资基金行业健康发展，根据《证券投资基金法》、《国务院关于进一步促进资本市场健康发展的若干意见》，制定本办法。

第二条　本办法所称私募投资基金（以下简称私募基金），是指在中华人民共和国境内，以非公开方式向投资者募集资金设立的投资基金。

私募基金财产的投资包括买卖股票、股权、债券、期货、期权、基金份额及投资合同约定的其他投资标的。

非公开募集资金，以进行投资活动为目的设立的公司或者合伙企业，资产由基金管理人或者普通合伙人管理的，其登记备案、资金募集和投资运作适用本办法。

证券公司、基金管理公司、期货公司及其子公司从事私募基金业务适用本办法，其他法律法规和中国证券监督管理委员会（以下简称中国证监会）有关规定对上述机构从事私募基金业务另有规定的，适用其规定。

第三条　从事私募基金业务，应当遵循自愿、公平、诚实信用原则，维护投资者合法权益，不得损害国家利益和社会公共利益。

第四条　私募基金管理人和从事私募基金托管业务的机构（以下简称私募基金

托管人）管理、运用私募基金财产，从事私募基金销售业务的机构（以下简称私募基金销售机构）及其他私募服务机构从事私募基金服务活动，应当恪尽职守，履行诚实信用、谨慎勤勉的义务。

私募基金从业人员应当遵守法律、行政法规，恪守职业道德和行为规范。

第五条 中国证监会及其派出机构依照《证券投资基金法》、本办法和中国证监会的其他有关规定，对私募基金业务活动实施监督管理。

设立私募基金管理机构和发行私募基金不设行政审批，允许各类发行主体在依法合规的基础上，向累计不超过法律规定数量的投资者发行私募基金。建立健全私募基金发行监管制度，切实强化事中事后监管，依法严厉打击以私募基金为名的各类非法集资活动。

建立促进经营机构规范开展私募基金业务的风险控制和自律管理制度，以及各类私募基金的统一监测系统。

第六条 中国证券投资基金业协会（以下简称基金业协会）依照《证券投资基金法》、本办法、中国证监会其他有关规定和基金业协会自律规则，对私募基金业开展行业自律，协调行业关系，提供行业服务，促进行业发展。

第二章 登记备案

第七条 各类私募基金管理人应当根据基金业协会的规定，向基金业协会申请登记，报送以下基本信息：

（一）工商登记和营业执照正副本复印件；

（二）公司章程或者合伙协议；

（三）主要股东或者合伙人名单；

（四）高级管理人员的基本信息；

（五）基金业协会规定的其他信息。

基金业协会应当在私募基金管理人登记材料齐备后的 20 个工作日内，通过网站公告私募基金管理人名单及其基本情况的方式，为私募基金管理人办结登记手续。

第八条 各类私募基金募集完毕，私募基金管理人应当根据基金业协会的规定，办理基金备案手续，报送以下基本信息：

（一）主要投资方向及根据主要投资方向注明的基金类别；

（二）基金合同、公司章程或者合伙协议。资金募集过程中向投资者提供基金招募说明书的，应当报送基金招募说明书。以公司、合伙等企业形式设立的私募基金，还应当报送工商登记和营业执照正副本复印件；

（三）采取委托管理方式的，应当报送委托管理协议。委托托管机构托管基金财产的，还应当报送托管协议；

（四）基金业协会规定的其他信息。

基金业协会应当在私募基金备案材料齐备后的 20 个工作日内，通过网站公告私募基金名单及其基本情况的方式，为私募基金办结备案手续。

第九条 基金业协会为私募基金管理人和私募基金办理登记备案不构成对私募基金管理人投资能力、持续合规情况的认可；不作为对基金财产安全的保证。

第十条 私募基金管理人依法解散、被依法撤销，或者被依法宣告破产的，其法定代表人或者普通合伙人应当在 20 个工作日内向基金业协会报告，基金业协会应当及时注销基金管理人登记并通过网站公告。

第三章 合格投资者

第十一条 私募基金应当向合格投资者募集，单只私募基金的投资者人数累计不得超过《证券投资基金法》、《公司法》、《合伙企业法》等法律规定的特定数量。

投资者转让基金份额的，受让人应当为合格投资者且基金份额受让后投资者人数应当符合前款规定。

第十二条 私募基金的合格投资者是指具备相应风险识别能力和风险承担能力，投资于单只私募基金的金额不低于 100 万元且符合下列相关标准的单位和个人：

（一）净资产不低于 1000 万元的单位；

（二）金融资产不低于 300 万元或者最近三年个人年均收入不低于 50 万元的个人。

前款所称金融资产包括银行存款、股票、债券、基金份额、资产管理计划、银行理财产品、信托计划、保险产品、期货权益等。

第十三条 下列投资者视为合格投资者：

（一）社会保障基金、企业年金等养老基金，慈善基金等社会公益基金；

（二）依法设立并在基金业协会备案的投资计划；

（三）投资于所管理私募基金的私募基金管理人及其从业人员；

（四）中国证监会规定的其他投资者。

以合伙企业、契约等非法人形式，通过汇集多数投资者的资金直接或者间接投资于私募基金的，私募基金管理人或者私募基金销售机构应当穿透核查最终投资者是否为合格投资者，并合并计算投资者人数。但是，符合本条第（一）、（二）、（四）项规定的投资者投资私募基金的，不再穿透核查最终投资者是否为合格投资者和合并计算投资者人数。

第四章 资金募集

第十四条 私募基金管理人、私募基金销售机构不得向合格投资者之外的单位和个人募集资金，不得通过报刊、电台、电视、互联网等公众传播媒体或者讲座、报告会、分析会和布告、传单、手机短信、微信、博客和电子邮件等方式，向不特定对象宣传推介。

第十五条 私募基金管理人、私募基金销售机构不得向投资者承诺投资本金不受损失或者承诺最低收益。

第十六条 私募基金管理人自行销售私募基金的，应当采取问卷调查等方式，对投资者的风险识别能力和风险承担能力进行评估，由投资者书面承诺符合合格投资者条件；应当制作风险揭示书，由投资者签字确认。

私募基金管理人委托销售机构销售私募基金的，私募基金销售机构应当采取前款规定的评估、确认等措施。

投资者风险识别能力和承担能力问卷及风险揭示书的内容与格式指引，由基金业协会按照不同类别私募基金的特点制定。

第十七条 私募基金管理人自行销售或者委托销售机构销售私募基金，应当自行或者委托第三方机构对私募基金进行风险评级，向风险识别能力和风险承担能力相匹配的投资者推介私募基金。

第十八条 投资者应当如实填写风险识别能力和承担能力问卷，如实承诺资产或者收入情况，并对其真实性、准确性和完整性负责。填写虚假信息或者提供虚假承诺文件的，应当承担相应责任。

第十九条 投资者应当确保投资资金来源合法，不得非法汇集他人资金投资私募基金。

第五章 投资运作

第二十条 募集私募证券基金，应当制定并签订基金合同、公司章程或者合伙协议（以下统称基金合同）。基金合同应当符合《证券投资基金法》第九十三条、第九十四条规定。

募集其他种类私募基金，基金合同应当参照《证券投资基金法》第九十三条、第九十四条规定，明确约定各方当事人的权利、义务和相关事宜。

第二十一条 除基金合同另有约定外，私募基金应当由基金托管人托管。

基金合同约定私募基金不进行托管的，应当在基金合同中明确保障私募基金财产安全的制度措施和纠纷解决机制。

第二十二条　同一私募基金管理人管理不同类别私募基金的，应当坚持专业化管理原则；管理可能导致利益输送或者利益冲突的不同私募基金的，应当建立防范利益输送和利益冲突的机制。

第二十三条　私募基金管理人、私募基金托管人、私募基金销售机构及其他私募服务机构及其从业人员从事私募基金业务，不得有以下行为：

（一）将其固有财产或者他人财产混同于基金财产从事投资活动；

（二）不公平地对待其管理的不同基金财产；

（三）利用基金财产或者职务之便，为本人或者投资者以外的人牟取利益，进行利益输送；

（四）侵占、挪用基金财产；

（五）泄露因职务便利获取的未公开信息，利用该信息从事或者明示、暗示他人从事相关的交易活动；

（六）从事损害基金财产和投资者利益的投资活动；

（七）玩忽职守，不按照规定履行职责；

（八）从事内幕交易、操纵交易价格及其他不正当交易活动；

（九）法律、行政法规和中国证监会规定禁止的其他行为。

第二十四条　私募基金管理人、私募基金托管人应当按照合同约定，如实向投资者披露基金投资、资产负债、投资收益分配、基金承担的费用和业绩报酬、可能存在的利益冲突情况以及可能影响投资者合法权益的其他重大信息，不得隐瞒或者提供虚假信息。信息披露规则由基金业协会另行制定。

第二十五条　私募基金管理人应当根据基金业协会的规定，及时填报并定期更新管理人及其从业人员的有关信息、所管理私募基金的投资运作情况和杠杆运用情况，保证所填报内容真实、准确、完整。发生重大事项的，应当在 10 个工作日内向基金业协会报告。

私募基金管理人应当于每个会计年度结束后的 4 个月内，向基金业协会报送经会计师事务所审计的年度财务报告和所管理私募基金年度投资运作基本情况。

第二十六条　私募基金管理人、私募基金托管人及私募基金销售机构应当妥善保存私募基金投资决策、交易和投资者适当性管理等方面的记录及其他相关资料，保存期限自基金清算终止之日起不得少于 10 年。

第六章　行业自律

第二十七条　基金业协会应当建立私募基金管理人登记、私募基金备案管理信息系统。

基金业协会应当对私募基金管理人和私募基金信息严格保密。除法律法规另有规定外，不得对外披露。

第二十八条 基金业协会应当建立与中国证监会及其派出机构和其他相关机构的信息共享机制，定期汇总分析私募基金情况，及时提供私募基金相关信息。

第二十九条 基金业协会应当制定和实施私募基金行业自律规则，监督、检查会员及其从业人员的执业行为。

会员及其从业人员违反法律、行政法规、本办法规定和基金业协会自律规则的，基金业协会可以视情节轻重，采取自律管理措施，并通过网站公开相关违法违规信息。会员及其从业人员涉嫌违法违规的，基金业协会应当及时报告中国证监会。

第三十条 基金业协会应当建立投诉处理机制，受理投资者投诉，进行纠纷调解。

第七章 监督管理

第三十一条 中国证监会及其派出机构依法对私募基金管理人、私募基金托管人、私募基金销售机构及其他私募服务机构开展私募基金业务情况进行统计监测和检查，依照《证券投资基金法》第一百一十四条规定采取有关措施。

第三十二条 中国证监会将私募基金管理人、私募基金托管人、私募基金销售机构及其他私募服务机构及其从业人员诚信信息记入证券期货市场诚信档案数据库；根据私募基金管理人的信用状况，实施差异化监管。

第三十三条 私募基金管理人、私募基金托管人、私募基金销售机构及其他私募服务机构及其从业人员违反法律、行政法规及本办法规定，中国证监会及其派出机构可以对其采取责令改正、监管谈话、出具警示函、公开谴责等行政监管措施。

第八章 关于创业投资基金的特别规定

第三十四条 本办法所称创业投资基金，是指主要投资于未上市创业企业普通股或者依法可转换为普通股的优先股、可转换债券等权益的股权投资基金。

第三十五条 鼓励和引导创业投资基金投资创业早期的小微企业。

享受国家财政税收扶持政策的创业投资基金，其投资范围应当符合国家相关规定。

第三十六条 基金业协会在基金管理人登记、基金备案、投资情况报告要求和会员管理等环节，对创业投资基金采取区别于其他私募基金的差异化行业自律，并提供差异化会员服务。

第三十七条 中国证监会及其派出机构对创业投资基金在投资方向检查等环节，

采取区别于其他私募基金的差异化监督管理；在账户开立、发行交易和投资退出等方面，为创业投资基金提供便利服务。

第九章 法律责任

第三十八条 私募基金管理人、私募基金托管人、私募基金销售机构及其他私募服务机构及其从业人员违反本办法第七条、第八条、第十一条、第十四条至第十七条、第二十四条至第二十六条规定的，以及有本办法第二十三条第一项至第七项和第九项所列行为之一的，责令改正，给予警告并处三万元以下罚款；对直接负责的主管人员和其他直接责任人员，给予警告并处三万元以下罚款；有本办法第二十三条第八项行为的，按照《证券法》和《期货交易管理条例》的有关规定处罚；构成犯罪的，依法移交司法机关追究刑事责任。

第三十九条 私募基金管理人、私募基金托管人、私募基金销售机构及其他私募服务机构及其从业人员违反法律法规和本办法规定，情节严重的，中国证监会可以依法对有关责任人员采取市场禁入措施。

第四十条 私募证券基金管理人及其从业人员违反《证券投资基金法》有关规定的，按照《证券投资基金法》有关规定处罚。

第十章 附 则

第四十一条 本办法自公布之日起施行。

三、协会自律规则

私募投资基金管理人登记和基金备案办法（试行）

第一章 总 则

第一条 为规范私募投资基金业务，保护投资者合法权益，促进私募投资基金行业健康发展，根据《证券投资基金法》、《中央编办关于私募股权基金管理职责分工的通知》和中国证券监督管理委员会（以下简称中国证监会）有关规定，制定本办法。

第二条 本办法所称私募投资基金（以下简称私募基金），系指以非公开方式向合格投资者募集资金设立的投资基金，包括资产由基金管理人或者普通合伙人管理的以投资活动为目的设立的公司或者合伙企业。

第三条 中国证券投资基金业协会（以下简称基金业协会）按照本办法规定办理私募基金管理人登记及私募基金备案，对私募基金业务活动进行自律管理。

第四条 私募基金管理人应当提供私募基金登记和备案所需的文件和信息，保证所提供文件和信息的真实性、准确性、完整性。

第二章 基金管理人登记

第五条 私募基金管理人应当向基金业协会履行基金管理人登记手续并申请成为基金业协会会员。

第六条 私募基金管理人申请登记，应当通过私募基金登记备案系统，如实填报基金管理人基本信息、高级管理人员及其他从业人员基本信息、股东或合伙人基本信息、管理基金基本信息。

第七条 登记申请材料不完备或不符合规定的，私募基金管理人应当根据基金业协会的要求及时补正。申请登记期间，登记事项发生重大变化的，私募基金管理人应当及时告知基金业协会并变更申请登记内容。

第八条 基金业协会可以采取约谈高级管理人员、现场检查、向中国证监会及其派出机构、相关专业协会征询意见等方式对私募基金管理人提供的登记申请材料进行核查。

第九条 私募基金管理人提供的登记申请材料完备的，基金业协会应当自收齐登记材料之日起 20 个工作日内，以通过网站公示私募基金管理人基本情况的方式，为私募基金管理人办结登记手续。网站公示的私募基金管理人基本情况包括私募基金管理人的名称、成立时间、登记时间、住所、联系方式、主要负责人等基本信息以及基本诚信信息。公示信息不构成对私募基金管理人投资管理能力、持续合规情况的认可，不作为基金资产安全的保证。

第十条 经登记后的私募基金管理人依法解散、被依法撤销或者被依法宣告破产的，基金业协会应当及时注销基金管理人登记。

第三章　基金备案

第十一条 私募基金管理人应当在私募基金募集完毕后 20 个工作日内，通过私募基金登记备案系统进行备案，并根据私募基金的主要投资方向注明基金类别，如实填报基金名称、资本规模、投资者、基金合同（基金公司章程或者合伙协议，以下统称基金合同）等基本信息。

公司型基金自聘管理团队管理基金资产的，该公司型基金在作为基金履行备案手续同时，还需作为基金管理人履行登记手续。

第十二条 私募基金备案材料不完备或者不符合规定的，私募基金管理人应当根据基金业协会的要求及时补正。

第十三条 私募基金备案材料完备且符合要求的，基金业协会应当自收齐备案材料之日起 20 个工作日内，以通过网站公示私募基金基本情况的方式，为私募基金办结备案手续。网站公示的私募基金基本情况包括私募基金的名称、成立时间、备案时间、主要投资领域、基金管理人及基金托管人等基本信息。

第十四条 经备案的私募基金可以申请开立证券相关账户。

第四章　人员管理

第十五条 私募基金管理人应当按照规定向基金业协会报送高级管理人员及其他基金从业人员基本信息及变更信息。

第十六条 从事私募基金业务的专业人员应当具备私募基金从业资格。

具备以下条件之一的，可以认定为具有私募基金从业资格：

（一）通过基金业协会组织的私募基金从业资格考试；

（二）最近三年从事投资管理相关业务；

（三）基金业协会认定的其他情形。

第十七条 私募基金管理人的高级管理人员应当诚实守信，最近三年没有重大失信记录，未被中国证监会采取市场禁入措施。前款所称高级管理人员指私募基金管理人的董事长、总经理、副总经理、执行事务合伙人（委派代表）、合规风控负责人以及实际履行上述职务的其他人员。

第十八条 私募基金从业人员应当定期参加基金业协会或其认可机构组织的执业培训。

第五章　信息报送

第十九条 私募基金管理人应当在每月结束之日起5个工作日内，更新所管理的私募证券投资基金相关信息，包括基金规模、单位净值、投资者数量等。

第二十条 私募基金管理人应当在每季度结束之日起10个工作日内，更新所管理的私募股权投资基金等非证券类私募基金的相关信息，包括认缴规模、实缴规模、投资者数量、主要投资方向等。

第二十一条 私募基金管理人应当于每年度结束之日起20个工作日内，更新私募基金管理人、股东或合伙人、高级管理人员及其他从业人员、所管理的私募基金等基本信息。私募基金管理人应当于每年度四月底之前，通过私募基金登记备案系统填报经会计师事务所审计的年度财务报告。受托管理享受国家财税政策扶持的创业投资基金的基金管理人，还应当报送所受托管理创业投资基金投资中小微企业情况及社会经济贡献情况等报告。

第二十二条 私募基金管理人发生以下重大事项的，应当在10个工作日内向基金业协会报告：

（一）私募基金管理人的名称、高级管理人员发生变更；

（二）私募基金管理人的控股股东、实际控制人或者执行事务合伙人发生变更；

（三）私募基金管理人分立或者合并；

（四）私募基金管理人或高级管理人员存在重大违法违规行为；

（五）依法解散、被依法撤销或者被依法宣告破产；

（六）可能损害投资者利益的其他重大事项。

第二十三条 私募基金运行期间，发生以下重大事项的，私募基金管理人应当在5个工作日内向基金业协会报告：

（一）基金合同发生重大变化；

（二）投资者数量超过法律法规规定；

（三）基金发生清盘或清算；

（四）私募基金管理人、基金托管人发生变更；

（五）对基金持续运行、投资者利益、资产净值产生重大影响的其他事件。

第二十四条 基金业协会每季度对私募基金管理人、从业人员及私募基金情况进行统计分析，向中国证监会报告。

第六章 自律管理

第二十五条 基金业协会根据私募基金管理人所管理的基金类型设立相关专业委员会，实施差别化的自律管理。

第二十六条 基金业协会可以对私募基金管理人及其从业人员实施非现场检查和现场检查，要求私募基金管理人及其从业人员提供有关的资料和信息。私募基金管理人及其从业人员应当配合检查。

第二十七条 基金业协会建立私募基金管理人及其从业人员诚信档案，跟踪记录其诚信信息。

第二十八条 基金业协会接受对私募基金管理人或基金从业人员的投诉，可以对投诉事项进行调查、核实，并依法进行处理。

第二十九条 基金业协会可以根据当事人平等、自愿的原则对私募基金业务纠纷进行调解，维护投资者合法权益。

第三十条 私募基金管理人、高级管理人员及其他从业人员存在以下情形的，基金业协会视情节轻重可以对私募基金管理人采取警告、行业内通报批评、公开谴责、暂停受理基金备案、取消会员资格等措施，对高级管理人员及其他从业人员采取警告、行业内通报批评、公开谴责、取消从业资格等措施，并记入诚信档案。情节严重的，移交中国证监会处理：

（一）违反《证券投资基金法》及本办法规定；

（二）在私募基金管理人登记、基金备案及其他信息报送中提供虚假材料和信息，或者隐瞒重要事实；

（三）法律法规、中国证监会及基金业协会规定的其他情形。

第三十一条 私募基金管理人未按规定及时填报业务数据或者进行信息更新的，基金业协会责令改正；一年累计两次以上未按时填报业务数据、进行信息更新的，基金业协会可以对主要责任人员采取警告措施，情节严重的向中国证监会报告。

第七章 附 则

第三十二条 本办法自 2014 年 2 月 7 日起施行，由基金业协会负责解释。

私募投资基金管理人内部控制指引

第一章　总　则

第一条　为了引导私募基金管理人加强内部控制，促进合法合规、诚信经营，提高风险防范能力，推动私募基金行业规范发展，根据《证券投资基金法》、《私募投资基金监督管理暂行办法》、《私募投资基金管理人登记和基金备案办法（试行）》，制定本指引。

第二条　私募基金管理人内部控制是指私募基金管理人为防范和化解风险，保证各项业务的合法合规运作，实现经营目标，在充分考虑内外部环境的基础上，对经营过程中的风险进行识别、评价和管理的制度安排、组织体系和控制措施。

第三条　私募基金管理人应当按照本指引的要求，结合自身的具体情况，建立健全内部控制机制，明确内部控制职责，完善内部控制措施，强化内部控制保障，持续开展内部控制评价和监督。

私募基金管理人最高权力机构对建立内部控制制度和维持其有效性承担最终责任，经营层对内部控制制度的有效执行承担责任。

第二章　目标和原则

第四条　私募基金管理人内部控制总体目标是：

（一）保证遵守私募基金相关法律法规和自律规则。

（二）防范经营风险，确保经营业务的稳健运行。

（三）保障私募基金财产的安全、完整。

（四）确保私募基金、私募基金管理人财务和其他信息真实、准确、完整、及时。

第五条　私募基金管理人内部控制应当遵循以下原则：

（一）全面性原则。内部控制应当覆盖包括各项业务、各个部门和各级人员，并涵盖资金募集、投资研究、投资运作、运营保障和信息披露等主要环节。

（二）相互制约原则。组织结构应当权责分明、相互制约。

（三）执行有效原则。通过科学的内控手段和方法，建立合理的内控程序，维护内控制度的有效执行。

（四）独立性原则。各部门和岗位职责应当保持相对独立，基金财产、管理人固有财产、其他财产的运作应当分离。

（五）成本效益原则。以合理的成本控制达到最佳的内部控制效果，内部控制与私募基金管理人的管理规模和员工人数等方面相匹配，契合自身实际情况。

（六）适时性原则。私募基金管理人应当定期评价内部控制的有效性，并随着有关法律法规的调整和经营战略、方针、理念等内外部环境的变化同步适时修改或完善。

第三章　基本要求

第六条　私募基金管理人建立与实施有效的内部控制，应当包括下列要素：

（一）内部环境：包括经营理念和内控文化、治理结构、组织结构、人力资源政策和员工道德素质等，内部环境是实施内部控制的基础。

（二）风险评估：及时识别、系统分析经营活动中与内部控制目标相关的风险，合理确定风险应对策略。

（三）控制活动：根据风险评估结果，采用相应的控制措施，将风险控制在可承受范围之内。

（四）信息与沟通：及时、准确地收集、传递与内部控制相关的信息，确保信息在内部、企业与外部之间进行有效沟通。

（五）内部监督：对内部控制建设与实施情况进行周期性监督检查，评价内部控制的有效性，发现内部控制缺陷或因业务变化导致内控需求有变化的，应当及时加以改进、更新。

第七条　私募基金管理人应当牢固树立合法合规经营的理念和风险控制优先的意识，培养从业人员的合规与风险意识，营造合规经营的制度文化环境，保证管理人及其从业人员诚实信用、勤勉尽责、恪尽职守。

第八条　私募基金管理人应当遵循专业化运营原则，主营业务清晰，不得兼营与私募基金管理无关或存在利益冲突的其他业务。

第九条　私募基金管理人应当健全治理结构，防范不正当关联交易、利益输送和内部人控制风险，保护投资者利益和自身合法权益。

第十条　私募基金管理人组织结构应当体现职责明确、相互制约的原则，建立必要的防火墙制度与业务隔离制度，各部门有合理及明确的授权分工，操作相互独立。

第十一条　私募基金管理人应当建立有效的人力资源管理制度，健全激励约束机制，确保工作人员具备与岗位要求相适应的职业操守和专业胜任能力。私募基金管理人应具备至少 2 名高级管理人员。

第十二条　私募基金管理人应当设置负责合规风控的高级管理人员。负责合规风控的高级管理人员，应当独立地履行对内部控制监督、检查、评价、报告和建议的职能，对因失职渎职导致内部控制失效造成重大损失的，应承担相关责任。

第十三条 私募基金管理人应当建立科学的风险评估体系，对内外部风险进行识别、评估和分析，及时防范和化解风险。

第十四条 私募基金管理人应当建立科学严谨的业务操作流程，利用部门分设、岗位分设、外包、托管等方式实现业务流程的控制。

第十五条 授权控制应当贯穿于私募基金管理人资金募集、投资研究、投资运作、运营保障和信息披露等主要环节的始终。私募基金管理人应当建立健全授权标准和程序，确保授权制度的贯彻执行。

第十六条 私募基金管理人自行募集私募基金的，应设置有效机制，切实保障募集结算资金安全；私募基金管理人应当建立合格投资者适当性制度。

第十七条 私募基金管理人委托募集的，应当委托获得中国证监会基金销售业务资格且成为中国证券投资基金业协会（以下简称"中国基金业协会"）会员的机构募集私募基金，并制定募集机构遴选制度，切实保障募集结算资金安全；确保私募基金向合格投资者募集以及不变相进行公募。

第十八条 私募基金管理人应当建立完善的财产分离制度，私募基金财产与私募基金管理人固有财产之间、不同私募基金财产之间、私募基金财产和其他财产之间要实行独立运作，分别核算。

第十九条 私募基金管理人应建立健全相关机制，防范管理的各私募基金之间的利益输送和利益冲突，公平对待管理的各私募基金，保护投资者利益。

第二十条 私募基金管理人应当建立健全投资业务控制，保证投资决策严格按照法律法规规定，符合基金合同所规定的投资目标、投资范围、投资策略、投资组合和投资限制等要求。

第二十一条 除基金合同另有约定外，私募基金应当由基金托管人托管，私募基金管理人应建立健全私募基金托管人遴选制度，切实保障资金安全。

基金合同约定私募基金不进行托管的，私募基金管理人应建立保障私募基金财产安全的制度措施和纠纷解决机制。

第二十二条 私募基金管理人开展业务外包应制定相应的风险管理框架及制度。私募基金管理人根据审慎经营原则制定其业务外包实施规划，确定与其经营水平相适宜的外包活动范围。

第二十三条 私募基金管理人应建立健全外包业务控制，并至少每年开展一次全面的外包业务风险评估。在开展业务外包的各个阶段，关注外包机构是否存在与外包服务相冲突的业务，以及外包机构是否采取有效的隔离措施。

第二十四条 私募基金管理人自行承担信息技术和会计核算等职能的，应建立相应的信息系统和会计系统，保证信息技术和会计核算等的顺利运行。

第二十五条 私募基金管理人应当建立健全信息披露控制，维护信息沟通渠道的畅通，保证向投资者、监管机构及中国基金业协会所披露信息的真实性、准确性、完整性和及时性，不存在虚假记载、误导性陈述或重大遗漏。

第二十六条 私募基金管理人应当保存私募基金内部控制活动等方面的信息及相关资料，确保信息的完整、连续、准确和可追溯，保存期限自私募基金清算终止之日起不得少于 10 年。

第二十七条 私募基金管理人应对内部控制制度的执行情况进行定期和不定期的检查、监督及评价，排查内部控制制度是否存在缺陷及实施中是否存在问题，并及时予以改进，确保内部控制制度的有效执行。

第四章　检查和监督

第二十八条 中国基金业协会对私募基金管理人内部控制的建立及执行情况进行监督。

第二十九条 私募基金管理人应当按照本指引要求制定相关内部控制制度，并在中国基金业协会私募基金登记备案系统填报及上传相关内部控制制度。

第三十条 中国基金业协会按照相关自律规则，对私募基金管理人的人员、内部控制、业务活动及信息披露等合规情况进行业务检查，业务检查可通过现场或非现场方式进行，私募基金管理人及相关人员应予以配合。

第三十一条 私募基金管理人未按本指引建立健全内部控制，或内部控制存在重大缺陷，导致违反相关法律法规及自律规则的，中国基金业协会可以视情节轻重对私募基金管理人及主要负责人采取书面警示、行业内通报批评、公开谴责等措施。

第五章　附　则

第三十二条 本指引由中国基金业协会负责解释。

第三十三条 本指引自 2016 年 2 月 1 日起施行。

关于发布《私募投资基金管理人内部控制指引》的通知

各私募投资基金管理人：

根据《证券投资基金法》、《私募投资基金监督管理暂行办法》的有关规定，经中国基金业协会理事会表决通过，现正式对外发布《私募投资基金管理人内部控制指引》。

本指引自 2016 年 2 月 1 日起正式施行。

特此通知。

中国基金业协会

二〇一六年二月一日

私募投资基金信息披露管理办法

第一章 总 则

第一条 为保护私募基金投资者合法权益，规范私募投资基金的信息披露活动，根据《证券投资基金法》、《私募投资基金监督管理暂行办法》、《私募投资基金管理人登记和基金备案办法（试行）》等法律法规及相关自律规则，制定本办法。

第二条 本办法所称的信息披露义务人，指私募基金管理人、私募基金托管人，以及法律、行政法规、中国证券监督管理委员会（以下简称中国证监会）和中国证券投资基金业协会（以下简称中国基金业协会）规定的具有信息披露义务的法人和其他组织。

同一私募基金存在多个信息披露义务人时，应在相关协议中约定信息披露相关事项和责任义务。

信息披露义务人委托第三方机构代为披露信息的，不得免除信息披露义务人法定应承担的信息披露义务。

第三条 信息披露义务人应当按照中国基金业协会的规定以及基金合同、公司章程或者合伙协议（以下统称基金合同）约定向投资者进行信息披露。

第四条 信息披露义务人应当保证所披露信息的真实性、准确性和完整性。

第五条 私募基金管理人应当按照规定通过中国基金业协会指定的私募基金信息披露备份平台报送信息。

私募基金管理人过往业绩以及私募基金运行情况将以私募基金管理人向私募基金信息披露备份平台报送的数据为准。

第六条 投资者可以登录中国基金业协会指定的私募基金信息披露备份平台进行信息查询。

第七条 信息披露义务人、投资者及其他相关机构应当依法对所获取的私募基金非公开披露的全部信息、商业秘密、个人隐私等信息负有保密义务。

中国基金业协会应当对私募基金管理人和私募基金信息严格保密。除法律法规另有规定外，不得对外披露。

第八条 中国基金业协会依据本办法对私募基金的信息披露活动进行自律管理。

第二章 一般规定

第九条 信息披露义务人应当向投资者披露的信息包括：

（一）基金合同；

（二）招募说明书等宣传推介文件；

（三）基金销售协议中的主要权利义务条款（如有）；

（四）基金的投资情况；

（五）基金的资产负债情况；

（六）基金的投资收益分配情况；

（七）基金承担的费用和业绩报酬安排；

（八）可能存在的利益冲突；

（九）涉及私募基金管理业务、基金财产、基金托管业务的重大诉讼、仲裁；

（十）中国证监会以及中国基金业协会规定的影响投资者合法权益的其他重大信息。

第十条 私募基金进行托管的，私募基金托管人应当按照相关法律法规、中国证监会以及中国基金业协会的规定和基金合同的约定，对私募基金管理人编制的基金资产净值、基金份额净值、基金份额申购赎回价格、基金定期报告和定期更新的招募说明书等向投资者披露的基金相关信息进行复核确认。

第十一条 信息披露义务人披露基金信息，不得存在以下行为：

（一）公开披露或者变相公开披露；

（二）虚假记载、误导性陈述或者重大遗漏；

（三）对投资业绩进行预测；

（四）违规承诺收益或者承担损失；

（五）诋毁其他基金管理人、基金托管人或者基金销售机构；

（六）登载任何自然人、法人或者其他组织的祝贺性、恭维性或推荐性的文字；

（七）采用不具有可比性、公平性、准确性、权威性的数据来源和方法进行行业业绩比较，任意使用"业绩最佳"、"规模最大"等相关措辞；

（八）法律、行政法规、中国证监会和中国基金业协会禁止的其他行为。

第十二条 向境内投资者募集的基金信息披露文件应当采用中文文本，应当尽量采用简明、易懂的语言进行表述。同时采用外文文本的，信息披露义务人应当保证两种文本内容一致。两种文本发生歧义时，以中文文本为准。

第三章　基金募集期间的信息披露

第十三条 私募基金的宣传推介材料（如招募说明书）内容应当如实披露基金产品的基本信息，与基金合同保持一致。如有不一致，应当向投资者特别说明。

第十四条 私募基金募集期间，应当在宣传推介材料（如招募说明书）中向投资者披露如下信息：

（一）基金的基本信息：基金名称、基金架构（是否为母子基金、是否有平行基金）、基金类型、基金注册地（如有）、基金募集规模、最低认缴出资额、基金运作方式（封闭式、开放式或者其他方式）、基金的存续期限、基金联系人和联系信息、基金托管人（如有）；

（二）基金管理人基本信息：基金管理人名称、注册地/主要经营地址、成立时间、组织形式、基金管理人在中国基金业协会的登记备案情况；

（三）基金的投资信息：基金的投资目标、投资策略、投资方向、业绩比较基准（如有）、风险收益特征等；

（四）基金的募集期限：应载明基金首轮交割日以及最后交割日事项（如有）；

（五）基金估值政策、程序和定价模式；

（六）基金合同的主要条款：出资方式、收益分配和亏损分担方式、管理费标准及计提方式、基金费用承担方式、基金业务报告和财务报告提交制度等；

（七）基金的申购与赎回安排；

（八）基金管理人最近三年的诚信情况说明；

（九）其他事项。

第四章　基金运作期间的信息披露

第十五条　基金合同中应当明确信息披露义务人向投资者进行信息披露的内容、披露频度、披露方式、披露责任以及信息披露渠道等事项。

第十六条　私募基金运行期间，信息披露义务人应当在每季度结束之日起 10 个工作日以内向投资者披露基金净值、主要财务指标以及投资组合情况等信息。

单只私募证券投资基金管理规模金额达到 5000 万元以上的，应当持续在每月结束之日起 5 个工作日以内向投资者披露基金净值信息。

第十七条　私募基金运行期间，信息披露义务人应当在每年结束之日起 4 个月以内向投资者披露以下信息：

（一）报告期末基金净值和基金份额总额；

（二）基金的财务情况；

（三）基金投资运作情况和运用杠杆情况；

（四）投资者账户信息，包括实缴出资额、未缴出资额以及报告期末所持有基金份额总额等；

（五）投资收益分配和损失承担情况；

（六）基金管理人取得的管理费和业绩报酬，包括计提基准、计提方式和支付

方式;

（七）基金合同约定的其他信息。

第十八条 发生以下重大事项的，信息披露义务人应当按照基金合同的约定及时向投资者披露：

（一）基金名称、注册地址、组织形式发生变更的；

（二）投资范围和投资策略发生重大变化的；

（三）变更基金管理人或托管人的；

（四）管理人的法定代表人、执行事务合伙人（委派代表）、实际控制人发生变更的；

（五）触及基金止损线或预警线的；

（六）管理费率、托管费率发生变化的；

（七）基金收益分配事项发生变更的；

（八）基金触发巨额赎回的；

（九）基金存续期变更或展期的；

（十）基金发生清盘或清算的；

（十一）发生重大关联交易事项的；

（十二）基金管理人、实际控制人、高管人员涉嫌重大违法违规行为或正在接受监管部门或自律管理部门调查的；

（十三）涉及私募基金管理业务、基金财产、基金托管业务的重大诉讼、仲裁；

（十四）基金合同约定的影响投资者利益的其他重大事项。

第五章　信息披露的事务管理

第十九条 信息披露义务人应当建立健全信息披露管理制度，指定专人负责管理信息披露事务，并按要求在私募基金登记备案系统中上传信息披露相关制度文件。

第二十条 信息披露事务管理制度应当至少包括以下事项：

（一）信息披露义务人向投资者进行信息披露的内容、披露频度、披露方式、披露责任以及信息披露渠道等事项；

（二）信息披露相关文件、资料的档案管理；

（三）信息披露管理部门、流程、渠道、应急预案及责任；

（四）未按规定披露信息的责任追究机制，对违反规定人员的处理措施。

第二十一条 信息披露义务人应当妥善保管私募基金信息披露的相关文件资料，保存期限自基金清算终止之日起不得少于 10 年。

第六章　自律管理

第二十二条　中国基金业协会定期发布行业信息披露指引，指导信息披露义务人做好信息披露相关事项。

第二十三条　中国基金业协会可以对信息披露义务人披露基金信息的情况进行定期或者不定期的现场和非现场自律检查，信息披露义务人应当予以配合。

第二十四条　私募基金管理人违反本办法第十五条规定，未在基金合同约定信息披露事项的，基金备案过程中由中国基金业协会责令改正。

第二十五条　信息披露义务人违反本办法第五条、第九条、第十六条至第十八条的，投资者可以向中国基金业协会投诉或举报，中国基金业协会可以要求其限期改正。逾期未改正的，中国基金业协会可以视情节轻重对信息披露义务人及主要负责人采取谈话提醒、书面警示、要求参加强制培训、行业内谴责、加入黑名单等纪律处分。

第二十六条　信息披露义务人管理信息披露事务，违反本办法第十九条至第二十一条的规定，中国基金业协会可以要求其限期改正。逾期未改正的，中国基金业协会可以视情节轻重对信息披露义务人及主要负责人采取谈话提醒、书面警示、要求参加强制培训、行业内谴责、加入黑名单等纪律处分。

第二十七条　私募基金管理人在信息披露中存在本办法第十一条（一）、（二）、（三）、（四）、（七）所述行为的，中国基金业协会可视情节轻重对基金管理人采取公开谴责、暂停办理相关业务、撤销管理人登记或取消会员资格等纪律处分；对直接负责的主管人员和其他直接责任人员，中国基金业协会可采取要求参加强制培训、行业内谴责、加入黑名单、公开谴责、认为不适当人选、暂停或取消基金从业资格等纪律处分，并记入诚信档案。情节严重的，移交中国证监会处理。

第二十八条　私募基金管理人在一年之内两次被采取谈话提醒、书面警示、要求限期改正等纪律处分的，中国基金业协会可对其采取加入黑名单、公开谴责等纪律处分；在两年之内两次被采取加入黑名单、公开谴责等纪律处分的，由中国基金业协会移交中国证监会处理。

第七章　附　则

第二十九条　本办法自公布之日起施行。

第三十条　本办法所称以上、以内，包括本数。

第三十一条　本办法由中国基金业协会负责解释。

关于发布《私募投资基金信息披露管理办法》的通知

各私募投资基金管理人：

根据《证券投资基金法》、《私募投资基金监督管理暂行办法》有关规定，经中国基金业协会理事会表决通过，现予以发布《私募投资基金信息披露管理办法》。本办法自发布之日起施行，其中，本办法第五条、第六条的具体实施安排，另行通知。

特此通知。

中国基金业协会

二〇一六年二月四日

私募投资基金信息披露内容与格式指引 1 号

（适用于私募证券投资基金）

使用说明

1. 本指引适用于私募证券投资基金。

2. 本指引作为私募证券投资基金运作期间的信息披露内容和格式要求。信息披露义务人应当参照本指引对所管理的私募证券投资基金编制披露信息表。

3. 信息披露义务人的信息披露报告包括月度报告、季度报告和年度报告。月度报告应当在每月结束之日起 5 个工作日内完成。季度报告应在每季度结束之日起 10 个工作日内完成。年度报告应在每个会计年度结束后的 4 个月内完成，每年 4 月 30 日前发布上一年度报告。

4. 信息披露义务人保证本报告披露的信息不存在任何虚假记载、误导性陈述或者重大遗漏，并对内容的真实性、准确性、完整性承担法律责任。

5. 除基金合同另有约定的外，月报、季报、年报应通过中国基金业协会指定的私募基金信息披露平台进行发布，投资者可以登录进行查询。

附表 1　私募基金信息披露月报表

1. 基金概况

基金名称		基金编号	
基金运作方式		基金类型	
基金管理人		基金托管人	
基金合同生效日期		基金合同存续期截止日	

2. 净值月报

估值日期	份额净值	份额累计净值	基金资产净值
2016 – 02 – 29			
2016 – 03 – 31			
2016 – 04 – 30			
……			

注:

1. 份额净值,是每份基金单位的净资产价值,等于基金的总资产减去总负债后的余额再除以基金全部发行的单位份额总数。

2. 份额累计净值 = 份额净值 + 基金成立后累计份额分红金额。

3. 基金资产净值是指在某一基金估值时点上,按照公允价格计算的基金资产的总市值扣除负债后的余额,该余额是基金单位持有人的权益。

附表2 私募基金信息披露季度报表

1. 基金基本情况

项　　目	信　　息
基金名称	
基金编号	
基金管理人	
基金托管人（如有）	
基金运作方式	
基金合同生效日期	
报告期末基金份额总额	
投资目标	
投资策略	
业绩比较基准（如有）	
风险收益特征	

2. 基金净值表现

阶段	净值增长率	净值增长率标准差（选填）	业绩比较基准收益率（选填）	业绩比较基准收益率标准差（选填）
当季				
自基金合同生效起至今				

注：净值增长率＝（期末累计净值－期初累计净值）/期初累计净值

当季净值增长率＝（本季度末累计净值－上季度末累计净值）/上季度末累计净值

3. 主要财务指标

单位：元

项　　目	2016 - 01 - 01 至 2016 - 03 - 31
本期已实现收益	
本期利润	
期末基金资产净值	
期末基金份额净值	

4. 投资组合情况

4.1 期末基金资产组合情况

金额单位：元

序号	项　　目	金额 （××元）	占基金总资产的 比例（%）
1	权益投资		
	其中：普通股		
	存托凭证		
2	基金投资		
3	固定收益投资		
	其中：债券		
	资产支持证券		
4	金融衍生品投资		
	其中：远期		
	期货		
	期权		
	权证		
5	买入返售金融资产		
	其中：买断式回购的买入返售金融资产		
6	货币市场工具		
7	银行存款和结算备付金合计		
…			
	合计		

4.2 报告期末按行业分类的股票投资组合

金额单位：元

序号	行业类别	公允价值	占基金资产净值比例（%）
A	农、林、牧、渔业		
B	采矿业		
C	制造业		
D	电力、热力、燃气及水生产和供应业		
E	建筑业		
F	批发和零售业		
G	交通运输、仓储和邮政业		
H	住宿和餐饮业		
I	信息传输、软件和信息技术服务业		
J	金融业		
K	房地产业		
L	租赁和商务服务业		
M	科学研究和技术服务业		
N	水利、环境和公共设施管理业		
O	居民服务、修理和其他服务业		
P	教育		
Q	卫生和社会工作		
R	文化、体育和娱乐业		
S	综合		
	合计		

5. 基金份额变动情况

单位：份

报告期期初基金份额总额	
报告期期间基金总申购份额	
减：报告期期间基金总赎回份额	
报告期期间基金拆分变动份额（份额减少以"－"填列）	
报告期期末基金份额总额	

6. 管理人报告（如报告期内高管、基金经理及其关联基金经验、基金运作遵规守信情况、基金投资策略和业绩表现、对宏观经济、证券市场及其行业走势展望、内部基金监察稽核工作、基金估值程序、基金运作情况和运用杠杆情况、投资收益分配和损失承担情况、会计师事务所出具非标准审计报告所涉相关事项、对本基金持有人数或基金资产净值预警情形、可能存在的利益冲突等）

附表3 私募基金信息披露年度报表

1. 基金产品概况

1.1 基金基本情况

基金名称	
基金编号	
基金运作方式	
基金合同生效日期	
基金管理人	
基金托管人	
报告期末基金份额总额	
基金合同存续期	

1.2 基金产品说明

投资目标	
投资策略	
业绩比较基准（如有）	
风险收益特征	

1.3 基金管理人和基金托管人

项目		基金管理人	基金托管人
名称			
信息披露负责人	姓名		
	联系电话		
	电子邮箱		
传真			
注册地址			
办公地址			
邮政编码			
法定代表人			

1.4 其他相关资料

项目	名称	办公地址
会计师事务所		
注册登记机构		
外包机构		
……		

2. 主要财务指标、基金净值表现及利润分配情况

2.1 主要会计数据和财务指标

期间数据和指标	2015 年	2014 年	2013 年
本期已实现收益			
本期利润			
期末数据和指标	2015 年末	2014 年末	2013 年末
期末可供分配利润			
期末可供分配基金份额利润			
期末基金资产净值			
期末基金份额净值			
累计期末指标	2015 年末	2014 年末	2013 年末
基金份额累计净值增长率			

2.2 基金净值表现

阶段	净值增长率	净值增长率标准差（选填）	业绩比较基准收益率（选填）	业绩比较基准收益率标准差（选填）
当年				
自基金合同生效起至今				

注：净值增长率 =（期末累计净值 – 期初累计净值）/期初累计净值

当年净值增长率 =（本年度末累计净值 – 上年度末累计净值）/上年度末累计净值

2.3 过去三年基金的利润分配情况

年度	每份基金份额分红数	现金形式发放总额	再投资形式发放总额	年度利润分配合计	备注

3. 基金份额变动情况

单位：份

报告期期初基金份额总额	
报告期期间基金总申购份额	
减：报告期期间基金总赎回份额	
报告期期间基金拆分变动份额（份额减少以"－"填列）	
报告期期末基金份额总额	

4. 管理人说明的其他情况（如报告期内高管、基金经理及其关联基金经验、基金运作遵规守信情况、基金投资策略和业绩表现、对宏观经济、证券市场及其行业走势展望、内部基金监察稽核工作、基金估值程序、基金运作情况和运用杠杆情况、投资收益分配和损失承担情况、会计师事务所出具非标准审计报告所涉相关事项、对本基金持有人数或基金资产净值预警情形、可能存在的利益冲突等）

5. 托管人报告

5.1　报告期内本基金托管人遵规守信情况声明

5.2　托管人对报告期内本基金投资运作遵规守信、净值计算、利润分配等情况的说明

5.3　托管人对本年度报告中财务信息等内容的真实、准确和完整发表意见

6. 年度财务报表

6.1 资产负债表

单位：元

资产	本期末 2015－12－31	上年度末 2014－12－31
资产：		
银行存款		
结算备付金		
存出保证金		
交易性金融资产		
其中：股票投资		
基金投资		
债券投资		
资产支持证券投资		
贵金属投资		
衍生金融资产		
买入返售金融资产		
应收证券清算款		
应收利息		
应收股利		
应收申购款		
递延所得税资产		
其他资产		
资产总计		

负债和所有者权益	本期末 2015 - 12 - 31	上年度末 2014 - 12 - 31
负债：		
短期借款		
交易性金融负债		
衍生金融负债		
卖出回购金融资产款		
应付证券清算款		
应付赎回款		
应付管理人报酬		
应付托管费		
应付销售服务费		
应付交易费用		
应交税费		
应付利息		
应付利润		
递延所得税负债		
其他负债		
负债合计		
所有者权益：		
实收基金		
未分配利润		
所有者权益合计		
负债和所有者权益总计		

6.2 利润表

单位：元

项　目	本期	上年度可比期间
	2015－01－01 至 2015－12－31	2014－01－01 至 2014－12－31
一、收入		
1. 利息收入		
其中：存款利息收入		
债券利息收入		
资产支持证券利息收入		
买入返售金融资产收入		
其他利息收入		
2. 投资收益（损失以"－"填列）		
其中：股票投资收益		
基金投资收益		
债券投资收益		
资产支持证券投资收益		
贵金属投资收益		
衍生工具收益		
股利收益		
3. 公允价值变动收益（损失以"－"填列）		
4. 汇兑收益（损失以"－"填列）		
5. 其他收入（损失以"－"填列）		
减：二、费用		
1. 管理人报酬		
2. 托管费		

项　　目	本期	上年度可比期间
	2015 – 01 – 01 至 2015 – 12 – 31	2014 – 01 – 01 至 2014 – 12 – 31
3. 销售服务费		
4. 外包服务费		
5. 交易费用		
6. 利息支出		
其中：卖出回购金融资产支出		
7. 其他费用		
三、利润总额（亏损总额以"－"号填列）		
减：所得税费用		
四、净利润（净亏损以"－"号填列）		

6.3　所有者权益变动表

单位：元

项　　目	本期 2015 – 01 – 01 至 2015 – 12 – 31		
	实收基金	未分配利润	所有者 权益合计
一、期初所有者权益（基金净值）			
二、本期经营活动产生的基金净值变动数（本期利润）			
三、本期基金份额交易产生的基金净值变动数（净值减少以"－"号填列）			
其中：1. 基金申购款			
2. 基金赎回款			
四、本期向基金份额持有人分配利润产生的基金净值变动（净值减少以"－"号填列）			
五、期末所有者权益（基金净值）			

项　目	上年度可比期间 2014 - 01 - 01 至 2014 - 12 - 31		
	实收基金	未分配利润	所有者权益合计
一、期初所有者权益（基金净值）			
二、本期经营活动产生的基金净值变动数（本期利润）			
三、本期基金份额交易产生的基金净值变动数（净值减少以"－"号填列）			
其中：1. 基金申购款			
2. 基金赎回款			
四、本期向基金份额持有人分配利润产生的基金净值变动（净值减少以"－"号填列）			
五、期末所有者权益（基金净值）			

7. 期末投资组合情况

7.1 期末基金资产组合情况

金额单位：元

序号	项　　目	金额（××元）	占基金总资产的比例（％）
1	权益投资		
	其中：普通股		
	存托凭证		
2	基金投资		
3	固定收益投资		
	其中：债券		
	资产支持证券		
4	金融衍生品投资		
	其中：远期		
	期货		
	期权		
	权证		

序号	项　目	金额 （××元）	占基金总资产的 比例（%）
5	买入返售金融资产		
	其中：买断式回购的买入返售金融资产		
6	货币市场工具		
7	银行存款和结算备付金合计		
…			
	合计		

7.2　报告期末按行业分类的股票投资组合

金额单位：元

序号	行业类别	公允价值	占基金资产净值比例（%）
A	农、林、牧、渔业		
B	采矿业		
C	制造业		
D	电力、热力、燃气及水生产和供应业		
E	建筑业		
F	批发和零售业		
G	交通运输、仓储和邮政业		
H	住宿和餐饮业		
I	信息传输、软件和信息技术服务业		
J	金融业		
K	房地产业		
L	租赁和商务服务业		
M	科学研究和技术服务业		
N	水利、环境和公共设施管理业		
O	居民服务、修理和其他服务业		
P	教育		
Q	卫生和社会工作		
R	文化、体育和娱乐业		
S	综合		
	合计		

附表 4　重大事项临时报告

序号	公告事项	
1	基金名称、注册地址、组织形式发生变更	
2	投资标的和投资策略发生重大变化	
3	变更基金管理人或托管人	
4	管理人的法定代表人、执行事务合伙人（委派代表）、实际控制人发生变更	
5	触及基金止损线或预警线	
6	管理费率、托管费率发生变化	
7	基金收益分配事项发生变更	
8	基金触发巨额赎回的	
9	基金存续期变更或展期	
10	基金发生清盘或清算	
11	发生重大关联交易事项	
12	基金管理人、实际控制人、高管人员涉嫌重大违法违规行为或正在接受监管部门或自律管理部门调查	
13	涉及私募基金管理业务、基金财产、基金托管业务的重大诉讼、仲裁	
14	基金合同约定的影响投资者利益的其他重大事项	

私募投资基金合同指引 1 号
（契约型私募基金合同内容与格式指引）

第一章 总 则

第一条 根据《证券投资基金法》（以下简称《基金法》）、《私募投资基金监督管理暂行办法》（以下简称《私募办法》）、《私募投资基金管理人登记和基金备案办法（试行)》及其他相关规定，制定本指引。

第二条 私募基金管理人通过契约形式募集设立私募证券投资基金的，应当按照本指引制定私募投资基金合同（以下简称"基金合同"）；私募基金管理人通过契约形式募集设立私募股权投资基金、创业投资基金和其他类型投资基金应当参考本指引制定私募投资基金合同。

第三条 基金合同的名称中须标识"私募基金"、"私募投资基金"字样。

第四条 基金合同当事人应当遵循平等自愿、诚实信用、公平原则订立基金合同，维护投资者合法权益，不得损害国家利益和社会公共利益。

第五条 基金合同不得含有虚假内容或误导性陈述。

第六条 私募基金进行托管的，私募基金管理人、基金托管人以及投资者三方应当根据本指引要求共同签订基金合同；基金合同明确约定不托管的，应当根据本指引要求在基金合同中明确保障私募基金财产安全的制度措施、保管机制和纠纷解决机制。

第七条 对于本指引有明确要求的，基金合同中应当载明本指引规定的相关内容。在不违反《基金法》、《私募办法》以及相关法律法规的前提下，基金合同当事人可以根据实际情况约定本指引规定内容之外的事项。本指引某些具体要求对当事人确不适用的，当事人可对相应内容做出合理调整和变动，但管理人应在《风险揭示书》中向投资者进行特别揭示，并在基金合同报送中国基金业协会备案时出具书面说明。

第二章 基金合同正文

第一节 前 言

第八条 基金合同应订明订立基金合同的目的、依据和原则。

第二节 释 义

第九条 应对基金合同中具有特定法律含义的词汇作出明确的解释和说明。

第三节　声明与承诺

第十条　订明私募基金管理人、私募基金托管人及私募基金投资者的声明与承诺，并用加粗字体在合同中列明，包括但不限于：

私募基金管理人保证在募集资金前已在中国基金业协会登记为私募基金管理人，并列明管理人登记编码。私募基金管理人应当向投资者进一步声明，中国基金业协会为私募基金管理人和私募基金办理登记备案不构成对私募基金管理人投资能力、持续合规情况的认可；不作为对基金财产安全的保证。私募基金管理人保证已在签订本合同前揭示了相关风险；已经了解私募基金投资者的风险偏好、风险认知能力和承受能力。私募基金管理人承诺按照恪尽职守、诚实信用、谨慎勤勉的原则管理运用基金财产，不对基金活动的盈利性和最低收益作出承诺。

私募基金托管人承诺按照恪尽职守、诚实信用、谨慎勤勉的原则安全保管基金财产，并履行合同约定的其他义务。

私募基金投资者声明其为符合《私募办法》规定的合格投资者，保证财产的来源及用途符合国家有关规定，并已充分理解本合同条款，了解相关权利义务，了解有关法律法规及所投资基金的风险收益特征，愿意承担相应的投资风险；私募基金投资者承诺其向私募基金管理人提供的有关投资目的、投资偏好、投资限制、财产收入情况和风险承受能力等基本情况真实、完整、准确、合法，不存在任何重大遗漏或误导。前述信息资料如发生任何实质性变更，应当及时告知私募基金管理人或募集机构。私募基金投资者知晓，私募基金管理人、私募基金托管人及相关机构不应对基金财产的收益状况做出任何承诺或担保。

第四节　私募基金的基本情况

第十一条　订明私募基金的基本情况：

（1）私募基金的名称；

（2）私募基金的运作方式，具体载明封闭式、开放式或者其他方式；

（3）私募基金的计划募集总额（如有）；

（4）私募基金的投资目标和投资范围；

（5）私募基金的存续期限；

（6）私募基金份额的初始募集面值；

（7）私募基金的结构化安排（如有）；

（8）私募基金的托管事项（如有）；

（9）私募基金的外包事项，订明外包机构的名称和在中国基金业协会登记的外包业务登记编码（如有）；

（10）其他需要订明的内容。

第五节 私募基金的募集

第十二条 订明私募基金募集的有关事项，包括但不限于：

（1）私募基金的募集机构、募集对象、募集方式、募集期限；

（2）私募基金的认购事项，包括私募基金合格投资者人数上限、认购费用、认购申请的确认、认购份额的计算方式、初始认购资金的管理及利息处理方式等；

（3）私募基金份额认购金额、付款期限等；

（4）《私募投资基金募集行为管理办法》规定的投资冷静期、回访确认等内容。

第十三条 订明私募基金管理人应当将私募基金募集期间客户的资金存放于私募基金募集结算专用账户，订明账户开户行、账户名称、账户号码、监督机构等。

第六节 私募基金的成立与备案

第十四条 私募基金成立的有关事项，包括但不限于：

（1）订明私募基金合同签署的方式；

（2）私募基金成立的条件；

（3）私募基金募集失败的处理方式。

第十五条 私募基金应当按照规定向中国基金业协会履行基金备案手续。基金合同中应约定私募基金在中国基金业协会完成备案后方可进行投资运作。

第七节 私募基金的申购、赎回与转让

第十六条 订明私募基金运作期间，私募基金投资者申购和赎回私募基金的有关事项，包括但不限于：

（1）申购和赎回的开放日及时间；

（2）申购和赎回的方式、价格、程序、确认及办理机构等；

（3）申购和赎回的金额限制。投资者在私募基金存续期开放日购买私募基金份额的，首次购买金额应不低于100万元人民币（不含认/申购费）且符合合格投资者标准，已持有私募基金份额的投资者在资产存续期开放日追加购买基金份额的除外。投资者持有的基金资产净值高于100万元时，可以选择部分赎回基金份额，投资者在赎回后持有的基金资产净值不得低于100万元，投资者申请赎回基金份额时，其持有的基金资产净值低于100万元的，必须选择一次性赎回全部基金份额，投资者没有一次性全部赎回持有份额的，管理人应当将该基金份额持有人所持份额做全部赎回处理。《私募办法》第十三条列明的投资者可不适用本项。

（4）申购和赎回的费用；

（5）申购份额的计算方式、赎回金额的计算方式；

（6）巨额赎回的认定及处理方式；

（7）拒绝或暂停申购、赎回的情形及处理方式。

第十七条 基金合同中可以约定基金份额持有人之间，以及基金份额持有人向其他合格投资者转让基金份额的方式、程序和私募基金管理人的相关职责。基金份额转让须按照中国基金业协会要求进行份额登记。转让期间及转让后，持有基金份额的合格投资者数量合计不得超过法定人数。

第八节　当事人及权利义务

第十八条 订明私募基金管理人、私募基金托管人的基本情况，包括但不限于姓名/名称、住所、联系人、通讯地址、联系电话等信息。投资者基本情况可在基金合同签署页列示。

第十九条 说明私募基金应当设定为均等份额。除私募基金合同另有约定外，每份份额具有同等的合法权益。

第二十条 根据《私募办法》及其他有关规定订明私募基金管理人的权利，包括但不限于：

（一）按照基金合同约定，独立管理和运用基金财产；

（二）按照基金合同约定，及时、足额获得私募基金管理人管理费用及业绩报酬（如有）；

（三）按照有关规定和基金合同约定行使因基金财产投资所产生的权利；

（四）根据基金合同及其他有关规定，监督私募基金托管人，对于私募基金托管人违反基金合同或有关法律法规规定、对基金财产及其他当事人的利益造成重大损失的，应当及时采取措施制止；

（五）私募基金管理人为保护投资者权益，可以在法律法规规定范围内，根据市场情况对本基金的认购、申购业务规则（包括但不限于基金总规模、单个基金投资者首次认购、申购金额、每次申购金额及持有的本基金总金额限制等）进行调整；

（六）以私募基金管理人的名义，代表私募基金与其他第三方签署基金投资相关协议文件、行使诉讼权利或者实施其他法律行为。

第二十一条 根据《私募办法》及其他有关规定订明私募基金管理人的义务，包括但不限于：

（一）履行私募基金管理人登记和私募基金备案手续；

（二）按照诚实信用、勤勉尽责的原则履行受托人义务，管理和运用基金财产；

（三）制作调查问卷，对投资者的风险识别能力和风险承担能力进行评估，向符合法律法规规定的合格投资者非公开募集资金；

（四）制作风险揭示书，向投资者充分揭示相关风险；

（五）配备足够的具有专业能力的人员进行投资分析、决策，以专业化的经营方式管理和运作基金财产；

（六）建立健全内部制度，保证所管理的私募基金财产与其管理的其他基金财产和私募基金管理人的固有财产相互独立，对所管理的不同财产分别管理，分别记账、分别投资；

（七）不得利用基金财产或者职务之便，为本人或者投资者以外的人牟取利益，进行利益输送；

（八）自行担任或者委托其他机构担任基金的基金份额登记机构，委托其他基金份额登记机构办理注册登记业务时，对基金份额登记机构的行为进行必要的监督；

（九）按照基金合同约定接受投资者和私募基金托管人的监督；

（十）按照基金合同约定及时向托管人提供非证券类资产凭证或股权证明（包括股东名册和工商部门出具并加盖公章的权利证明文件）等重要文件（如有）；

（十一）按照基金合同约定负责私募基金会计核算并编制基金财务会计报告；

（十二）按照基金合同约定计算并向投资者报告基金份额净值；

（十三）根据法律法规与基金合同的规定，对投资者进行必要的信息披露，揭示私募基金资产运作情况，包括编制和向投资者提供基金定期报告；

（十四）确定私募基金份额申购、赎回价格，采取适当、合理的措施确定基金份额交易价格的计算方法符合法律法规的规定和基金合同的约定；

（十五）保守商业秘密，不得泄露私募基金的投资计划或意向等，法律法规另有规定的除外；

（十六）保存私募基金投资业务活动的全部会计资料，并妥善保存有关的合同、交易记录及其他相关资料，保存期限自私募基金清算终止之日起不得少于10年；

（十七）公平对待所管理的不同基金财产，不得从事任何有损基金财产及其他当事人利益的活动；

（十八）按照基金合同的约定确定私募基金收益分配方案，及时向投资者分配收益；

（十九）组织并参加基金财产清算小组，参与基金财产的保管、清理、估价、变现和分配；

（二十）建立并保存投资者名册；

（二十一）面临解散、依法被撤销或者被依法宣告破产时，及时报告中国基金业协会并通知私募基金托管人和基金投资者。

第二十二条 存在两个以上（含两个）管理人共同管理私募基金的，所有管理人对投资者承担连带责任。管理人之间的责任划分由基金合同进行约定，合同未约定或约定不清的，各管理人按过错承担相应的责任。

第二十三条　私募基金管理人聘用其他私募基金管理人担任投资顾问的，应当通过投资顾问协议明确约定双方权利义务和责任。私募基金管理人不得因委托而免去其作为基金管理人的各项职责。

投资顾问的条件和遴选程序，应符合法律法规和行业自律规则的规定和要求。基金合同中已订明投资顾问的，应列明因私募基金管理人聘请投资顾问对基金合同各方当事人权利义务产生影响的情况。私募基金运作期间，私募基金管理人提请聘用、更换投资顾问或调整投资顾问报酬的，应取得基金份额持有人大会的同意。

第二十四条　根据《私募办法》及其他有关规定订明私募基金托管人的权利，包括但不限于：

（一）按照基金合同的约定，及时、足额获得私募基金托管费用；

（二）依据法律法规规定和基金合同约定，监督私募基金管理人对基金财产的投资运作，对于私募基金管理人违反法律法规规定和基金合同约定、对基金财产及其他当事人的利益造成重大损失的情形，有权报告中国基金业协会并采取必要措施；

（三）按照基金合同约定，依法保管私募基金财产。

第二十五条　根据《私募办法》及其他有关规定订明私募基金托管人的义务，包括但不限于：

（一）安全保管基金财产；

（二）具有符合要求的营业场所，配备足够的、合格专职人员，负责基金财产托管事宜；

（三）对所托管的不同基金财产分别设置账户，确保基金财产的完整与独立；

（四）除依据法律法规规定和基金合同的约定外，不得为私募基金托管人及任何第三人谋取利益，不得委托第三人托管基金财产；

（五）按规定开立和注销私募基金财产的托管资金账户、证券账户、期货账户等投资所需账户（私募基金管理人和私募基金托管人另有约定的，可以按照约定履行本项义务；如果基金合同约定不托管的，由私募基金管理人履行本项义务）；

（六）复核私募基金份额净值；

（七）办理与基金托管业务有关的信息披露事项；

（八）根据相关法律法规和基金合同约定复核私募基金管理人编制的私募基金定期报告，并定期出具书面意见；

（九）按照基金合同约定，根据私募基金管理人或其授权人的资金划拨指令，及时办理清算、交割事宜；

（十）根据法律法规规定，妥善保存私募基金管理业务活动有关合同、协议、凭证等文件资料；

（十一）公平对待所托管的不同基金财产，不得从事任何有损基金财产及其他当事人利益的活动；

（十二）保守商业秘密，除法律法规规定和基金合同约定外，不得向他人泄露本基金的有关信息；

（十三）根据相关法律法规要求的保存期限，保存私募基金投资业务活动的全部会计资料，并妥善保存有关的合同、交易记录及其他相关资料；

（十四）监督私募基金管理人的投资运作，发现私募基金管理人的投资指令违反法律法规的规定及基金合同约定的，应当拒绝执行，立即通知私募基金管理人；发现私募基金管理人依据交易程序已经生效的投资指令违反法律法规的规定及基金合同约定的，应当立即通知私募基金管理人；

（十五）按照私募基金合同约定制作相关账册并与基金管理人核对。

第二十六条 根据《私募办法》及其他有关规定订明投资者的权利，包括但不限于：

（一）取得基金财产收益；

（二）取得清算后的剩余基金财产；

（三）按照基金合同的约定申购、赎回和转让基金份额；

（四）根据基金合同的约定，参加或申请召集基金份额持有人大会，行使相关职权；

（五）监督私募基金管理人、私募基金托管人履行投资管理及托管义务的情况；

（六）按照基金合同约定的时间和方式获得基金信息披露资料；

（七）因私募基金管理人、私募基金托管人违反法律法规或基金合同的约定导致合法权益受到损害的，有权得到赔偿。

第二十七条 根据《私募办法》及其他有关规定订明投资者的义务，包括但不限于：

（一）认真阅读基金合同，保证投资资金的来源及用途合法；

（二）接受合格投资者确认程序，如实填写风险识别能力和承担能力调查问卷，如实承诺资产或者收入情况，并对其真实性、准确性和完整性负责，承诺为合格投资者；

（三）以合伙企业、契约等非法人形式汇集多数投资者资金直接或者间接投资于私募基金的，应向私募基金管理人充分披露上述情况及最终投资者的信息，但符合《私募办法》第十三条规定的除外；

（四）认真阅读并签署风险揭示书；

（五）按照基金合同约定缴纳基金份额的认购、申购款项，承担基金合同约定的管理费、托管费及其他相关费用；

（六）按照基金合同约定承担基金的投资损失；

（七）向私募基金管理人或私募基金募集机构提供法律法规规定的信息资料及身份证明文件，配合私募基金管理人或其募集机构的尽职调查与反洗钱工作；

（八）保守商业秘密，不得泄露私募基金的投资计划或意向等；

（九）不得违反基金合同的约定干涉基金管理人的投资行为；

（十）不得从事任何有损基金及其投资者、基金管理人管理的其他基金及基金托管人托管的其他基金合法权益的活动。

第九节　私募基金份额持有人大会及日常机构

第二十八条　列明应当召开基金份额持有人大会的情形，并订明其他可能对基金份额持有人权利义务产生重大影响需要召开基金份额持有人大会的情形：

（一）决定延长基金合同期限；

（二）决定修改基金合同的重要内容或者提前终止基金合同；

（三）决定更换基金管理人、基金托管人；

（四）决定调整基金管理人、基金托管人的报酬标准；

（五）基金合同约定的其他情形。

针对前款所列事项，基金份额持有人以书面形式一致表示同意的，可以不召开基金份额持有人大会直接作出决议，并由全体基金份额持有人在决议文件上签名、盖章。

第二十九条　按照基金合同的约定，基金份额持有人大会可以设立日常机构，行使下列职权：

（一）召集基金份额持有人大会；

（二）提请更换基金管理人、基金托管人；

（三）监督基金管理人的投资运作、基金托管人的托管活动；

（四）提请调整基金管理人、基金托管人的报酬标准；

（五）基金合同约定的其他职权。

第三十条　基金份额持有人大会日常机构应当由基金份额持有人大会选举产生。基金份额持有人大会日常机构的人员构成和更换程序应由基金合同约定。

第三十一条　根据《基金法》和其他有关规定订明基金份额持有人大会及/或日常机构的下列事项：

（一）召集人和召集方式；

（二）召开会议的通知时间、通知内容、通知方式；

（三）出席会议的方式（基金份额持有人大会可以采取现场方式召开，也可以采取通讯等方式召开）；

（四）议事内容与程序；

（五）决议形成的条件、表决方式、程序；

（六）基金合同约定的其他事项。

第三十二条 基金份额持有人大会及其日常机构不得直接参与或者干涉基金的投资管理活动。

第十节　私募基金份额的登记

第三十三条 订明私募基金管理人办理份额登记业务的各项事宜。说明私募基金管理人委托可办理私募基金份额登记业务的其他机构代为办理私募基金份额登记业务的，应当与有关机构签订委托代理协议，并订明份额登记机构的名称、外包业务登记编码、代为办理私募基金份额登记机构的权限和职责等。

第三十四条 订明全体基金份额持有人同意私募基金管理人、份额登记机构或其他份额登记义务人应当按照中国基金业协会的规定办理基金份额登记数据的备份。

第十一节　私募基金的投资

第三十五条 说明私募基金财产投资的有关事项，包括但不限于：

（一）投资目标；

（二）投资范围；

（三）投资策略；

（四）投资限制，订明按照《私募办法》、自律规则及其他有关规定和基金合同约定禁止或限制的投资事项；

（五）对于基金合同、交易行为中存在的或可能存在利益冲突的情形及处理方式进行说明；

（六）业绩比较基准（如有）；

（七）参与融资融券及其他场外证券业务的情况（如有）。

第三十六条 根据基金合同约定，可以订明私募基金管理人负责指定私募基金投资经理或投资关键人士，订明投资经理或投资关键人士的基本情况、变更条件和程序。

第三十七条 私募基金采用结构化安排的，不得违背"利益共享，风险共担"基本原则，直接或间接对结构化私募基金的持有人提供保本、保收益安排。

第十二节　私募基金的财产

第三十八条 订明与私募基金财产有关的事项，包括但不限于：

（一）私募基金财产的保管与处分

1. 说明私募基金财产应独立于私募基金管理人、私募基金托管人的固有财产，并由私募基金托管人保管。私募基金管理人、私募基金托管人不得将私募基金财产归入其固有财产。

2. 说明私募基金管理人、私募基金托管人因私募基金财产的管理、运用或者其他情形而取得的财产和收益归入私募基金财产。

3. 说明私募基金管理人、私募基金托管人可以按照合同的约定收取管理费用、托管费用以及基金合同约定的其他费用。私募基金管理人、私募基金托管人以其固有财产承担法律责任，其债权人不得对私募基金财产行使请求冻结、扣押和其他权利。私募基金管理人、私募基金托管人因依法解散、被依法撤销或者被依法宣告破产等原因进行清算的，私募基金财产不属于其清算财产。

4. 说明私募基金管理人、私募基金托管人不得违反法律法规的规定和基金合同约定擅自将基金资产用于抵押、质押、担保或设定任何形式的优先权或其他第三方权利。

5. 说明私募基金财产产生的债权不得与不属于私募基金财产本身的债务相互抵消。非因私募基金财产本身承担的债务，私募基金管理人、私募基金托管人不得主张其债权人对私募基金财产强制执行。上述债权人对私募基金财产主张权利时，私募基金管理人、私募基金托管人应明确告知私募基金财产的独立性。

（二）私募基金财产相关账户的开立和管理

私募基金管理人或私募基金托管人按照规定开立私募基金财产的托管资金账户、证券账户和期货账户等投资所需账户。证券账户和期货账户的持有人名称应当符合证券、期货登记结算机构的有关规定。开立的上述基金财产账户与私募基金管理人、私募基金托管人、私募基金募集机构和私募基金份额登记机构自有的财产账户以及其他基金财产账户相独立。

（三）私募基金未托管的，应当在本节明确保障私募基金财产安全的制度措施和纠纷解决机制。

第十三节　交易及清算交收安排

第三十九条　参照中国证监会关于证券投资基金募集结算资金管理相关规定，具体订明下列事项：

（一）选择证券、期货经纪机构的程序（如需要）；

（二）清算交收安排；

（三）资金、证券账目及交易记录的核对；

（四）申购或赎回的资金清算；

（五）其他事项。

第四十条　私募基金由基金托管人托管的，应当具体订明私募基金管理人在运用基金财产时向基金托管人发送资金划拨及其他款项收付的投资指令的事项：

（一）交易清算授权；

（二）投资指令的内容；

（三）投资指令的发送、确认及执行时间与程序；

（四）私募基金托管人依法暂缓、拒绝执行指令的情形和处理程序；

（五）私募基金管理人发送错误指令的情形和处理程序；

（六）更换被授权人的程序；

（七）指令的保管；

（八）相关的责任。

第十四节　私募基金财产的估值和会计核算

第四十一条　根据国家有关规定订明私募基金财产估值的相关事项，包括但不限于：

（一）估值目的；

（二）估值时间；

（三）估值方法；

（四）估值对象；

（五）估值程序；

（六）估值错误的处理；

（七）暂停估值的情形；

（八）基金份额净值的确认；

（九）特殊情况的处理。

第四十二条　订明私募基金的会计政策。

参照现行政策或按照基金合同约定执行，并订明以下事项，包括但不限于：

（一）会计年度、记账本位币、会计核算制度等事项；

（二）私募基金应独立建账、独立核算；私募基金管理人或其委托的外包服务机构应保留完整的会计账目、凭证并进行日常的会计核算，编制会计报表；私募基金托管人应定期与私募基金管理人就私募基金的会计核算、报表编制等进行核对。

第十五节　私募基金的费用与税收

第四十三条　订明私募基金费用的有关事项：

（一）订明私募基金财产运作过程中，从私募基金财产中支付的费用种类、费率、费率的调整、计提标准、计提方式与支付方式等；

（二）订明可列入私募基金财产费用的项目，订明私募基金管理人和私募基金托管人因未履行或未完全履行义务导致的费用支出或私募基金财产的损失，以及处理与私募基金财产运作无关的事项发生的费用等不得列入私募基金的费用；

（三）订明私募基金的管理费率和托管费率。私募基金管理人可以与私募基金投资者约定，根据私募基金的管理情况提取适当的业绩报酬；

（四）订明业绩报酬（如有）的计提原则和计算及支付方法；

（五）为基金募集、运营、审计、法律顾问、投资顾问等提供服务的基金服务机构从基金中列支相应服务费；

（六）其他费用的计提原则和计算方法。

第四十四条 根据国家有关税收规定，订明基金合同各方当事人缴税安排。

第十六节 私募基金的收益分配

第四十五条 订明私募基金收益分配政策依据现行法律法规以及基金合同约定执行，并订明有关事项，包括但不限于：

（一）收益分配原则，包括订明收益分配的基准、次数、比例、时间等；

（二）收益分配方案的确定与通知；

（三）收益分配的执行方式。

第十七节 信息披露与报告

第四十六条 订明私募基金管理人向投资者披露信息的种类、内容、频率和方式等有关事项。

第四十七条 订明私募基金管理人、私募基金托管人应当按照《私募投资基金信息披露管理办法》的规定及基金合同约定如实向投资者披露以下事项：

（一）基金投资情况；

（二）资产负债情况；

（三）投资收益分配；

（四）基金承担的费用和业绩报酬（如有）；

（五）可能存在的利益冲突、关联交易以及可能影响投资者合法权益的其他重大信息；

（六）法律法规及基金合同约定的其他事项。

第四十八条 订明私募基金管理人定期应向投资者报告经私募基金托管人复核的基金份额净值。

第四十九条 订明全体份额持有人同意私募基金管理人或其他信息披露义务人应当按照中国基金业协会的规定对基金信息披露信息进行备份。

第十八节 风险揭示

第五十条 私募基金管理人应当单独编制《风险揭示书》私募基金投资者应充分了解并谨慎评估自身风险承受能力，并做出自愿承担风险的陈述和声明。

第五十一条 私募基金管理人应当在基金合同中向投资者说明有关法律法规，须重点揭示管理人在管理、运用或处分财产过程中，私募基金可能面临的风险，包括但不限于：

（一）私募基金的特殊风险，包括基金合同与中国基金业协会合同指引不一致所涉风险、基金未托管所涉风险、基金委托募集所涉风险、外包事项所涉风险、聘请投资顾问所涉风险、未在中国基金业协会登记备案的风险等；

（二）私募基金的一般风险，包括资金损失风险、基金运营风险、流动性风险、募集失败风险、投资标的的风险、税收风险等。

第十九节 基金合同的效力、变更、解除与终止

第五十二条 说明基金合同自签署之日起生效，合同另有约定的除外。基金合同自生效之日起对私募基金管理人、私募基金托管人、投资者具有同等的法律约束力。

第五十三条 说明基金合同的有效期限。基金合同的有效期限可为不定期或合同当事人约定的其他期限。

第五十四条 说明基金合同变更的条件、程序等。

（一）需要变更基金合同重要内容的，可由全体投资者、私募基金管理人和私募基金托管人协商一致变更；或按照基金合同的约定召开基金份额持有人大会决议通过；或按照相关法律法规规定和基金合同约定的其他方式进行变更。

（二）订明基金合同重大事项发生变更的，私募基金管理人应按照中国基金业协会要求及时向中国基金业协会报告。

第五十五条 订明基金合同解除的情形。基金合同应当根据《私募投资基金募集行为管理办法》的规定在合同中约定投资者的解除权。

第五十六条 订明基金合同终止的情形，包括但不限于下列事项：

（一）基金合同期限届满而未延期；

（二）基金份额持有人大会决定终止；

（三）基金管理人、基金托管人职责终止，在六个月内没有新基金管理人、新基金托管人承接。

第二十节 私募基金的清算

第五十七条 订明私募基金财产清算的有关事项：

（一）私募基金财产清算小组。

1. 私募基金财产清算小组组成，说明私募基金财产清算小组成员由私募基金管理人和私募基金托管人组成。清算小组可以聘用必要的工作人员；

2. 私募基金财产清算小组职责，说明私募基金财产清算小组负责私募基金财产

的保管、清理、估价、变现和分配。私募基金财产清算小组可以依法进行必要的民事活动。

（二）订明私募基金财产清算的程序。

（三）订明清算费用的来源和支付方式。

（四）订明私募基金财产清算剩余资产的分配，依据私募基金财产清算的分配方案，将私募基金财产清算后的全部剩余资产扣除私募基金财产清算费用后，按私募基金的份额持有人持有的计划份额比例进行分配；基金合同另有约定的除外。

（五）订明私募基金财产清算报告的告知安排。

（六）私募基金财产清算账册及文件的保存，说明私募基金财产清算账册及文件由私募基金管理人保存 10 年以上。

第五十八条 私募基金财产相关账户的注销。

订明私募基金财产清算完毕后，当事人在私募基金财产相关账户注销中的职责及相应的办理程序。

第二十一节 违约责任

第五十九条 订明基金合同当事人违反基金合同应当承担的违约赔偿责任。基金合同能够继续履行的应当继续履行。

第二十二节 争议的处理

第六十条 订明发生纠纷时，当事人可以通过协商或者调解予以解决。当事人不愿通过协商、调解解决或者协商、调解不成的，可以根据基金合同的约定或者事后达成的书面仲裁条款向仲裁机构申请仲裁，或向人民法院起诉。

第二十三节 其他事项

第六十一条 订明基金合同需要约定的其他事项。

第三章 附 则

第六十二条 本指引由中国基金业协会负责解释。

第六十三条 本指引自 2016 年 7 月 15 日起施行。

私募投资基金合同指引 2 号
（公司章程必备条款指引）

一、根据《证券投资基金法》（以下简称《基金法》）、《公司法》、《公司登记管理条例》、《私募投资基金监督管理暂行办法》（以下简称《私募办法》）、《私募投资基金管理人登记和基金备案办法（试行）》（以下简称《登记备案办法》）及其他相关规定，制定本指引。

二、私募基金管理人通过有限责任公司或股份有限公司形式募集设立私募投资基金的，应当按照本指引制定公司章程。章程中应当载明本指引规定的必备条款，本指引必备条款未尽事宜，可以参考私募投资基金合同指引 1 号的相关内容。投资者签署的公司章程应当满足相关法律、法规对公司章程的法定基本要求。

三、本指引所称公司型基金是指投资者依据《公司法》，通过出资形成一个独立的公司法人实体（以下简称"公司"），由公司自行或者通过委托专门的基金管理人机构进行管理的私募投资基金。公司型基金的投资者既是基金份额持有者又是公司股东，按照公司章程行使相应权利、承担相应义务和责任。

四、私募基金管理人及私募基金投资者应在公司章程首页用加粗字体进行如下声明与承诺，包括但不限于：

私募基金管理人保证在募集资金前已在中国基金业协会登记为私募基金管理人，并列明管理人登记编码。私募基金管理人应当向投资者进一步声明，中国基金业协会为私募基金管理人和私募基金办理登记备案不构成对私募基金管理人投资能力、持续合规情况的认可；不作为对基金财产安全的保证。私募基金管理人保证已在签订本合同前揭示了相关风险；已经了解私募基金投资者的风险偏好、风险认知能力和承受能力。私募基金管理人承诺按照恪尽职守、诚实信用、谨慎勤勉的原则管理运用基金财产，不对基金活动的盈利性和最低收益作出承诺。

私募基金投资者声明其为符合《私募办法》规定的合格投资者，保证财产的来源及用途符合国家有关规定，并已充分理解本合同条款，了解相关权利义务，了解有关法律法规及所投资基金的风险收益特征，愿意承担相应的投资风险；私募基金投资者承诺其向私募基金管理人提供的有关投资目的、投资偏好、投资限制、财产收入情况和风险承受能力等基本情况真实、完整、准确、合法，不存在任何重大遗漏或误导。

五、公司型基金的章程应当具备如下条款：

（一）【基本情况】章程应列明公司的基本信息，包括但不限于公司的名称、住所、注册资本、存续期限、经营范围（应含有"基金管理"、"投资管理"、"资产管理"、"股权投资"、"创业投资"等能体现私募投资基金性质的字样）、股东姓名/名称、住所、法定代表人等，同时可以对变更该等信息的条件作出说明。

（二）【股东出资】章程应列明股东的出资方式、数额、比例和缴付期限。

（三）【股东的权利义务】章程应列明股东的基本权利、义务及股东行使知情权的具体方式。

（四）【入股、退股及转让】章程应列明股东增资、减资、入股、退股及股权转让的条件及程序。

（五）【股东（大）会】章程应列明股东（大）会的职权、召集程序及议事规则等。

（六）【高级管理人员】章程应列明董事会或执行董事、监事（会）及其他高级管理人员的产生办法、职权、召集程序、任期及议事规则等。

（七）【投资事项】章程应列明本公司型基金的投资范围、投资策略、投资运作方式、投资限制、投资决策程序、关联方认定标准及对关联方投资的回避制度、投资后对被投资企业的持续监控、投资风险防范、投资退出等。

（八）【管理方式】公司型基金可以采取自我管理，也可以委托其他私募基金管理机构管理。采取自我管理方式的，章程中应当明确管理架构和投资决策程序；采取委托管理方式的，章程中应当明确管理人的名称，并列名管理人的权限及管理费的计算和支付方式。

（九）【托管事项】公司财产进行托管的，应在章程中明确托管机构的名称或明确全体股东在托管事宜上对董事会/执行董事的授权范围，包括但不限于挑选托管人、签署托管协议等。

（十）公司全体股东一致同意不托管的，应在章程中明确约定本公司型基金不进行托管，并明确保障投资基金财产安全的制度措施和纠纷解决机制。

（十一）【利润分配及亏损分担】章程应列明公司的利润分配和亏损分担原则及执行方式。

（十二）【税务承担】章程应列明公司的税务承担事项。

（十三）【费用和支出】章程应列明公司承担的有关费用（包括税费）、受托管理人和托管机构报酬的标准及计提方式。

（十四）【财务会计制度】章程应对公司的财务会计制度作出规定，包括记账、会计年度、经会计师事务所审计的年度财务报告、公司年度投资运作基本情况及重大事件报告的编制与提交、查阅会计账簿的条件等。

（十五）【信息披露制度】章程应对本公司型基金信息披露的内容、方式、频度等内容作出规定。

（十六）【终止、解散及清算】章程应列明公司的终止、解散事由及清算程序。

（十七）【章程的修订】章程应列明章程的修订事由及程序。

（十八）【一致性】章程应明确规定当章程的内容与股东之间的出资协议或其他文件内容相冲突的，以章程为准。若章程有多个版本且内容相冲突的，以在中国基金业协会备案的版本为准。

（十九）【份额信息备份】订明全体股东同意私募基金管理人、份额登记机构或其他份额登记义务人应当按照中国基金业协会的规定办理基金份额登记（公司股东）数据的备份。

（二十）【报送披露信息】订明全体股东同意私募基金管理人或其他信息披露义务人应当按照中国基金业协会的规定对基金信息披露信息进行备份。

六、本指引由中国基金业协会负责解释，自 2016 年 7 月 15 日起施行。

私募投资基金合同指引 3 号
（合伙协议必备条款指引）

一、根据《证券投资基金法》（以下简称《基金法》）、《合伙企业法》、《合伙企业登记管理办法》、《私募投资基金监督管理暂行办法》（以下简称《私募办法》）、《私募投资基金管理人登记和基金备案办法（试行）》（以下简称《登记备案办法》）及其他相关规定，制定本指引。

二、私募基金管理人通过有限合伙形式募集设立私募投资基金的，应当按照本指引制定有限合伙协议（以下简称"合伙协议"）。合伙协议中应当载明本指引规定的必备条款，本指引必备条款未尽事宜，可以参考《私募投资基金合同指引 1 号》的相关内容。协议当事人订立的合伙协议应当满足相关法律、法规对合伙协议的法定基本要求。

三、本指引所称合伙型基金是指投资者依据《合伙企业法》成立有限合伙企业（以下简称"合伙企业"），由普通合伙人对合伙债务承担无限连带责任，由基金管理人具体负责投资运作的私募投资基金。

四、私募基金管理人及私募基金投资者应在合伙协议首页用加粗字体进行如下声明与承诺，包括但不限于：

私募基金管理人保证在募集资金前已在中国基金业协会登记为私募基金管理人，并列明管理人登记编码。私募基金管理人应当向投资者进一步声明，中国基金业协会为私募基金管理人和私募基金办理登记备案不构成对私募基金管理人投资能力、持续合规情况的认可；不作为对基金财产安全的保证。私募基金管理人保证已在签订本合同前揭示了相关风险；已经了解私募基金投资者的风险偏好、风险认知能力和承受能力。私募基金管理人承诺按照恪尽职守、诚实信用、谨慎勤勉的原则管理运用基金财产，不对基金活动的盈利性和最低收益作出承诺。

私募基金投资者声明其为符合《私募办法》规定的合格投资者，保证财产的来源及用途符合国家有关规定，并已充分理解本合同条款，了解相关权利义务，了解有关法律法规及所投资基金的风险收益特征，愿意承担相应的投资风险；私募基金投资者承诺其向私募基金管理人提供的有关投资目的、投资偏好、投资限制、财产收入情况和风险承受能力等基本情况真实、完整、准确、合法，不存在任何重大遗漏或误导。

五、合伙型基金的合伙协议应当具备如下条款：

（一）【基本情况】合伙协议应列明如下信息，同时可以对变更该等信息的条件作出说明：

1. 合伙企业的名称（标明"合伙企业"字样）；

2. 主要经营场所地址；

3. 合伙目的和合伙经营范围（应含有"基金管理"、"投资管理"、"资产管理"、"股权投资"、"创业投资"等能体现私募投资基金性质的字样）；

4. 合伙期限。

（二）【合伙人及其出资】合伙协议应列明普通合伙人和有限合伙人的姓名或名称、住所、出资方式、出资数额、出资比例和缴付期限，同时可以对合伙人相关信息发生变更时应履行的程序作出说明。

（三）【合伙人的权利义务】合伙协议应列明有限合伙人与普通合伙人的基本权利和义务。

（四）【执行事务合伙人】合伙协议应约定由普通合伙人担任执行事务合伙人，执行事务合伙人有权对合伙企业的财产进行投资、管理、运用和处置，并接受其他普通合伙人和有限合伙人的监督。合伙协议应列明执行事务合伙人应具备的条件及选择程序、执行事务合伙人的权限及违约处理办法、执行事务合伙人的除名条件和更换程序，同时可以对执行事务合伙人执行事务的报酬（包括绩效分成）及报酬提取方式、利益冲突及关联交易等事项做出约定。

（五）【有限合伙人】有限合伙人不执行合伙事务，不得对外代表合伙企业。但有限合伙人的下列行为，不视为执行合伙事务：

1. 参与决定普通合伙人入伙、退伙；

2. 对企业的经营管理提出建议；

3. 参与选择承办合伙企业审计业务的会计师事务所；

4. 获取经审计的合伙企业财务会计报告；

5. 对涉及自身利益的情况，查阅合伙企业财务会计账簿等财务资料；

6. 在合伙企业中的利益受到侵害时，向有责任的合伙人主张权利或者提起诉讼；

7. 执行事务合伙人怠于行使权利时，督促其行使权利或者为了合伙企业的利益以自己的名义提起诉讼；

8. 依法为合伙企业提供担保。

合伙协议可以对有限合伙人的权限及违约处理办法做出约定，但是不得做出有限合伙人以任何直接或间接方式，参与或变相参与超出前款规定的八种不视为执行合伙事务行为的约定。

（六）【合伙人会议】合伙协议应列明合伙人会议的召开条件、程序及表决方式等内容。

（七）【管理方式】合伙型基金的管理人可以是合伙企业执行事务合伙人，也可以委托给其他私募基金管理机构。合伙协议中应明确管理人和管理方式，并列明管理人的权限及管理费的计算和支付方式。

（八）【托管事项】合伙企业财产进行托管的，应在合伙协议中明确托管机构的名称或明确全体合伙人在托管事宜上对执行事务合伙人的授权范围，包括但不限于挑选托管人、签署托管协议等。全体合伙人一致同意不托管的，应在合伙协议中明确约定本合伙型基金不进行托管，并明确保障投资基金财产安全的制度措施和纠纷解决机制。

（九）【入伙、退伙、合伙权益转让和身份转变】合伙协议应列明合伙人入伙、退伙、合伙权益转让的条件、程序及相关责任，及有限合伙人和普通合伙人相互转变程序。

（十）【投资事项】合伙协议应列明本合伙型基金的投资范围、投资运作方式、投资限制、投资决策程序、关联方认定标准及关联方投资的回避制度，以及投资后对被投资企业的持续监控、投资风险防范、投资退出、所投资标的担保措施、举债及担保限制等作出约定。

（十一）【利润分配及亏损分担】合伙协议应列明与合伙企业的利润分配及亏损分担方式有关的事项，具体可以包括利润分配原则及顺序、利润分配方式、亏损分担原则及顺序等。

（十二）【税务承担】合伙协议应列明合伙企业的税务承担事项。

（十三）【费用和支出】合伙协议应列明与合伙企业费用的核算和支付有关的事项，具体可以包括合伙企业费用的计提原则、承担费用的范围、计算及支付方式、应由普通合伙人承担的费用等。

（十四）【财务会计制度】合伙协议应对合伙企业的记账、会计年度、审计、年度报告、查阅会计账簿的条件等事项作出约定。

（十五）【信息披露制度】合伙协议应对本合伙型基金信息披露的内容、方式、频度等内容作出约定。

（十六）【终止、解散与清算】合伙协议应列明合伙企业终止、解散与清算有关的事项，具体可以包括合伙企业终止、解散的条件、清算程序、清算人及任命条件、清偿及分配等。

（十七）【合伙协议的修订】合伙协议应列明协议的修订事由及程序。

（十八）【争议解决】合伙协议应列明争议的解决方式。

（十九）【一致性】合伙协议应明确规定当合伙协议的内容与合伙人之间的其他

协议或文件内容相冲突的，以合伙协议为准。若合伙协议有多个版本且内容相冲突的，以在中国基金业协会备案的版本为准。

（二十）【份额信息备份】订明全体合伙人同意私募基金管理人、份额登记机构或其他份额登记义务人应当按照中国基金业协会的规定办理基金份额登记（全体合伙人）数据的备份。

（二十一）【报送披露信息】订明全体合伙人同意私募基金管理人或其他信息披露义务人应当按照中国基金业协会的规定对基金信息披露信息进行备份。

六、本指引由中国基金业协会负责解释，自 2016 年 7 月 15 日起施行。

关于发布《私募投资基金合同指引》的通知

各私募投资基金管理人：

根据《证券投资基金法》、《私募投资基金监督管理暂行办法》有关规定，经中国基金业协会理事会表决通过，现予以发布私募投资基金合同指引 1 号（契约型私募投资基金合同内容与格式指引）、私募投资基金合同指引 2 号（公司章程必备条款指引）、私募投资基金合同指引 3 号（合伙协议必备条款指引）。上述指引自二〇一六年七月十五日起施行。

特此通知。

中国基金业协会
二〇一六年四月十八日

私募投资基金募集行为管理办法

第一章 总 则

第一条 为了规范私募投资基金（以下简称私募基金）的募集行为，促进私募基金行业健康发展，保护投资者及相关当事人的合法权益，根据《证券投资基金法》、《私募投资基金监督管理暂行办法》（以下简称《私募办法》）等法律法规的规定，制定本办法。

第二条 私募基金管理人、在中国证监会注册取得基金销售业务资格并已成为中国证券投资基金业协会会员的机构（以下统称募集机构）及其从业人员以非公开方式向投资者募集资金的行为适用本办法。

在中国证券投资基金业协会（以下简称中国基金业协会）办理私募基金管理人登记的机构可以自行募集其设立的私募基金，在中国证监会注册取得基金销售业务资格并已成为中国基金业协会会员的机构（以下简称基金销售机构）可以受私募基金管理人的委托募集私募基金。其他任何机构和个人不得从事私募基金的募集活动。

本办法所称募集行为包含推介私募基金，发售基金份额（权益），办理基金份额（权益）认/申购（认缴）、赎回（退出）等活动。

第三条 基金业务外包服务机构就其参与私募基金募集业务的环节适用本办法。

本办法所称基金业务外包服务机构包括为私募基金管理人提供募集服务的基金销售机构，为私募基金募集机构提供支付结算服务、私募基金募集结算资金监督、份额登记等与私募基金募集业务相关服务的机构。前述基金业务外包服务机构应当遵守中国基金业协会基金业务外包服务相关管理办法。

第四条 从事私募基金募集业务的人员应当具有基金从业资格（包含原基金销售资格），应当遵守法律、行政法规和中国基金业协会的自律规则，恪守职业道德和行为规范，应当参加后续执业培训。

第五条 中国基金业协会依照法律法规、中国证监会相关规定及中国基金业协会自律规则，对私募基金募集活动实施自律管理。

第二章 一般规定

第六条 募集机构应当恪尽职守、诚实信用、谨慎勤勉，防范利益冲突，履行说明义务、反洗钱义务等相关义务，承担特定对象确定、投资者适当性审查、私募基金推介及合格投资者确认等相关责任。

募集机构及其从业人员不得从事侵占基金财产和客户资金、利用私募基金相关的未公开信息进行交易等违法活动。

第七条 私募基金管理人应当履行受托人义务,承担基金合同、公司章程或者合伙协议(以下统称基金合同)的受托责任。委托基金销售机构募集私募基金的,不得因委托募集免除私募基金管理人依法承担的责任。

第八条 私募基金管理人委托基金销售机构募集私募基金的,应当以书面形式签订基金销售协议,并将协议中关于私募基金管理人与基金销售机构权利义务划分以及其他涉及投资者利益的部分作为基金合同的附件。基金销售机构负责向投资者说明相关内容。

基金销售协议与作为基金合同附件的关于基金销售的内容不一致的,以基金合同附件为准。

第九条 任何机构和个人不得为规避合格投资者标准,募集以私募基金份额或其收益权为投资标的的金融产品,或者将私募基金份额或其收益权进行非法拆分转让,变相突破合格投资者标准。募集机构应当确保投资者已知悉私募基金转让的条件。

投资者应当以书面方式承诺其为自己购买私募基金,任何机构和个人不得以非法拆分转让为目的购买私募基金。

第十条 募集机构应当对投资者的商业秘密及个人信息严格保密。除法律法规和自律规则另有规定的,不得对外披露。

第十一条 募集机构应当妥善保存投资者适当性管理以及其他与私募基金募集业务相关的记录及其他相关资料,保存期限自基金清算终止之日起不得少于10年。

第十二条 募集机构或相关合同约定的责任主体应当开立私募基金募集结算资金专用账户,用于统一归集私募基金募集结算资金、向投资者分配收益、给付赎回款项以及分配基金清算后的剩余基金财产等,确保资金原路返还。

本办法所称私募基金募集结算资金是指由募集机构归集的,在投资者资金账户与私募基金财产账户或托管资金账户之间划转的往来资金。募集结算资金从投资者资金账户划出,到达私募基金财产账户或托管资金账户之前,属于投资者的合法财产。

第十三条 募集机构应当与监督机构签署账户监督协议,明确对私募基金募集结算资金专用账户的控制权、责任划分及保障资金划转安全的条款。监督机构应当按照法律法规和账户监督协议的约定,对募集结算资金专用账户实施有效监督,承担保障私募基金募集结算资金划转安全的连带责任。

取得基金销售业务资格的商业银行、证券公司等金融机构,可以在同一私募基金的募集过程中同时作为募集机构与监督机构。符合前述情形的机构应当建立完备的防火墙制度，防范利益冲突。

本办法所称监督机构指中国证券登记结算有限责任公司、取得基金销售业务资格的商业银行、证券公司以及中国基金业协会规定的其他机构。监督机构应当成为中国基金业协会的会员。

私募基金管理人应当向中国基金业协会报送私募基金募集结算资金专用账户及其监督机构信息。

第十四条 涉及私募基金募集结算资金专用账户开立、使用的机构不得将私募基金募集结算资金归入其自有财产。禁止任何单位或者个人以任何形式挪用私募基金募集结算资金。私募基金管理人、基金销售机构、基金销售支付机构或者基金份额登记机构破产或者清算时，私募基金募集结算资金不属于其破产财产或者清算财产。

第十五条 私募基金募集应当履行下列程序：

（一）特定对象确定；

（二）投资者适当性匹配；

（三）基金风险揭示；

（四）合格投资者确认；

（五）投资冷静期；

（六）回访确认。

第三章　特定对象的确定

第十六条 募集机构仅可以通过合法途径公开宣传私募基金管理人的品牌、发展战略、投资策略、管理团队、高管信息以及由中国基金业协会公示的已备案私募基金的基本信息。

私募基金管理人应确保前述信息真实、准确、完整。

第十七条 募集机构应当向特定对象宣传推介私募基金。未经特定对象确定程序，不得向任何人宣传推介私募基金。

第十八条 在向投资者推介私募基金之前，募集机构应当采取问卷调查等方式履行特定对象确定程序，对投资者风险识别能力和风险承担能力进行评估。投资者应当以书面形式承诺其符合合格投资者标准。

投资者的评估结果有效期最长不得超过 3 年。募集机构逾期再次向投资者推介私募基金时，需重新进行投资者风险评估。同一私募基金产品的投资者持有期间超过 3 年的，无需再次进行投资者风险评估。

投资者风险承担能力发生重大变化时，可主动申请对自身风险承担能力进行重新评估。

第十九条 募集机构应建立科学有效的投资者问卷调查评估方法，确保问卷结果与投资者的风险识别能力和风险承担能力相匹配。募集机构应当在投资者自愿的前提下获取投资者问卷调查信息。问卷调查主要内容应包括但不限于以下方面：

（一）投资者基本信息，其中个人投资者基本信息包括身份信息、年龄、学历、职业、联系方式等信息；机构投资者基本信息包括工商登记中的必备信息、联系方式等信息；

（二）财务状况，其中个人投资者财务状况包括金融资产状况、最近三年个人年均收入、收入中可用于金融投资的比例等信息；机构投资者财务状况包括净资产状况等信息；

（三）投资知识，包括金融法律法规、投资市场和产品情况、对私募基金风险的了解程度、参加专业培训情况等信息；

（四）投资经验，包括投资期限、实际投资产品类型、投资金融产品的数量、参与投资的金融市场情况等；

（五）风险偏好，包括投资目的、风险厌恶程度、计划投资期限、投资出现波动时的焦虑状态等。

《私募基金投资者问卷调查内容与格式指引（个人版）》详见附件一。

第二十条 募集机构通过互联网媒介在线向投资者推介私募基金之前，应当设置在线特定对象确定程序，投资者应承诺其符合合格投资者标准。前述在线特定对象确定程序包括但不限于：

（一）投资者如实填报真实身份信息及联系方式；

（二）募集机构应通过验证码等有效方式核实用户的注册信息；

（三）投资者阅读并同意募集机构的网络服务协议；

（四）投资者阅读并主动确认其自身符合《私募办法》第三章关于合格投资者的规定；

（五）投资者在线填报风险识别能力和风险承担能力的问卷调查；

（六）募集机构根据问卷调查及其评估方法在线确认投资者的风险识别能力和风险承担能力。

第四章　私募基金推介

第二十一条 募集机构应当自行或者委托第三方机构对私募基金进行风险评级，建立科学有效的私募基金风险评级标准和方法。

募集机构应当根据私募基金的风险类型和评级结果，向投资者推介与其风险识别能力和风险承担能力相匹配的私募基金。

第二十二条 私募基金推介材料应由私募基金管理人制作并使用。私募基金管理人应当对私募基金推介材料内容的真实性、完整性、准确性负责。

除私募基金管理人委托募集的基金销售机构可以使用推介材料向特定对象宣传推介外，其他任何机构或个人不得使用、更改、变相使用私募基金推介材料。

第二十三条 募集机构应当采取合理方式向投资者披露私募基金信息，揭示投资风险，确保推介材料中的相关内容清晰、醒目。私募基金推介材料内容应与基金合同主要内容一致，不得有任何虚假记载、误导性陈述或者重大遗漏。如有不一致的，应当向投资者特别说明。私募基金推介材料内容包括但不限于：

（一）私募基金的名称和基金类型；

（二）私募基金管理人名称、私募基金管理人登记编码、基金管理团队等基本信息；

（三）中国基金业协会私募基金管理人以及私募基金公示信息（含相关诚信信息）；

（四）私募基金托管情况（如无，应以显著字体特别标注）、其他服务提供商（如律师事务所、会计师事务所、保管机构等），是否聘用投资顾问等；

（五）私募基金的外包情况；

（六）私募基金的投资范围、投资策略和投资限制概况；

（七）私募基金收益与风险的匹配情况；

（八）私募基金的风险揭示；

（九）私募基金募集结算资金专用账户及其监督机构信息；

（十）投资者承担的主要费用及费率，投资者的重要权利（如认购、赎回、转让等限制、时间和要求等）；

（十一）私募基金承担的主要费用及费率；

（十二）私募基金信息披露的内容、方式及频率；

（十三）明确指出该文件不得转载或给第三方传阅；

（十四）私募基金采取合伙企业、有限责任公司组织形式的，应当明确说明入伙（股）协议不能替代合伙协议或公司章程。说明根据《合伙企业法》或《公司法》，合伙协议、公司章程依法应当由全体合伙人、股东协商一致，以书面形式订立。申请设立合伙企业、公司或变更合伙人、股东的，并应当向企业登记机关履行申请设立及变更登记手续；

（十五）中国基金业协会规定的其他内容。

第二十四条 募集机构及其从业人员推介私募基金时，禁止有以下行为：

（一）公开推介或者变相公开推介；

（二）推介材料虚假记载、误导性陈述或者重大遗漏；

（三）以任何方式承诺投资者资金不受损失，或者以任何方式承诺投资者最低收益，包括宣传"预期收益"、"预计收益"、"预测投资业绩"等相关内容；

（四）夸大或者片面推介基金，违规使用"安全"、"保证"、"承诺"、"保险"、"避险"、"有保障"、"高收益"、"无风险"等可能误导投资人进行风险判断的措辞；

（五）使用"欲购从速"、"申购良机"等片面强调集中营销时间限制的措辞；

（六）推介或片面节选少于 6 个月的过往整体业绩或过往基金产品业绩；

（七）登载个人、法人或者其他组织的祝贺性、恭维性或推荐性的文字；

（八）采用不具有可比性、公平性、准确性、权威性的数据来源和方法进行业绩比较，任意使用"业绩最佳"、"规模最大"等相关措辞；

（九）恶意贬低同行；

（十）允许非本机构雇佣的人员进行私募基金推介；

（十一）推介非本机构设立或负责募集的私募基金；

（十二）法律、行政法规、中国证监会和中国基金业协会禁止的其他行为。

第二十五条 募集机构不得通过下列媒介渠道推介私募基金：

（一）公开出版资料；

（二）面向社会公众的宣传单、布告、手册、信函、传真；

（三）海报、户外广告；

（四）电视、电影、电台及其他音像等公共传播媒体；

（五）公共、门户网站链接广告、博客等；

（六）未设置特定对象确定程序的募集机构官方网站、微信朋友圈等互联网媒介；

（七）未设置特定对象确定程序的讲座、报告会、分析会；

（八）未设置特定对象确定程序的电话、短信和电子邮件等通讯媒介；

（九）法律、行政法规、中国证监会规定和中国基金业协会自律规则禁止的其他行为。

第五章 合格投资者确认及基金合同签署

第二十六条 在投资者签署基金合同之前，募集机构应当向投资者说明有关法律法规，说明投资冷静期、回访确认等程序性安排以及投资者的相关权利，重点揭示私募基金风险，并与投资者签署风险揭示书。

风险揭示书的内容包括但不限于：

（一）私募基金的特殊风险，包括基金合同与中国基金业协会合同指引不一致所涉风险、基金未托管所涉风险、基金委托募集所涉风险、外包事项所涉风险、聘请投资顾问所涉风险、未在中国基金业协会登记备案的风险等；

（二）私募基金的一般风险，包括资金损失风险、基金运营风险、流动性风险、募集失败风险、投资标的的风险、税收风险等；

（三）投资者对基金合同中投资者权益相关重要条款的逐项确认，包括当事人权利义务、费用及税收、纠纷解决方式等。

《私募投资基金风险揭示书内容与格式指引》详见附件二。

第二十七条 在完成私募基金风险揭示后，募集机构应当要求投资者提供必要的资产证明文件或收入证明。

募集机构应当合理审慎地审查投资者是否符合私募基金合格投资者标准，依法履行反洗钱义务，并确保单只私募基金的投资者人数累计不得超过《证券投资基金法》、《公司法》、《合伙企业法》等法律规定的特定数量。

第二十八条 根据《私募办法》，私募基金的合格投资者是指具备相应风险识别能力和风险承担能力，投资于单只私募基金的金额不低于100万元且符合下列相关标准的机构和个人：

（一）净资产不低于1000万元的机构；

（二）金融资产不低于300万元或者最近三年个人年均收入不低于50万元的个人。

前款所称金融资产包括银行存款、股票、债券、基金份额、资产管理计划、银行理财产品、信托计划、保险产品、期货权益等。

第二十九条 各方应当在完成合格投资者确认程序后签署私募基金合同。

基金合同应当约定给投资者设置不少于二十四小时的投资冷静期，募集机构在投资冷静期内不得主动联系投资者。

（一）私募证券投资基金合同应当约定，投资冷静期自基金合同签署完毕且投资者交纳认购基金的款项后起算；

（二）私募股权投资基金、创业投资基金等其他私募基金合同关于投资冷静期的约定可以参照前款对私募证券投资基金的相关要求，也可以自行约定。

第三十条 募集机构应当在投资冷静期满后，指令本机构从事基金销售推介业务以外的人员以录音电话、电邮、信函等适当方式进行投资回访。回访过程不得出现诱导性陈述。募集机构在投资冷静期内进行的回访确认无效。

回访应当包括但不限于以下内容：

（一）确认受访人是否为投资者本人或机构；

（二）确认投资者是否为自己购买了该基金产品以及投资者是否按照要求亲笔签名或盖章；

（三）确认投资者是否已经阅读并理解基金合同和风险揭示的内容；

（四）确认投资者的风险识别能力及风险承担能力是否与所投资的私募基金产品相匹配；

（五）确认投资者是否知悉投资者承担的主要费用及费率，投资者的重要权利、私募基金信息披露的内容、方式及频率；

（六）确认投资者是否知悉未来可能承担投资损失；

（七）确认投资者是否知悉投资冷静期的起算时间、期间以及享有的权利；

（八）确认投资者是否知悉纠纷解决安排。

第三十一条 基金合同应当约定，投资者在募集机构回访确认成功前有权解除基金合同。出现前述情形时，募集机构应当按合同约定及时退还投资者的全部认购款项。

未经回访确认成功，投资者交纳的认购基金款项不得由募集账户划转到基金财产账户或托管资金账户，私募基金管理人不得投资运作投资者交纳的认购基金款项。

第三十二条 私募基金投资者属于以下情形的，可以不适用本办法第十七条至第二十一条、第二十六条至第三十一条的规定：

（一）社会保障基金、企业年金等养老基金，慈善基金等社会公益基金；

（二）依法设立并在中国基金业协会备案的私募基金产品；

（三）受国务院金融监督管理机构监管的金融产品；

（四）投资于所管理私募基金的私募基金管理人及其从业人员；

（五）法律法规、中国证监会和中国基金业协会规定的其他投资者。

投资者为专业投资机构的，可不适用本办法第二十九条、第三十条、第三十一条的规定。

第六章 自律管理

第三十三条 中国基金业协会可以按照相关自律规则，对会员及登记机构的私募基金募集行为合规性进行定期或不定期的现场和非现场自律检查，会员及登记机构应当予以配合。

第三十四条 私募基金管理人委托未取得基金销售业务资格的机构募集私募基金的，中国基金业协会不予办理私募基金备案业务。

第三十五条　募集机构在开展私募基金募集业务过程中违反本办法第六条至第十四条、第十七条至第二十条、第二十二条至第二十三条、第二十六条的规定，中国基金业协会可以视情节轻重对募集机构采取要求限期改正、行业内谴责、加入黑名单、公开谴责、暂停受理或办理相关业务、撤销管理人登记等纪律处分；对相关工作人员采取要求参加强制培训、行业内谴责、加入黑名单、公开谴责、认定为不适当人选、暂停基金从业资格、取消基金从业资格等纪律处分。

第三十六条　募集机构在开展私募基金募集业务过程中违反本办法第二十九条至第三十一条的规定，中国基金业协会视情节轻重对私募基金管理人、募集机构采取暂停私募基金备案业务、不予办理私募基金备案业务等措施。

第三十七条　募集机构在开展私募基金募集业务过程中违反本办法第十六条、第二十一条、第二十四条、第二十五条、第二十七条、第二十八条的规定，中国基金业协会可以视情节轻重对募集机构采取加入黑名单、公开谴责、撤销管理人登记等纪律处分；对相关工作人员采取行业内谴责、加入黑名单、公开谴责、取消基金从业资格等纪律处分。情节严重的，移送中国证监会处理。

第三十八条　募集机构在一年之内两次被采取谈话提醒、书面警示、要求限期改正等纪律处分的，中国基金业协会可对其采取加入黑名单、公开谴责等纪律处分；在两年之内两次被采取加入黑名单、公开谴责等纪律处分的，中国基金业协会可以采取撤销管理人登记等纪律处分，并移送中国证监会处理。

第三十九条　在中国基金业协会登记的基金业务外包服务机构就其参与私募基金募集业务的环节违反本办法有关规定，中国基金业协会可以采取相关自律措施。

第四十条　投资者可以按照规定向中国基金业协会投诉或举报募集机构及其从业人员的违规募集行为。

第四十一条　募集机构、基金业务外包服务机构及其从业人员因募集过程中的违规行为被中国基金业协会采取相关纪律处分的，中国基金业协会可视情节轻重记入诚信档案。

第四十二条　募集机构、基金业务外包服务机构及其从业人员涉嫌违反法律、行政法规、中国证监会有关规定的，移送中国证监会或司法机关处理。

第七章　附　则

第四十三条　本办法自 2016 年 7 月 15 日起实施。

第四十四条　本办法由中国基金业协会负责解释。

关于发布《私募投资基金募集行为管理办法》的通知

各私募投资基金管理人：

根据《证券投资基金法》、《私募投资基金监督管理暂行办法》有关规定，中国基金业协会研究制订了《私募投资基金募集行为管理办法》，并经协会理事会表决通过，现予以发布，自 2016 年 7 月 15 日起施行。

中国基金业协会鼓励募集机构按照本办法第三十条、第三十一条的规定实施回访制度，正式实施时间在评估相关实施效果后另行通知。

特此通知。

附件一：私募投资基金投资者风险问卷调查内容与格式指引（个人版）

附件二：私募投资基金风险揭示书内容与格式指引

中国基金业协会

二〇一六年四月十五日

附件一

私募投资基金投资者风险问卷调查
内容与格式指引（个人版）

［格式示例如下，问卷调查须包含但不限于以下内容］

投资者姓名：_____　　　　　　　　　　填写日期：_____

风险提示： 私募基金投资需承担各类风险，本金可能遭受损失。同时，私募基金投资还要考虑市场风险、信用风险、流动性风险、操作风险等各类投资风险。您在基金认购过程中应当注意核对自己的风险识别和风险承受能力，选择与自己风险识别能力和风险承受能力相匹配的私募基金。

以下一系列问题可在您选择合适的私募基金前，协助评估您的风险承受能力、理财方式及投资目标。

请签字承诺您是为自己购买私募基金产品【　　】

请签字确认您符合以下何种合格投资者财务条件：

符合金融资产不低于 300 万元（金融资产包括银行存款、股票、债券、基金份额、资产管理计划、银行理财产品、信托计划、保险产品、期货权益等）【　　】

符合最近三年个人年均收入不低于 50 万元【　　】

问卷调查应至少涵盖以下几方面：

一、基本信息，包含身份信息、联系方式、年龄（了解客户对收入的需要和投资期限）、学历（了解客户的专业背景）、职业（了解客户的职业背景）等。

样题：

1. 您的姓名【　　】　　　　联系方式【　　】

   证件类型【　　】　　　　证件号码【　　】

2. 您的年龄介于

A. 18～30 岁　　　　　　B. 31～50 岁

C. 51～65 岁　　　　　　D. 高于 65 岁

3. 您的学历

A. 高中及以下 　　　　　　　B. 中专或大专

C. 本科 　　　　　　　　　　D. 硕士及以上

4. 您的职业为

A. 无固定职业 　　　　　　　B. 专业技术人员

C. 一般企事业单位员工 　　　D. 金融行业一般从业人员

二、财务状况（了解金融资产状况、最近三年个人年均收入、收入中可用于金融投资的比例等信息）。

样题：

1. 您的家庭可支配年收入为（折合人民币）

A. 50 万元以下 　　　　　　B. 50 万 ~ 100 万元

C. 100 万 ~ 500 万元 　　　D. 500 万 ~ 1000 万元

E. 1000 万元以上

2. 在您每年的家庭可支配收入中，可用于金融投资（储蓄存款除外）的比例为

A. 小于 10% 　　　　　　　B. 10% 至 25%

C. 25% 至 50% 　　　　　　D. 大于 50%

三、投资知识（了解客户对于金融投资知识的掌握，如由专业机构或行业协会组织金融知识的培训及相关测评，通过测评的可认为客户为该类投资的专业投资者）及投资经验（了解客户对于各类投资的参与情况，如客户曾投资经历 10 年以上，或投资过期权、私募基金等高风险产品，同时了解客户的风险偏好）。

样题：

1. 您的投资知识可描述为

A. 有限：基本没有金融产品方面的知识

B. 一般：对金融产品及其相关风险具有基本的知识和理解

C. 丰富：对金融产品及其相关风险具有丰富的知识和理解

2. 您的投资经验可描述为

A. 除银行储蓄外，基本没有其他投资经验

B. 购买过债券、保险等理财产品

C. 参与过股票、基金等产品的交易

D. 参与过权证、期货、期权等产品的交易

3. 您有多少年投资基金、股票、信托、私募证券或金融衍生产品等风险投资品的经验

A. 没有经验   B. 少于 2 年

C. 2 至 5 年   D. 5 至 10 年

E. 10 年以上

四、投资目标（了解客户的投资需求及对投资收益成长性的要求）

样题：

1. 您计划的投资期限是多久

A. 1 年以下   B. 1 至 3 年

C. 3 至 5 年   D. 5 年以上

2. 您的投资目的是

A. 资产保值   B. 资产稳健增长

C. 资产迅速增长

五、风险偏好（了解客户的风险承受能力，包括年龄、财务状况、投资知识、投资经验、愿意接受的投资期限、投资目标等及风险偏好）。

样题：

1. 以下哪项描述最符合您的投资态度

A. 厌恶风险，不希望本金损失，希望获得稳定回报

B. 保守投资，不希望本金损失，愿意承担一定幅度的收益波动

C. 寻求资金的较高收益和成长性，愿意为此承担有限本金损失

D. 希望赚取高回报，愿意为此承担较大本金损失

2. 假设有两种投资：投资 A 预期获得 10% 的收益，可能承担的损失非常小；投资 B 预期获得 30% 的收益，但可能承担较大亏损。您会怎么支配您的投资

A. 全部投资于收益较小且风险较小的 A

B. 同时投资于 A 和 B，但大部分资金投资于收益较小且风险较小的 A

C. 同时投资于 A 和 B，但大部分资金投资于收益较大且风险较大的 B

D. 全部投资于收益较大且风险较大的 B

3. 您认为自己能承受的最大投资损失是多少？

A. 10% 以内   B. 10% ~ 30%

C. 30% ~ 50%   D. 超过 50%

投资者风险评估结果确认书：（募集机构填写）

以上问题的总分为 100 分，根据您所选择的问题答案，您对投资风险的整体承

受程度及您的风险偏好总得分为＿＿＿＿＿＿分。

根据投资者风险承受能力评估评分表的评价，您的风险承受能力为××（机构根据评级方式自己填写），适合您的基金产品评级为××（机构根据评级方式自己填写）。

声明：本人已如实填写《私募基金投资者风险问卷调查（个人版内容与格式指引)》，并了解了自己的风险承受类型和适合购买的产品类型。

投资者签字：

日期：

经办员签字：

日期：

募集机构（盖章）：

日期：

附件二

私募投资基金风险揭示书内容与格式指引

[格式示例如下, 风险揭示书须包含但不限于以下内容]

尊敬的投资者:

投资有风险。当您/贵机构认购或申购私募基金时, 可能获得投资收益, 但同时也面临着投资风险。您/贵机构在做出投资决策之前, 请仔细阅读本风险揭示书和基金合同、公司章程或者合伙协议 (以下统称基金合同), 充分认识本基金的风险收益特征和产品特性, 认真考虑基金存在的各项风险因素, 并充分考虑自身的风险承受能力, 理性判断并谨慎做出投资决策。

根据有关法律法规, 基金管理人 [具体机构名称] 及投资者分别作出如下承诺、风险揭示及声明:

一、基金管理人承诺

(一) 私募基金管理人保证在募集资金前已在中国证券投资基金业协会 (以下简称中国基金业协会) 登记为私募基金管理人, 并取得管理人登记编码。

(二) 私募基金管理人向投资者声明, 中国基金业协会为私募基金管理人和私募基金办理登记备案不构成对私募基金管理人投资能力、持续合规情况的认可; 不作为对基金财产安全的保证。

(三) 私募基金管理人保证在投资者签署基金合同前已 (或已委托基金销售机构) 向投资者揭示了相关风险; 已经了解私募基金投资者的风险偏好、风险认知能力和承受能力; 已向私募基金投资者说明有关法律法规, 说明投资冷静期、回访确认的制度安排以及投资者的权利。

(四) 私募基金管理人承诺按照恪尽职守、诚实信用、谨慎勤勉的原则管理运用基金财产, 不保证基金财产一定盈利, 也不保证最低收益。

二、风险揭示

(一) 特殊风险揭示

[具体风险应由管理人根据私募基金的特殊性阐明]

若存在以下事项, 应特别揭示风险:

1. 基金合同与中国基金业协会合同指引不一致所涉风险;

2. 私募基金未托管所涉风险；

3. 私募基金委托募集所涉风险；

4. 私募基金外包事项所涉风险；

5. 私募基金聘请投资顾问所涉风险；

6. 私募基金未在中国基金业协会履行登记备案手续所涉风险。

（二）一般风险揭示

1. 资金损失风险

基金管理人依照恪尽职守、诚实信用、谨慎勤勉的原则管理和运用基金财产，但不保证基金财产中的认购资金本金不受损失，也不保证一定盈利及最低收益。

本基金属于［相应评级水平］风险投资品种，适合风险识别、评估、承受能力［相应评级水平］的合格投资者。

2. 基金运营风险

基金管理人依据基金合同约定管理和运用基金财产所产生的风险，由基金财产及投资者承担。投资者应充分知晓投资运营的相关风险，其风险应由投资者自担。

3. 流动性风险

本基金预计存续期限为基金成立之日［　　　　］起至［存续期限］（包括延长期（如有））结束并清算完毕为止。在本基金存续期内，投资者可能面临资金不能退出带来的流动性风险。

根据实际投资运作情况，本基金有可能提前结束或延期结束，投资者可能因此面临委托资金不能按期退出等风险。

4. 募集失败风险

本基金的成立需符合相关法律法规的规定，本基金可能存在不能满足成立条件从而无法成立的风险。

基金管理人的责任承担方式：

（一）以其固有财产承担因募集行为而产生的债务和费用；

（二）在基金募集期限届满（确认基金无法成立）后三十日内返还投资人已交纳的款项，并加计银行同期存款利息。

5. 投资标的风险（适用于股权类）

本基金投资标的的价值取决于投资对象的经营状况，原股东对所投资企业的管理和运营，相关市场宏观调控政策、财政税收政策、产业政策、法律法规、经济周期的变化以及区域市场竞争格局的变化等都可能影响所投资企业经营状况，进而影响本基金投资标的的价值。

6. 税收风险

契约性基金所适用的税收征管法律法规可能会由于国家相关税收政策调整而发生变化，投资者收益也可能因相关税收政策调整而受到影响。

7. 其他风险

包括但不限于法律与政策风险、发生不可抗力事件的风险、技术风险和操作风险等。

三、投资者声明

作为该私募基金的投资者，本人/机构已充分了解并谨慎评估自身风险承受能力，自愿自行承担投资该私募基金所面临的风险。本人/机构做出以下陈述和声明，并确认（自然人投资者在每段段尾"【_____】"内签名，机构投资者在本页、尾页盖章，加盖骑缝章）其内容的真实和正确：

1. 本人/机构已仔细阅读私募基金法律文件和其他文件，充分理解相关权利、义务、本私募基金运作方式及风险收益特征，愿意承担由上述风险引致的全部后果。【_____】

2. 本人/机构知晓，基金管理人、基金销售机构、基金托管人及相关机构不应当对基金财产的收益状况作出任何承诺或担保。【_____】

3. 本人/机构已通过中国基金业协会的官方网站（www.amac.org.cn）查询了私募基金管理人的基本信息，并将于本私募基金完成备案后查实其募集结算资金专用账户的相关信息与打款账户信息的一致性。【_____】

4. 在购买本私募基金前，本人/机构已符合《私募投资基金监督管理暂行办法》有关合格投资者的要求并已按照募集机构的要求提供相关证明文件。【_____】

5. 本人/机构已认真阅读并完全理解基金合同的所有内容，并愿意自行承担购买私募基金的法律责任。【_____】

6. 本人/机构已认真阅读并完全理解基金合同第××章第××节"当事人的权利与义务"的所有内容，并愿意自行承担购买私募基金的法律责任。【_____】

7. 本人/机构知晓，投资冷静期及回访确认的制度安排以及在此期间的权利。【_____】

8. 本人/机构已认真阅读并完全理解基金合同第××章第××节"私募基金的投资"的所有内容，并愿意自行承担购买私募基金的法律责任。【_____】

9. 本人/机构已认真阅读并完全理解基金合同第××章第××节"私募基金的费用与税收"中的所有内容。【_____】

10. 本人/机构已认真阅读并完全理解基金合同第××章第××节"争议的处理"中的所有内容。【_____】

11. 本人/机构知晓，中国基金业协会为私募基金管理人和私募基金办理登记备案不构成对私募基金管理人投资能力、持续合规情况的认可；不作为对基金财产安全的保证。【_____】

12. 本人/机构承诺本次投资行为是为本人/机构购买私募投资基金。【_____】

13. 本人/机构承诺不以非法拆分转让为目的购买私募基金，不会突破合格投资者标准，将私募基金份额或其收益权进行非法拆分转让。【_____】

基金投资者（自然人签字或机构盖章）：
日期：

经办员（签字）：
日期：

募集机构（盖章）：
日期：

关于进一步规范私募基金管理人
登记若干事项的公告

中基协发〔2016〕4号

根据《证券投资基金法》、《私募投资基金监督管理暂行办法》和中央编办相关通知要求，中国证券投资基金业协会（以下简称中国基金业协会）自2014年2月7日起正式开展私募基金管理人登记、私募基金备案和自律管理工作。两年来，私募基金登记备案制度得到行业和社会的广泛认同，私募基金行业发展迅速，初步形成了以信息披露为核心，诚实信用为基础的自律监管体制。

一段时间以来，私募基金行业存在的问题备受社会各界和监管机构关注。私募基金管理人数量众多、鱼龙混杂、良莠不齐，一些机构滥用登记备案信息非法自我增信，一些机构合规运作和信息报告意识淡薄，一些机构甚至从事公开募集、内幕交易、以私募基金为名的非法集资等违法违规活动。从上述问题和两年来私募基金管理人登记的工作实践出发，为切实保护投资者合法权益，督促私募基金管理人履行诚实信用、谨慎勤勉的受托人义务，促进私募基金行业规范健康发展，现就进一步规范私募基金管理人登记相关事项公告如下：

一、关于取消私募基金管理人登记证明

鉴于私募基金登记备案信息共享机制已基本建成，为加强对私募基金行业的社会监督，实现对私募基金管理人登记的有效、动态管理，自本公告发布之日起，中国基金业协会不再出具私募基金管理人登记电子证明。中国基金业协会此前发放的纸质私募基金管理人登记证书、私募基金管理人登记电子证明不再作为办理相关业务的证明文件。根据《私募投资基金监督管理暂行办法》和《私募投资基金管理人登记和基金备案办法（试行）》的规定，中国基金业协会以通过协会官方网站公示私募基金管理人基本情况的方式，为私募基金管理人办结登记手续。

私募基金管理人登记备案最新情况，以中国基金业协会网站"私募基金管理人公示平台（http：//gs.amac.org.cn）"和"私募汇"手机APP客户端公示的私募基金管理人登记的实时基本情况为准。社会公众和投资者可通过上述两个官方渠道查询相关信息。

二、关于加强信息报送的相关要求

（一）私募基金管理人应当依法及时备案私募基金

为实现对私募基金管理人的有效监管，督促已登记的私募基金管理人依法展业，

及时备案私募基金产品，中国基金业协会对私募基金管理人依法及时备案私募基金提出以下要求：

1. 自本公告发布之日起，新登记的私募基金管理人在办结登记手续之日起 6 个月内仍未备案首只私募基金产品的，中国基金业协会将注销该私募基金管理人登记。

2. 自本公告发布之日起，已登记满 12 个月且尚未备案首只私募基金产品的私募基金管理人，在 2016 年 5 月 1 日前仍未备案私募基金产品的，中国基金业协会将注销该私募基金管理人登记。

3. 自本公告发布之日起，已登记不满 12 个月且尚未备案首只私募基金产品的私募基金管理人，在 2016 年 8 月 1 日前仍未备案私募基金产品的，中国基金业协会将注销该私募基金管理人登记。

被注销登记的私募基金管理人若因真实业务需要，可按要求重新申请私募基金管理人登记。对符合要求的申请机构，中国基金业协会将以在官方网站公示私募基金管理人基本情况的方式，为该申请机构再次办结登记手续。

（二）私募基金管理人应当及时履行信息报送义务

按照《私募投资基金监督管理暂行办法》和《私募投资基金管理人登记和基金备案办法（试行)》的规定，私募基金管理人应当通过私募基金登记备案系统及时履行私募基金管理人及其管理的私募基金的季度、年度和重大事项信息报送更新等信息报送义务。

1. 自本公告发布之日起，按照《私募投资基金管理人登记和基金备案办法（试行)》和中国基金业协会的相关规定，已登记的私募基金管理人未按时履行季度、年度和重大事项信息报送更新义务的，在私募基金管理人完成相应整改要求之前，中国基金业协会将暂停受理该机构的私募基金产品备案申请。

2. 私募基金管理人未按时履行季度、年度和重大事项信息报送更新义务累计达 2 次的，中国基金业协会将其列入异常机构名单，并通过私募基金管理人公示平台（http：//gs. amac. org. cn）对外公示。一旦私募基金管理人作为异常机构公示，即使整改完毕，至少 6 个月后才能恢复正常机构公示状态。

3. 自本公告发布之日起，已登记的私募基金管理人因违反《企业信息公示暂行条例》相关规定，被列入企业信用信息公示系统严重违法企业公示名单的，在私募基金管理人完成相应整改要求之前，中国基金业协会将暂停受理该机构的私募基金产品备案申请。同时，中国基金业协会将其列入异常机构名单，并通过私募基金管理人公示平台（http：//gs. amac. org. cn）对外公示。一旦私募基金管理人作为异常机构公示，即使整改完毕，至少 6 个月后才能恢复正常机构公示状态。

新申请私募基金管理人登记的机构被列入企业信用信息公示系统严重违法企业公示名单的，中国基金业协会将不予登记。

（三）私募基金管理人应当按时提交经审计的年度财务报告

根据《私募投资基金管理人登记和基金备案办法（试行）》第21条规定，私募基金管理人应当于每年度四月底之前，通过私募基金登记备案系统填报经会计师事务所审计的年度财务报告。

1. 自本公告发布之日起，已登记的私募基金管理人未按要求提交经审计的年度财务报告的，在私募基金管理人完成相应整改要求之前，中国基金业协会将暂停受理该机构的私募基金产品备案申请。同时，中国基金业协会将其列入异常机构名单，并通过私募基金管理人公示平台（http：//gs.amac.org.cn）对外公示。一旦私募基金管理人作为异常机构公示，即使整改完毕，至少6个月后才能恢复正常机构公示状态。

2. 新申请私募基金管理人登记的机构成立满一年但未提交经审计的年度财务报告的，中国基金业协会将不予登记。

三、关于提交法律意见书的相关要求

自本公告发布之日起，新申请私募基金管理人登记、已登记的私募基金管理人发生部分重大事项变更，需通过私募基金登记备案系统提交中国律师事务所出具的法律意见书。法律意见书对申请机构的登记申请材料、工商登记情况、专业化经营情况、股权结构、实际控制人、关联方及分支机构情况、运营基本设施和条件、风险管理制度和内部控制制度、外包情况、合法合规情况、高管人员资质情况等逐项发表结论性意见。

私募基金管理人登记法律意见书具体适用情形如下：

（一）自本公告发布之日起，新申请私募基金管理人登记机构，需通过私募基金登记备案系统提交《私募基金管理人登记法律意见书》作为必备申请材料。对于本公告发布之日前已提交申请但尚未办结登记的私募基金管理人申请机构，应按照上述要求提交《私募基金管理人登记法律意见书》。

（二）已登记且尚未备案私募基金产品的私募基金管理人，应当在首次申请备案私募基金产品之前按照上述要求补提《私募基金管理人登记法律意见书》。

（三）已登记且备案私募基金产品的私募基金管理人，中国基金业协会将视具体情形要求其补提《私募基金管理人登记法律意见书》。

（四）已登记的私募基金管理人申请变更控股股东、变更实际控制人、变更法定代表人/执行事务合伙人等重大事项或中国基金业协会审慎认定的其他重大事项的，应提交《私募基金管理人重大事项变更专项法律意见书》。

《私募基金管理人登记法律意见书指引》详见附件。

四、关于私募基金管理人高管人员基金从业资格相关要求

从事私募证券投资基金业务的各类私募基金管理人，其高管人员（包括法定代表人/执行事务合伙人（委派代表）、总经理、副总经理、合规/风控负责人等）均应当取得基金从业资格。从事非私募证券投资基金业务的各类私募基金管理人，至少2名高管人员应当取得基金从业资格，其法定代表人/执行事务合伙人（委派代表）、合规/风控负责人应当取得基金从业资格。各类私募基金管理人的合规/风控负责人不得从事投资业务。

私募基金管理人的高管人员符合以下条件之一的，可取得基金从业资格：

（一）通过基金从业资格考试。基金从业资格考试的考试科目含科目一《基金法律法规、职业道德与业务规范》及科目二《证券投资基金基础知识》。根据中国基金业协会《关于基金从业资格考试有关事项的通知》（中基协字〔2015〕112号），符合相关考试成绩认可规定情形的，可视为通过基金从业资格考试。

（二）最近三年从事投资管理相关业务并符合相关资格认定条件。此类情形主要指最近三年从事资产管理相关业务，且管理资产年均规模1000万元以上。

（三）已通过证券从业资格考试、期货从业资格考试、银行从业资格考试并符合相关资格认定条件；或者通过注册会计师资格考试、法律职业资格考试、资产评估师职业资格考试等金融相关资格考试并符合相关资格认定条件。

（四）中国基金业协会资格认定委员会认定的其他情形。

拟通过上述第（二）、（三）情形的认定方式取得基金从业资格的私募基金管理人的高管人员，还应通过基金从业资格考试科目一《基金法律法规、职业道德与业务规范》考试，方可认定取得基金从业资格。

已取得基金从业资格的私募基金管理人的高管人员，应当按照《私募投资基金管理人登记和基金备案办法（试行）》及《关于基金从业资格考试有关事项的通知》的要求，每年度完成15学时的后续培训方可维持其基金从业资格。

已登记的私募基金管理人应当按照上述规定，自查相关高管人员取得基金从业资格情况，并于2016年12月31日前通过私募基金登记备案系统提交高管人员资格重大事项变更申请，以完成整改。逾期仍未整改的，中国基金业协会将暂停受理该机构的私募基金产品备案申请及其他重大事项变更申请。中国基金业协会将持续在私募基金管理人公示平台（http：//gs.amac.org.cn）对外公示该机构相关高管人员的基金从业资格相关情况。

中国基金业协会已发布的有关规定和解释与本公告不一致的，以本公告为准。

特此公告。

附件：私募基金管理人登记法律意见书指引

中国基金业协会

二〇一六年二月五日

附件

私募基金管理人登记法律意见书指引

申请机构向中国证券投资基金业协会（以下简称中国基金业协会）申请私募基金管理人登记，应当根据《中华人民共和国律师法》等相关法律法规，聘请中国律师事务所依照本指引出具《私募基金管理人登记法律意见书》（以下简称《法律意见书》）。中国基金业协会将在私募基金管理人登记公示信息中列明出具《法律意见书》的经办执业律师信息及律师事务所名称。

一、按照本指引，经办执业律师及律师事务所应当勤勉尽责，根据相关法律法规、《律师事务所从事证券法律业务管理办法》、《律师事务所证券法律业务执业规则（试行)》及中国基金业协会的相关规定，在尽职调查的基础上对本指引规定的内容发表明确的法律意见，制作工作底稿并留存，独立、客观、公正地出具《法律意见书》，保证《法律意见书》不存在虚假记载、误导性陈述及重大遗漏。

二、《法律意见书》应当由两名执业律师签名，加盖律师事务所印章，并签署日期。用于私募基金管理人登记的《法律意见书》的签署日期应在私募基金管理人提交私募基金管理人登记申请之日前的一个月内。《法律意见书》报送后，私募基金管理人不得修改其提交的私募登记申请材料；若确需补充或更正，经中国基金业协会同意，应由原经办执业律师及律师事务所另行出具《补充法律意见书》。

三、《法律意见书》的结论应当明晰，不得使用"基本符合条件"等含糊措辞。对不符合相关法律法规和中国证监会、中国基金业协会规定的事项，或已勤勉尽责仍不能对其法律性质或其合法性作出准确判断的事项，律师事务所及经办律师应发表保留意见，并说明相应的理由。

四、经办执业律师及律师事务所应在充分尽职调查的基础上，就下述内容逐项发表法律意见，并就对私募基金管理人登记申请是否符合中国基金业协会的相关要求发表整体结论性意见。不存在下列事项的，也应明确说明。若引用或使用其他中介机构结论性意见的应当独立对其真实性进行核查。

（一）申请机构是否依法在中国境内设立并有效存续。

（二）申请机构的工商登记文件所记载的经营范围是否符合国家相关法律法规的规定。申请机构的名称和经营范围中是否含有"基金管理"、"投资管理"、"资产管理"、"股权投资"、"创业投资"等与私募基金管理人业务属性密切相关字样；以及私募基金管理人名称中是否含有"私募"相关字样。

（三）申请机构是否符合《私募投资基金监督管理暂行办法》第22条专业化经

营原则，说明申请机构主营业务是否为私募基金管理业务；申请机构的工商经营范围或实际经营业务中，是否兼营可能与私募投资基金业务存在冲突的业务、是否兼营与"投资管理"的买方业务存在冲突的业务、是否兼营其他非金融业务。

（四）申请机构股东的股权结构情况。申请机构是否有直接或间接控股或参股的境外股东，若有，请说明穿透后其境外股东是否符合现行法律法规的要求和中国基金业协会的规定。

（五）申请机构是否具有实际控制人；若有，请说明实际控制人的身份或工商注册信息，以及实际控制人与申请机构的控制关系，并说明实际控制人能够对机构起到的实际支配作用。

（六）申请机构是否存在子公司（持股5%以上的金融企业、上市公司及持股20%以上的其他企业）、分支机构和其他关联方（受同一控股股东/实际控制人控制的金融企业、资产管理机构或相关服务机构）。若有，请说明情况及其子公司、关联方是否已登记为私募基金管理人。

（七）申请机构是否按规定具有开展私募基金管理业务所需的从业人员、营业场所、资本金等企业运营基本设施和条件。

（八）申请机构是否已制定风险管理和内部控制制度。是否已经根据其拟申请的私募基金管理业务类型建立了与之相适应的制度，包括（视具体业务类型而定）运营风险控制制度、信息披露制度、机构内部交易记录制度、防范内幕交易、利益冲突的投资交易制度、合格投资者风险揭示制度、合格投资者内部审核流程及相关制度、私募基金宣传推介、募集相关规范制度以及（适用于私募证券投资基金业务）的公平交易制度、从业人员买卖证券申报制度等配套管理制度。

（九）申请机构是否与其他机构签署基金外包服务协议，并说明其外包服务协议情况，是否存在潜在风险。

（十）申请机构的高管人员是否具备基金从业资格，高管岗位设置是否符合中国基金业协会的要求。高管人员包括法定代表人/执行事务合伙人委派代表、总经理、副总经理（如有）和合规/风控负责人等。

（十一）申请机构是否受到刑事处罚、金融监管部门行政处罚或者被采取行政监管措施；申请机构及其高管人员是否受到行业协会的纪律处分；是否在资本市场诚信数据库中存在负面信息；是否被列入失信被执行人名单；是否被列入全国企业信用信息公示系统的经营异常名录或严重违法企业名录；是否在"信用中国"网站上存在不良信用记录等。

（十二）申请机构最近三年涉诉或仲裁的情况。

（十三）申请机构向中国基金业协会提交的登记申请材料是否真实、准确、完整。

（十四）经办执业律师及律师事务所认为需要说明的其他事项。

五、已登记的私募基金管理人若申请变更控股股东、变更实际控制人、变更法定代表人/执行事务合伙人等重大事项或中国基金业协会审慎认定的其他重大事项，需向中国基金业协会提交《私募基金管理人重大事项变更专项法律意见书》，对私募基金管理人重大事项变更的相关事项逐项明确发表结论性意见。《私募基金管理人重大事项变更专项法律意见书》的要求参见上述《法律意见书》的相关要求。

中基协负责人就发布《关于进一步规范私募基金管理人登记若干事项的公告》答记者问

问：2016年2月7日是中国证券投资基金业协会（以下简称中国基金业协会）正式开展私募基金登记备案工作两周年，两年来我国私募基金行业的整体情况如何？

答：根据《证券投资基金法》、《私募基金监督管理暂行办法》和中央编办相关通知要求，中国基金业协会按照"受托登记、自律管理"职责，自2014年2月7日起正式开展私募基金管理人登记、私募基金备案和自律管理工作。两年来，私募基金登记备案和自律管理制度得到行业和社会各界的广泛认同，私募基金行业发展迅速。截至2016年1月底，已登记私募基金管理人25841家，已备案私募基金25461只，认缴规模5.34万亿元，实缴规模4.29万亿元，私募基金行业的从业人员38.99万人。

私募基金行业是我国财富管理行业的新生力量，满足居民多元化投融资需要，管理着大量社会财富，投资未来、投资创新，为资本市场健康发展、长期资本形成、服务实体经济和国家创新创业战略提供了重要支持。私募基金是面向特定对象提供资产管理服务的行业。信托关系是私募基金赖以存在发展的基础法律关系，私募基金管理人须履行诚实信用、专业勤勉的受托人义务，即所谓"受人之托，代人理财"。与此互为表里，合格投资者制度和非公开募集要求是私募基金行业的另一重要基石。私募基金应当采取非公开方式向特定的合格投资者募集资金；合格投资者应当具备相应风险识别能力和风险承担能力，且其投资于单只私募基金的金额不低于100万元，单只私募基金投资者不得超过法定人数；私募基金募集机构和投资者应当严格履行合格投资者确认程序，私募基金管理人不得向投资者承诺投资本金不受损失或者承诺最低收益。投资者则按其出资份额及合同约定分享投资收益、承担投资风险，即所谓"买者自负，卖者有责"。

在依法开展私募基金登记备案工作的基础上，中国基金业协会秉承"自律、服务、创新"宗旨，奉行积极主义，致力于推动行业规范健康发展，优化私募行业发展环境，提升行业形象和公众影响力。一是建立健全私募行业自律管理规则和标准，通过登记备案、分类公示、自律检查、纪律处分、黑名单、信息共享等制度措施，不断完善事中事后自律监管机制，强化行业信息收集、统计分析和风险监测。二是提升针对私募基金行业的服务水平，营造行业可持续发展的生态环境。主动与相关部委和地方政府沟通，推动私募基金监管、税收、工商、市场参与和退出等重点环节的顶层制度设计，支持行业托管和外包服务机构发展，组织形式多样的业务培训，借助现代媒体和行业力量扎实开展形式丰富的投资者教育。三是充分发挥行业自律的基础性作用，面对行业法律法规缺位的现实，把自律自治挺在法律和监管前面，树立高于法律和监管要求的行业信用体系、风险约束体系和从业道德规范，积极配合相关部门依法严厉打击以私募基金为名的各类非法集资活动和违法违规行为。

问：一段时间以来，涉及私募基金的各种问题和风险事件时有发生，中国基金业协会如何看待这种情况？

答：两年以来，在私募基金行业快速发展的过程中，私募基金行业的各种问题和风险也不断凸显，不容忽视。这些问题对私募基金行业形象和声誉造成了恶劣的社会影响，危及私募行业的长远发展和全局利益。

一是滥用中国基金业协会的登记备案信息，非法自我增信，甚至从事违法违规行为。中国基金业协会在官方网站及公开场合多次强调，私募基金登记备案不是行政许可，协会对私募基金登记备案信息不做实质性事前审查。但有些机构利用私募基金管理人登记身份、纸质证书或电子证明，故意夸大歪曲宣传，误导投资者以达到非法自我增信目的。有的"挂羊头卖狗肉"，借此从事 P2P、民间借贷、担保等非私募基金管理业务。有的借私募基金之名从事非法集资等违法犯罪活动。还有的倒卖私募基金管理人登记身份，非法代办私募基金管理人登记。这些行为严重损害投资者利益和行业整体利益，严重背离了私募基金登记备案统计监测、行业自律管理的制度设计初衷。

二是私募基金行业鱼龙混杂、良莠不齐。目前，已登记但尚未备案基金的机构数量占已登记私募基金管理人的 69%，其中部分机构长期未实质性开展私募基金管理业务，甚至根本没有展业意愿；有些机构不具备从业人员、营业场所、资本金等企业运营的基本设施和条件；有些机构内部管理混乱，缺乏有效健全的内控制度；有些从业人员自律意识不强，不具备从事资产管理业务的基本素质和能力。

三是有些机构法律意识淡薄、合规意识缺乏，没有按规定持续履行私募基金信息报告义务。尽管机构在申请时已书面承诺其登记备案信息真实、准确、完整，并将按要求持续向中国基金业协会报送季度、年度和重大事项信息，但为数不少的机构存在不如实填报信息，不如实登记多地注册的多个关联机构或分支机构，未按要求更新报送信息的情况，甚至长期"失联"。

四是违法违规经营运作。有些机构公开推介私募基金，承诺保本保收益，向非合格投资者募集资金；有些机构不能勤勉尽责，因投资失败而"跑路"；更有甚者，借私募基金名义搞非法集资，从事利益输送、内幕交易、操纵市场等违法犯罪行为。

问：中国基金业协会出台《关于进一步规范私募基金管理人登记若干事项的公告》，有哪些主要考虑？

答：为保护投资者合法权益，促进私募基金行业规范健康发展，发挥行业自律的基础性作用，中国基金业协会于 2 月 5 日对外发布《关于进一步规范私募基金管理人登记若干事项的公告》，从取消私募基金管理人登记证明、加强信息报送、法律意见书、高管人员资质要求等四个方面加强规范私募基金管理人登记相关事项，督促私募基金管理人恪尽职守，切实履行诚实信用、专业勤勉的受托人义务，促进私募基金行业规范健康发展。

下一步，中国基金业协会将秉承"自律、服务、创新"的宗旨，凝聚行业力量，抓紧修订《私募投资基金管理人登记和基金备案办法（试行）》，尽快颁布私募基金募集、基金合同内容与必备条款、私募基金管理人从事投资顾问服务、托管、外包等系列行业行为管理办法和指引，不断完善私募基金行业自律管理的规则体制，营造规范、诚信、创新的私募行业发展环境，推动我国各类私募基金持续健康发展，为国民经济发展作出积极贡献。

问：《公告》取消了私募基金管理人登记证明，是否会影响私募基金管理人依法开展业务？

答：中国基金业协会取消私募基金管理人登记相关证明文件不会对私募基金管理人依法开展业务造成不利影响。

第一，中国基金业协会网站公示是法定的私募基金管理人登记信息载体。根据《私募投资基金监督管理暂行办法》和《私募投资基金管理人登记和基金备案办法（试行）》，中国基金业协会以通过协会官方网站公示私募基金管理人基本情况的方式，为私募基金管理人办结登记手续。取消线下的私募基金管理人登记证明，有利于引导私募基金行业、广大投资者、私募基金服务机构和社会各界更充分、有效地利用协会官方网站私募基金管理人公示平台（http：//gs. amac. org. cn）和"私募汇"手机 APP 终端进行相关实时信息查询，缩短私募基金管理人的信息传播路径，减少私募基金管理人与投资者之间的合规信息不对称，进一步增强信息公示效应。

第二，中国基金业协会持续动态更新私募基金管理人登记基本公示信息，并就私募基金管理人相关诚信合规信息进行特别提示和分类公示。协会此前发放的私募基金管理人纸质登记证书和电子证明无法实现私募基金管理人登记信息的动态管理和更新。

第三，协会此前发放的私募基金管理人纸质登记证书和电子证明是主要用于私募基金管理人开立相关证券、期货交易账户及开展相关业务的证明材料，并无法律效力。日前，中国基金业协会已与中国证监会相关部门、中国证券登记结算有限公司、中国期货市场监控中心、全国中小企业股份转让系统、中证机构间报价系统股份有限公司等机构建立直接的私募基金登记备案信息共享机制，更加便利了私募基金管理人相关业务申请。下一步，中国基金业协会将根据相关主管部门业务需要，在全国范围内逐步完善私募基金登记备案基础数据联网查询体系。

第四，取消私募基金管理人电子证明和纸质证书有利于正本清源，打击部分机构非法自我增信的做法。一段时间以来，一些利用私募基金管理人登记身份、纸质证书或电子证明，故意夸大歪曲宣传，严重误导投资者，造成了恶劣的社会影响。取消私募基金管理人登记证明有利于私募基金登记备案回归行业统计监测、自律管理的制度设计初衷。

中国基金业协会重申：此前已出具的私募基金登记备案电子证明、纸质证书和相关公示信息仅表明，根据《证券投资基金法》和《私募投资基金监督管理暂行办法》，该私募基金管理人已履行相关私募基金登记备案手续，不构成对私募基金管理人投资能力、持续合规情况的认可，不作为基金财产安全的保证。私募基金管理人对其提交的登记备案信息的真实性、准确性、完整性承担全部的法律责任。

问：《公告》提出加强私募基金管理人依法及时备案私募基金要求，有哪些主要考虑？

答：近年来私募基金发展迅速，出现了一些鱼龙混杂、良莠不齐的突出问题。一是大量机构盲目登记为私募基金管理人。截至目前，已登记但未展业私募基金管理人数量超过1.7万家，占已登记私募基金管理人总量的69%。这些未展业的私募机构中，部分在准备业务中，但另外一些机构实际并无开展私募基金业务意愿。二是一些机构缺乏从事私募基金管理的专业能力，许多机构正在开展非私募基金管理业务，甚至从事投行、P2P、众筹等与私募基金业务存在利益冲突的业务，允许这些机构长期登记为管理人，既有悖于私募基金登记备案统计监测的制度设计初衷，也占用了有限的自律监管资源。三是大量未展业机构的存在严重影响了私募行业统计监测工作的真实性和有效性。未展业机构大多数不能严格遵守持续报告义务，占用了协会大量的统计、监测资源，造成了行业统计数据的严重失真。

《公告》提出的相关展业宽限期方案合法、合情、合理。根据《公司登记管理条例》第68条，公司成立后无正当理由超过6个月未开业的，或者开业后自行停业连续6个月以上的，可以由公司登记机关吊销营业执照。参照上述法规要求，中国基金业协会从实际角度出发，务实地对《公告》后新登记、已登记满12个月且尚未备案首只私募基金产品、已登记不满12个月且尚未备案首只私募基金产品的私募基金管理人等三类情况，差异化地设置了展业宽限期。针对宽限期之后仍未展业的私募基金管理人，中国基金业协会将注销其管理人登记。

中国基金业协会特别提醒：申请机构应当在确有私募投资基金管理业务发展需要时，按规定履行私募基金管理人登记申请，切勿盲目跟风。

问：《公告》重申私募基金管理人应当及时履行信息报送义务，有哪些主要考虑？

答：私募基金管理人通过私募基金登记备案系统持续报送信息是实现行业自律监管的重要基础性措施之一。私募基金登记备案制度实施两年来，私募基金管理人对信息持续报告制度存在不适应，履行信息报告义务自觉性和合规意识普遍不强，导致私募行业整体统计数据不完整、不持续甚至失真。

《公司法》第一百六十五条明确规定，公司应当在每一会计年度终了时编制财务会计报告，并依法经会计师事务所审计。根据《企业信息公示暂行条例》的相关规定，企业应该按照工商行政管理部门的要求按时通过企业信用信息公示系统报送企业信息。企业公示信息隐瞒真实情况、弄虚作假、未公示年度报告或相关责令信息的，列入经营异常名录；满三年未依照条例规定履行公示义务的，列入严重违法企业名单，并通过企业信用信息公示系统向社会公示。被列入严重违法企业名单的企业的法定代表人、负责人，三年内不得担任其他企业的法定代表人、负责人。

为贯彻落实《公司法》及相关法律法规，为加强私募基金管理人严格履行信息报告义务，在私募基金管理人完成季度、年度及财务报告、重大事项报告等相应信息报送整改要求之前，中国基金业协会将暂停受理该机构的私募基金产品备案申请。对于累计两次未更新履行信息报送义务者，将其列入异常机构名单。

为响应近期国家各部委建立的联合惩戒机制，对违法失信当事人实施联动约束和惩戒，运用信息公示、信息共享、联合约束等手段，实现让失信者"一处失信，处处受限"的诚信约束，针对被列入企业信用信息公示系统严重违法企业公示名单的机构，中国基金业协会采取了不予登记、暂停受理该机构的私募基金产品备案申请、列入异常机构名单等配套措施，以儆效尤。

问：《公告》要求私募基金管理人提交法律意见书，有哪些主要考虑？

答：中国基金业协会要求私募基金管理人提交法律意见书，引入法律中介机构的尽职调查，是对私募基金登记备案制度的进一步完善和发展，有利于保护投资者利益，规范私募基金行业守法合规经营，防止登记申请机构的道德风险外溢。

一方面，目前大量申请私募基金管理人登记的机构欠缺诚信约束，提交申请材料不真实、不准确、不完整，中国基金业协会办理登记面临较高道德风险。前期，协会的私募基金登记备案不做事前的实质性审查，对申请材料的真实性、准确性、完整性高度依赖于申请机构的自身承诺。实际中，私募申请机构材料中大量存在瞒报、漏报甚至虚假陈述的情况。在我国全社会诚信体系尚未健全的现状下，这种做法很难真正实现对申请机构的诚信约束，甚至滋长了一些不法机构铤而走险，不断测试协会登记工作的底线，造成后续自律管理、行政监管和司法办案上的被动和无奈。

另一方面，引入法律中介机构的监督和约束，本身就是私募基金行业自律和社会监督的重要力量。律师事务所是持牌的专业法律服务提供者，独立性高，法律合规意识强。请专业律师事务所对私募基金管理人登记申请进行第三方尽职调查，提供法律意见书，可提高申请机构的违规登记成本和社会诚信约束，有助提升申请材料信息质量和合规性，提高协会登记办理工作效能。

问：《公告》对私募基金管理人高管人员基金从业资格做出了要求，有哪些主要考虑？

答：私募基金行业的高管人员是私募基金行业的精英，也是主要的自律监管对象和服务对象。私募基金行业高管人员的专业能力、职业操守和诚信记录决定了私募行业是否可以健康规范发展。完善私募基金管理人高管人员基金从业资格要求和持续诚信记录，加强高管人员的自我利益约束、诚信约束和自律约束，有利于制衡私募基金管理人的利益输送和道德风险。

实践中，私募证券投资基金管理人高管人员已纳入从业人员资格管理体系，而私募股权、创业投资和其他私募基金管理机构的高管人员长期未能纳入有效资质管理。在欠缺法律规制的现状下，一些机构的高管人员缺乏必要的职业道德、合规意识和专业能力，私募股权、创业投资和其他私募基金成为被从事非法集资的犯罪分子利用的高发领域。在目前形势下，针对私募基金管理人高管人员作出适度的、符合监管实际的基金从业资格安排，具有现实的紧迫性和必要性。

《公告》对私募基金管理人高管人员基金从业资格的要求有以下特点：一是《公告》针对从事非私募证券投资基金业务的私募基金管理人的高管人员资质要求作出了差异化安排。二是各类私募基金管理人的合规/风控负责人不得从事投资业务。三是修改完善了以认定方式取得基金从业资格的方式，扩大了受认可的其他专业资格考试范围，但增列了通过基金从业资格考试科目一《基金法律法规、职业道德与业务规范》考试的附加要求。四是要求私募基金管理人的高管人员每年度完成15学时的后续执业培训。

　　下一步，中国基金业协会将抓紧建立和完善私募基金行业从业人员诚信管理体系，优化基金从业资格考试安排，增加适应私募股权投资基金、创业投资基金的考试科目，提供形式多样的从业人员持续培训和服务，加强和完善我国资产管理行业的人才储备。

中基协负责人就落实《关于进一步规范私募基金管理人登记若干事项的公告》相关问题

自 2016 年 2 月 5 日中国基金业协会发布《关于进一步规范私募基金管理人登记若干事项的公告》（以下简称《公告》）以来，私募基金行业高度关注，反响热烈，普遍支持和认同协会进一步规范私募基金管理人登记的相关措施。与此同时，各财经媒体和微信、微博等自媒体纷纷对《公告》相关内容进行了各类分析与解读，证券公司、律师事务所也推出了配套的中介服务。我协会注意到，有些观点和中介机构的做法与《公告》的内容和精神存在偏差，协会热线咨询电话（400 - 017 - 8200）、官方微信咨询平台和电邮咨询系统里也收集到一些确需向行业机构进一步解释说明的问题。为此，我协会负责人就落实《公告》相关问题回答了记者的提问。

问：《公告》发布后，中国基金业协会是否暂停了私募基金登记备案工作？

答：《公告》发布后，中国基金业协会仍继续依法对符合要求的申请机构正常办理私募基金管理人登记和私募基金备案手续，登记流程、登记时限均保持不变。《公告》的出台旨在督促私募基金管理人恪尽职守，切实履行诚实信用、专业勤勉的受托人义务，促进私募基金行业规范健康发展。

私募基金管理人登记和私募基金备案是私募基金自律管理的第一步，但绝不是"一备了之"。完成登记手续的私募基金管理人应持续履行基金产品备案、按要求向投资者进行信息披露以及向中国基金业协会报告更新季度、年度和重大事项信息等义务，主动接受中国基金业协会对私募基金管理人、私募基金产品和从业人员的自律管理。针对未按要求及时申请产品备案、报送更新季度、年度和重大事项信息的私募基金管理人，中国基金业协会将暂停受理该机构的私募基金产品备案申请，或者视具体情形将其列入异常机构名单并在协会网站进行公示。

私募基金管理人和申请机构应当按照相关法律法规的要求，理性、全面、持续地理解和落实《公告》中关于进一步加强私募基金管理人登记的系列配套措施，切实履行诚实信用、谨慎勤勉的受托人义务，避免断章取义、草率行事。希望私募基金管理人和申请机构珍惜自身商誉和行业诚信记录，正确认识和理解《公告》的系列配套措施和我国私募基金自律管理体系，避免因"临时抱佛脚"似的草率登记备案，不顾及登记备案的程序性和实体性要求，给自身经营带来后续不利影响，甚至引发与基金服务机构、投资者的争拗和纠纷。

问：《公告》发布后，一些券商、律师事务所等中介服务机构纷纷推出所谓"保壳"、"卖壳"等一条龙服务，中国基金业协会如何评价？

答：基金管理人、基金托管人和基金服务机构是私募基金行业生态系统和产业链的重要组成部分。私募基金服务机构为私募基金管理人提供法律、会计、行政服务和外包业务等专业化服务有利于提升私募基金行业的专业服务能力和合规运作水平，各方相互依存、互为制衡、协同发展，形成市场化的道德约束和优胜劣汰机制。基金业协会重视基金行业各类服务主体的发展，支持私募基金管理人特色化、差异化发展，形成良好的行业生态。

但是，相关中介机构在开展私募基金服务业务时，应当对私募行业法律法规和《公告》的内涵有充分理解和正确认识。

第一，私募基金中介服务机构应当遵守相关业务的法律法规和自律规则，秉承职业操守和专业行为规范，恪尽勤勉尽责的社会责任，为私募基金管理人提供合规、独立、客观、专业、公正的私募基金中介服务。

第二，私募基金服务机构与私募基金管理人之间的业务合作，应注意各类主体的法律关系、职责范围和法律风险。根据《证券投资基金法》，基金管理人和基金托管人履行共同受托职责，基金服务机构可受基金管理人或托管人委托，代为办理基金的份额登记、核算、估值等事项，基金管理人、基金托管人依法应当承担的责任不因委托而免除。律师事务所、会计师事务所接受基金管理人、基金托管人的委托，为有关基金业务活动出具法律意见书、审计报告、内部控制评价报告等文件，有虚假记载、误导性陈述或者重大遗漏，给他人财产造成损失的，还应当与委托人承担连带赔偿责任。无论是私募基金管理人还是证券公司、律师事务所和会计师事务所，各方都应当高度珍视自身商誉和信用记录，审慎选择业务合作对象，审慎评估合作对象的资质以及业务开展中的合规风险、法律风险、代理人道德风险以及其他可能给投资者带来的潜在风险，做好后续风险处置预案和责任安排，避免相关风险外溢或损害自身机构、对方机构或者投资者的合法权益。私募基金管理人、基金托管人和各类私募基金服务机构应避免一哄而上，盲目发展业务，切不可对面临的法律风险、道德风险、合规风险视而不见。基金业协会将持续关注私募基金相关参与主体业务发展情况，并适时开展自律检查和核查工作。

第三，私募基金行业是我国财富管理行业的新生力量，健康发展离不开专业服务机构的支持。中国基金业协会呼吁律师事务所、会计师事务所、证券公司等中介机构，秉承公平竞争、合理收费原则，制定各自合理公允的服务收费标准，统筹规划本机构私募服务业务发展模式，按照法律法规和中国基金业协会关于私募基金登记备案的各项要求，审慎专业、勤勉尽责地提供各项私募基金中介服务。

问：可否对私募基金管理人提交《法律意见书》事宜提供进一步说明？

答：（一）关于《私募基金管理人登记法律意见书》（以下简称《法律意见书》）模板问题。目前中国基金业协会无统一官方《法律意见书》模板，请私募基金管理人聘请的执业律师和律师事务所按照《私募基金管理人登记法律意见书指引》以及私募基金登记备案系统的填报要求，结合私募基金管理人的实际情况，出具相关《法律意见书》。

（二）关于对《法律意见书》的核查问题。中国基金业协会要求私募基金管理人提交《法律意见书》，引入专业法律中介机构开展尽职调查，是对私募基金登记备案制度的进一步完善和发展，同时也是中国基金业协会开展私募基金行业事中自律检查、事后自律处分的重要基础和依据。对于《公告》发布前已登记且有私募基金产品备案的私募基金管理人，中国基金业协会将视具体情形个案要求其补提《法律意见书》。除此种情形以外，《法律意见书》将是私募基金管理人申请登记、部分重大事项变更以及《公告》发布前已登记但无管理规模的机构首次申请私募基金备案的必备重要内容。包括《法律意见书》在内的申请材料经核查通过后，申请机构才可完成私募基金管理人登记或重大事项变更，或申请私募基金产品备案等相关业务。

中国基金业协会将核查私募基金管理人提供的《法律意见书》，并视情况在私募基金管理人登记或重大事项变更的反馈意见中提出进一步的询问，要求提供进一步的信息或出具相关法律意见。根据《私募投资基金管理人登记和基金备案办法（试行）》的相关规定，在核查包括《法律意见书》所列事项在内的私募基金管理人登记及重大事项变更等内容的过程中，中国基金业协会可以采取约谈高管人员、现场检查、向中国证监会及其派出机构、相关专业协会征询意见等方式对私募基金管理人提供的登记申请材料进行核查。

（三）关于可出具《法律意见书》的律师及律师事务所资质问题。按照《中华人民共和国律师法》相关规定，在中国境内依法设立、可就中国法律事项发表专业意见的律师事务所及中国执业律师，均可受聘按照《私募基金管理人登记法律意见书指引》的要求出具《法律意见书》。各私募基金管理人可自愿选择符合上述条件的律师事务所出具《法律意见书》。

根据中国证监会、司法部联合发布的《律师事务所从事证券法律业务管理办法》（中国证券监督管理委员会令第41号）第八条的规定，中国基金业协会鼓励私募基金管理人选择具备下列条件的中国律师事务所出具法律意见书：

1. 内部管理规范，风险控制制度健全，执业水准高，社会信誉良好；2. 有二十名以上执业律师，其中五名以上曾从事过证券法律业务；3. 已经办理有效的执业责任保险；4. 最近两年未因违法执业行为受到行政处罚。

根据中国证监会、司法部联合发布的《律师事务所从事证券法律业务管理办法》（中国证券监督管理委员会令第41号）第九条的规定，中国基金业协会鼓励具备下列条件之一，并且最近两年未因违法执业行为受到行政处罚的律师参与出具法律意见书：

1. 最近三年从事过证券法律业务；

2. 最近三年连续执业，且拟与其共同承办业务的律师最近3年从事过证券法律业务；

3. 最近三年连续从事证券法律领域的教学、研究工作，或者接受过证券法律业务的行业培训。

问：《公告》发布后，较多私募机构咨询顾问产品备案事项，中国基金业协会对此有何回应？

答：私募基金管理人以产品投资顾问方式开展业务的"阳光私募"模式，是私募基金行业发展初期出现的一种做法。目前，中国基金业协会正在抓紧研究制定私募基金管理人从事投资顾问服务的相关业务管理办法。

考虑到在法律和实际运作中，在相关管理机构已完成资管产品备案或审批程序后，各类形式的顾问管理型的私募基金产品是否在私募基金登记备案系统备案，不会影响该产品的正常投资运作，为保证《公告》相关要求的有效实施，自《公告》发布之日（2016年2月5日）起，中国基金业协会暂不办理新登记的私募基金管理人将顾问管理型基金作为其管理的首只私募基金产品的备案申请，以及已登记且尚未备案私募基金管理人将顾问管理型基金作为其管理的首只私募基金产品的备案申请。待中国基金业协会正式发布私募基金管理人从事投资顾问服务的相关业务管理办法后，私募基金管理人可将其管理的相关顾问管理型私募基金产品，再按相关规定进行补充备案。在《公告》发布之前已登记并已备案私募基金产品的私募基金管理人，可继续申请备案其管理的顾问管理型私募基金产品。

问：如何报考基金从业资格考试？

答：（一）关于基金从业资格考试安排。基金从业资格考试包含全国统一考试和预约式考试，2016年度基金从业资格考试计划安排见下表。

项目	考试名称	考试时间	报名时间	考试地点
基金从业人员资格考试预约式考试	预约式考试第1次	2016年3月19日	2016年2月1日至2016年3月8日	北京、上海、广州、深圳
	预约式考试第2次	2016年5月21日	2016年4月18日至2016年5月10日	北京、上海、广州、深圳
	预约式考试第3次	2016年7月16日	2016年6月13日至2016年7月5日	北京、上海、广州、深圳
	预约式考试第4次	2016年12月17日	2016年11月7日至2016年12月6日	北京、上海、广州、深圳
基金从业人员资格考试全国统一考试	全国统一考试第1次	2016年4月23日	2016年2月1日至2016年4月1日	北京、天津、石家庄、太原、呼和浩特、沈阳、长春、哈尔滨、上海、南京、杭州、合肥、蚌埠、福州、南昌、济南、郑州、武汉、长沙、广州、南宁、海口、重庆、成都、贵阳、昆明、西安、兰州、西宁、银川、乌鲁木齐、大连、青岛、宁波、厦门、深圳、佛山、苏州、汕头、宜昌、衡阳、徐州、淮安、赣州、金华、温州、泉州、拉萨等48个城市
	全国统一考试第2次	2016年9月24日	2016年7月25日至2016年8月30日	
	全国统一考试第3次	2016年11月26日	2016年9月19日至2016年11月4日	

上述基金从业资格考试计划可能根据实际情况进行调整，具体报名时间、考试时间和考试地点以当期考试公告为准，考生可通过中国基金业协会网站从业人员管理栏目考试平台查阅考试信息。

（二）基金从业资格考试报名方式。采取网上报名方式，考生可通过中国基金业协会官网提供的报名链接进行报名，也可直接登录报名网站（http：//baoming. amac. org. cn：10080）按照要求报名。我会从未委托其他机构代为办理基金从业人员资格考试，为防止假冒网站截留和窃取考生个人信息，请务必不要通过其他网站的链接进入报名网页的方式进行报名。

（三）基金从业资格考试大纲及教材。中国基金业协会已于2015年7月对外发布了《基金从业资格考试大纲》，详情请参阅协会官网（www. amac. org. cn）的"从业人员管理"栏目。基金从业资格考试唯一指定教材为中国证券投资基金业协会组编、2015年6月出版的《证券投资基金》（上下册），由高等教育出版社出版。教材购买网址链接 http：//baoming. amac. org. cn：10080/yuyue/ReadMe/book. html。中国基金业协会从未委托其他机构或个人编写出版考试辅导教材，也不举办考前培训。

中国基金业协会网站列举了考试常见问题及解答，请考生登录中国基金业协会网站查询；考生也可通过考试报名在线客服咨询相关问题；或者拨打人工服务电话021-61651128咨询。

中国基金业协会特别提示：中国基金业协会从不发布基金从业资格考试的考题和答案。基金从业资格考试为国家法律规定的资格考试，泄露考题和答案涉嫌违法犯罪。

问：《公告》发布之前已登记私募基金管理人的高管人员若已取得基金从业资格的，是否还需要参加基金从业资格考试科目一《基金法律法规、职业道德与业务规范》考试？

答：《公告》发布之前已登记私募基金管理人的高管人员若已取得基金从业资格的，应当按照《私募投资基金管理人登记和基金备案办法（试行）》及《关于基金从业资格考试有关事项的通知》（中基协字〔2015〕112号）的要求，每年度完成15学时的面授或者远程学习形式的后续培训，并按要求接受中国基金业协会的从业资格管理。请相关高管人员持续关注中国基金业协会网站发布的基金从业人员培训的计划和相关安排。

关于建立失联（异常）私募机构
公示制度的通知

各私募基金管理人：

为了加强私募基金管理人的自律管理工作，基金业协会从本通知发布之日起实施"失联（异常）"私募机构公示制度，具体情况通知如下：

出现以下情形的私募基金管理人，将被认定为"失联（异常）"私募机构：通过在私募基金登记备案系统预留的电话无法取得联系，同时协会以电子邮件、短信形式通知机构在限定时间内未获回复。存在上述情形时，协会通过网站发布"失联公告"催促相关机构主动与协会联系，公告发出后5个工作日内仍未与协会联系的，认定为"失联（异常）"私募机构。

针对上述机构，基金业协会将官方网站的"私募基金管理人分类公示"栏目中予以公示。同时在私募基金管理人公示信息的将"失联（异常）"情况予以列示。若私募基金管理人在三个月之内主动与协会联系并按照要求提供相关资料并说明情况的，经研究同意，可将其从"失联（异常）"机构名单中移除。私募基金管理人被列入"失联（异常）"名单三个月之内未主动与协会联系的，基金业协会将按照《私募投资基金监督管理暂行办法》、《私募投资基金管理人登记和基金备案办法（试行）》、《中国基金业协会纪律处分实施办法（试行）》等法规及自律规则的相关规定，采取后续的自律措施，将"失联（异常）"情况记入相关机构诚信档案，并报告证监会。

特此通知。

中国基金业协会
二〇一五年九月二十九日

私募基金登记备案相关问题解答[①]

私募基金登记备案相关问题解答（一）

一、外资私募基金管理机构是否纳入登记备案范围？

答复：境内注册设立的私募基金管理机构，应当向基金业协会履行私募基金管理人登记手续。境外注册设立的私募基金管理机构暂不纳入登记范围。

二、自然人是否能登记为私募基金管理人？

答复：根据《证券投资基金法》规定，基金管理人由依法设立的公司或者合伙企业担任。自然人不能登记为私募基金管理人。

三、实缴资本未到位的机构能否登记为私募基金管理人？

答复：私募基金管理机构应当具备适当资本，以能够支持其基本运营。

四、私募基金是否可以承诺保底保收益？

答复：私募基金不得违规承诺保底保收益。基金业协会正在制定私募基金相关业务规范。

五、私募基金管理机构是否必须履行登记手续？如不登记有何后果？

答复：根据《证券投资基金法》和《私募投资基金管理人登记和基金备案办法（试行）》的规定，私募基金管理机构应当履行登记手续。否则，不得从事私募投资基金管理业务活动。基金业协会与中国证监会已建立私募基金登记备案信息共享和定期报告机制。已设立的私募基金管理机构应当在 4 月 30 日以前履行申请登记手续。对于已登记的私募基金管理人，基金业协会将提供各项服务。

私募基金登记备案相关问题解答（二）

一、合格投资者的认定标准是什么？

答：目前证监会正在制定合格投资者认定标准。在证监会有关规定出台之前，协会建议私募基金管理人向符合以下条件的投资者募集资金：

（1）个人投资者的金融资产不低于 300 万元人民币，机构投资者的净资产不低于 1000 万元人民币；

（2）具备相应的风险识别能力和风险承担能力；

（3）投资于单只私募基金的金额不低于 100 万元人民币。

---

① 注：问题解答与最新政策不符的，以最新政策为准。

二、没有管理过基金的机构可否在协会登记？

答：协会优先登记有管理基金经验的私募投资基金管理机构的申请。对于没有管理过基金的申请机构，协会除核对其是否如实填报申请材料、申请机构及其实际控制人、高管人员的诚信信息外，还将通过约谈高管人员、实地核查等方式进行核查。对于符合以下条件的此类机构，协会予以办理登记：一是高管人员具有相应的投资管理从业经历；二是基金管理人具备适当资本，以能够支持其基本运营；三是机构具备满足业务运营需要的场所、设施和基本管理制度。

私募基金登记备案相关问题解答（三）

问：经登记的私募基金管理人募集设立新的私募基金，在适用合格投资者标准时，针对合伙企业、契约等非法人形式的投资者类型，是否需要穿透核查最终投资者为合格投资者，并合并计算投资者数量？

答：目前，证监会正在制定私募投资基金合格投资者标准。现阶段，基金业协会建议，私募基金合格投资者数量累计不超过 200 人，以有限责任公司或者合伙企业形式设立的，投资者人数累计不超过 50 人。投资者应当符合协会关于合格投资者建议标准：

（1）个人投资者的金融资产不低于 300 万元人民币，机构投资者的净资产不低于 1000 万元人民币；

（2）具备相应的风险识别能力和风险承担能力；

（3）投资于单只私募基金的金额不低于 100 万元人民币。

对于合伙企业、契约等非法人形式的投资者，应当穿透核查最终投资者是否为合格投资者，并合并计算投资者数量。但是，依法设立并经基金业协会备案的集合投资计划，视为单一合格投资者。

私募基金登记备案相关问题解答（四）

问：《基金管理公司投资管理人员管理指导意见》（证监会公告〔2009〕3 号）关于基金经理"静默期"的要求是否适用私募基金行业？

答：是。根据《基金管理公司投资管理人员管理指导意见》（证监会公告〔2009〕3 号）中第三十四条的规定："公司不得聘用从其他公司离任未满 3 个月的基金经理从事投资、研究、交易等相关业务"。根据该规定，基金经理变更就职的公募基金公司，需要有 3 个月的"静默期"，在这 3 个月内该基金经理不得在其他公募基金管理公司从事投资、研究、交易等相关业务。为维护行业的公平、公正，统一监管标准，对从公募基金管理公司离职，转而在私募基金管理公司就职的基金经理实行同样 3 个月的"静默期"要求，并在私募管理人登记环节予以落实。

私募基金登记备案相关问题解答（五）

问：私募基金管理人登记后变更控股股东、实际控制人或者法定代表人（执行事务合伙人）的，应当在基金业协会履行什么手续？

答：根据《私募投资基金监督管理暂行办法》以及《私募投资基金管理人登记和基金备案办法（试行）》相关规定，私募基金管理人变更控股股东、实际控制人或者法定代表人（执行事务合伙人）的，属于重大事项变更。管理人应当依据合同约定，向投资者如实、及时、准确、完整地披露相关变更情况或获得投资者认可。对上述事项管理人应当在完成工商变更登记后的 10 个工作日内，通过私募基金登记备案系统向基金业协会进行重大事项变更。具体报送方式为：将控股股东、实际控制人或法定代表人（执行事务合伙人）变更报告及相关证明文件发送至协会邮箱 pf@amac.org.cn，并通过私募基金登记备案系统进行重大事项变更。基金业协会将依据《私募投资基金管理人登记和基金备案办法（试行）》进行核对办理。

基金业协会强调，私募基金管理人登记证明只是对私募基金管理人履行完登记手续给予事实确认，不意味着对私募基金管理人实行牌照管理。私募基金登记备案不构成对其投资能力、持续合规情况的认可，不作为对基金财产安全的保证。对于利用私募基金登记备案证明不当增信或从事其他违法违规活动的，基金业协会将依法依规进行处理。

私募基金登记备案相关问题解答（六）

问：私募证券基金从业资格的取得方式？

答：根据《证券投资基金法》第九条"基金从业人员应当具备基金从业资格"的规定，私募证券基金从业人员应当具备私募证券基金从业资格。

根据《私募投资基金管理人登记和基金备案办法（试行）》相关规定，现进一步明确取得私募证券基金从业资格的相关安排。

具备以下条件之一的，可以认定为具有私募证券基金从业资格：

（一）通过基金从业资格考试。

（二）最近三年从事投资管理相关业务。

此类情形主要指最近三年从事相关资产管理业务，且管理资产年均规模 1000 万元以上；或者最近三年在金融监管机构及其监管的金融机构工作。

（三）基金业协会认定的其他情形。

此类情形主要指已通过证券从业资格考试或者期货从业资格考试，取得相关资格；或者已取得境内、外基金或资产管理、基金销售等相关从业资格等。

属于（二）、（三）情形取得基金从业资格的，应提交相应证明资料。

私募基金登记备案相关问题解答（七）

问：开展民间借贷、小额理财、众筹等业务的机构，同时开展私募基金管理业务的，如何进行私募基金管理人登记？

答：根据《私募投资基金监督管理暂行办法》（以下简称《暂行办法》）关于私募基金管理人防范利益冲突的要求，对于兼营民间借贷、民间融资、配资业务、小额理财、小额借贷、P2P/P2B、众筹、保理、担保、房地产开发、交易平台等业务的申请机构，这些业务与私募基金的属性相冲突，容易误导投资者。为防范风险，中国基金业协会对从事与私募基金业务相冲突的上述机构将不予登记。上述机构可以设立专门从事私募基金管理业务的机构后申请私募基金管理人登记。经金融监管部门批准设立的机构在从事私募基金管理业务的同时也从事上述非私募基金业务的，应当相应建立业务隔离制度，防止利益冲突。

同时，为落实《暂行办法》关于私募基金管理人的专业化管理要求，私募基金管理人的名称和经营范围中应当包含"基金管理"、"投资管理"、"资产管理"、"股权投资"、"创业投资"等相关字样，对于名称和经营范围中不含"基金管理"、"投资管理"、"资产管理"、"股权投资"、"创业投资"等相关字样的机构，中国基金业协会将不予登记。

已登记私募基金管理人应按照上述要求进行整改，下一步协会将对不符合要求的私募基金管理人进行自律管理。

问：从事私募证券投资基金业务的高管人员以及基金经理有何资质要求？

答：根据《证券投资基金法》第九条的规定，从事私募证券投资基金业务的从业人员应当具有基金从业资格。基金从业资格的取得方式已在《私募基金登记备案相关问题解答（六）》中进行了解答。对于私募基金管理人首次申请私募证券投资基金管理人资格、私募股权基金管理人和创业投资基金管理人变更为私募证券基金管理人或者私募股权基金管理人和创业投资基金管理人同时从事私募证券投资基金业务类型等申请从事私募证券投资基金业务的，其从事私募证券投资基金业务的高管人员和基金经理应当具备基金从业资格。

已登记机构应当按照规定自查从事私募证券投资基金业务的从业人员是否具备基金从业资格，下一步中国基金业协会将按照《基金法》的规定，对基金从业人员进行资质管理和业务培训，要求不符合要求的机构整改。

私募基金登记备案相关问题解答（八）

问：《私募基金管理人登记法律意见书》和《私募基金管理人重大事项变更专项法律意见书》的基本要求有哪些？

答：从已提交的《私募基金管理人登记法律意见书》和《私募基金管理人重大事项变更专项法律意见书》（以下简称《法律意见书》）情况看，总体上发挥了专业法律服务机构的尽职调查和中介制衡作用。但也存在《法律意见书》缺乏尽职调查过程描述和判断依据、多份《法律意见书》内容雷同、简单发表结论性意见、未核实申请机构系统填报信息等问题。现就律师事务所及其经办律师出具《法律意见书》的内容与格式的一般性要求说明如下：

一、参照《律师事务所从事证券法律业务管理办法》和《律师事务所证券法律业务执业规则（试行）》的相关要求，律师事务所及其经办律师出具的《法律意见书》内容应当包含完整的尽职调查过程描述，对有关事实、法律问题作出认定和判断的适当证据和理由。

二、律师事务所及其经办律师应当按照《私募基金管理人登记法律意见书指引》，就各具体事项逐项发表明确意见，并就私募基金管理人登记申请是否符合中国基金业协会的相关要求发表整体结论性意见。

三、《法律意见书》的陈述文字应当逻辑严密，论证充分，所涉指代主体名称、出具的专业法律意见内容具体明确。《法律意见书》所涉内容应当与申请机构在私募基金登记备案系统填报的信息保持一致，若系统填报信息与尽职调查情况不一致的，应当做出特别说明。律师事务所及其经办律师在《法律意见书》中不得瞒报信息，应当确保《法律意见书》不存在虚假记载、误导性陈述及重大遗漏。

四、律师事务所及其经办律师应当参照《律师事务所证券法律业务执业规则（试行）》，根据实际需要采取合理的方式和手段，获取适当的证据材料。律师事务所及其经办律师可采取的尽职调查查验方式包括但不限于审阅书面材料、实地核查、人员访谈、互联网及数据库搜索、外部访谈及向行政司法机关、具有公共事务职能的组织、会计师事务所询证等。律师事务所及其经办律师应当制作并保存相关尽职调查的工作记录及工作底稿。

五、《法律意见书》应当包含律师事务所及其经办律师的承诺信息。示例：本所及经办律师依据《证券投资基金法》、《律师事务所从事证券法律业务管理办法》和《律师事务所证券法律业务执业规则（试行）》等规定及本《法律意见书》出具日以前已经发生或者存在的事实，严格履行了法定职责，遵循了勤勉尽责和诚实信用原则，进行了充分的核查验证，保证本《法律意见书》所认定的事实真实、准确、完整，所发表的结论性意见合法、准确，不存在虚假记载、误导性陈述或者重大遗漏。本所及其经办律师同意将本《法律意见书》作为相关机构申请私募基金管理人登记或重大事项变更必备的法定文件，随其他在私募基金登记备案系统填报的信息一同上报，并愿意承担相应的法律责任。

六、律师事务所及其经办律师在《法律意见书》上的签字签章齐全，出具日期清晰明确。《法律意见书》及私募基金登记备案系统中律师事务所就"私募基金管理人重要情况说明"出具的确认函，均需加盖律师事务所公章及骑缝章，列明经办律师的姓名及其执业证件号码并由经办律师签署。

七、律师事务所及其经办律师应当恪尽职守，勤勉尽责地对私募基金管理人或申请机构相关情况进行尽职调查，根据《私募基金管理人登记法律意见书指引》，独立、客观、公正地出具《法律意见书》。私募基金管理人应当按照《关于进一步规范私募基金管理人登记若干事项的公告》相关要求，充分配合律师事务所及其经办律师工作，如实提供律师事务所开展尽职调查所需的全部信息和材料。

问：出具《法律意见书》的律师事务所及其经办律师应当符合哪些资质要求？

答：《中国基金业协会负责人就落实〈公告〉相关问题答记者问》已明确，凡在中国境内依法设立、可就中国法律事项发表专业意见的律师事务所及其中国执业律师，均可受聘按照《私募基金管理人登记法律意见书指引》的要求出具《法律意见书》。

中国基金业协会鼓励私募基金管理人选择符合《律师事务所从事证券法律业务管理办法》相关资质要求的律师事务所及其执业律师出具《法律意见书》。

根据《中国证券投资基金业协会章程》，作为基金服务机构的律师事务所可以申请成为中国基金业协会会员，但中国基金业协会未就律师事务所入会作出强制性要求。

问：律师事务所及其经办律师如何对私募基金管理人风险管理和内部控制制度进行尽职调查？

答：律师事务所及其经办律师在对申请机构的风险管理和内部控制制度开展尽职调查时，应当核查和验证包括但不限于以下内容：

一、申请机构是否已制定《私募基金管理人登记法律意见书指引》第四条第（八）项所提及的完整的涉及机构运营关键环节的风险管理和内部控制制度；

二、判断相关风险管理和内部控制制度是否符合中国基金业协会《私募投资基金管理人内部控制指引》的规定；

三、评估上述制度是否具备有效执行的现实基础和条件。例如，相关制度的建立是否与机构现有组织架构和人员配置相匹配，是否满足机构运营的实际需求等。

考虑到我国私募基金行业的发展现状，为支持私募基金管理人特色化、差异化发展，保障私募基金管理人风险管理和内部控制制度的有效执行，中国基金业协会鼓励私募基金管理人结合自身经营实际情况，通过选择在中国基金业协会备案的私募基金外包服务机构的专业外包服务，实现本机构风险管理和内部控制制度目标，降低运营成本，提升核心竞争力。

私募基金登记备案相关问题解答（九）

问：根据中国证券投资基金业协会 2016 年 2 月 5 日发布的《关于进一步规范私募基金管理人登记若干事项的公告》，符合哪些条件的私募基金管理人的高级管理人员可以通过资格认定委员会认定基金从业资格？需要提交哪些材料？

答：符合下列条件之一的私募股权投资基金管理人（含创业投资基金管理人）的高级管理人员，可以向中国证券投资基金业协会资格认定委员会申请认定基金从业资格：

一、从事私募股权投资（含创业投资）6 年及以上，且参与并成功退出至少两个项目；

二、担任过上市公司或实收资本不低于 10 亿元人民币的大中型企业高级管理人员，且从业 12 年及以上；

三、从事经济社会管理工作 12 年及以上的高级管理人员；

四、在大专院校、研究机构从事经济、金融等相关专业教学研究 12 年及以上，并获得教授或研究员职称的。

符合上述条件之一的，由所在机构或个人向中国证券投资基金业协会提交以下材料：

（一）个人资格认定申请书；

（二）个人基本情况登记表；

（三）相关证明材料：

1. 符合上述条件一的，需提交参与项目成功退出证明和两份行业知名人士署名的推荐信，推荐信中应附有推荐人职务及联系方式；

2. 符合上述条件二的，需提交企业和个人的相关证明和两份行业知名人士署名的推荐信，推荐信中应附有推荐人职务及联系方式；

3. 符合上述条件三的，需提交有关组织部门出具的任职证明；

4. 符合上述条件四的，需要提交相关资格证书和两份行业知名人士署名的推荐信，推荐信中应附有推荐人职务及联系方式。

资格认定委员会构成及工作机制：资格认定委员会由中国证券投资基金业协会

理事（不含非会员理事）、监事及私募基金相关专业委员会委员构成。每次从上述委员中随机抽取七人组成认定小组，小组成员对申请资格认定的人员以简单多数原则表决。参与资格认定的表决人、推荐人及资格认定结果将通过中国证券投资基金业协会网站的从业人员信息公示平台向社会公示。

上述申请资格认定的相关材料以电子版形式报送协会私募高级管理人员资格管理专用邮箱，邮箱地址：smrygl@amac.org.cn。

问：符合哪些条件的私募基金管理人的高级管理人员只需通过科目一《基金法律法规、职业道德与业务规范》考试可以申请认定基金从业资格？需要提交哪些材料？

答：符合下列条件之一的私募基金管理人的高级管理人员，并通过科目一考试的，可以申请认定基金从业资格：

一、最近三年从事资产管理相关业务，且管理资产年均规模1000万元以上；

二、已通过证券从业资格（不含《证券投资基金》和《证券发行与承销》科目）、期货从业资格、银行从业资格、特许金融分析师（CFA）等金融相关资格考试，或取得注册会计师资格、法律职业资格、资产评估师资格，或担任上市公司董事、监事及高级管理人员等。

符合上述条件之一的，由所在机构或个人向中国证券投资基金业协会提交基金托管人（的托管部门）或基金服务机构出具的最近三年的资产管理规模证明，或相关资格证书或证明。

上述申请资格认定的相关材料以电子版的形式通过私募基金登记备案系统资格认定文件上传端口报送。

问：私募股权投资基金管理人（含创业投资基金管理人）的高级管理人员，通过证券从业资格考试的哪些科目可以认定基金从业资格？

答：一、根据《关于基金从业资格考试有关事项的通知》（中基协字〔2015〕112号）的规定，已于2015年12月之前通过中国证券业协会组织的《证券投资基金》科目考试的，需再通过中国证券投资基金业协会的科目一《基金法律法规、职业道德与业务规范》考试，方可向中国证券投资基金业协会申请注册基金从业资格。

二、已于2015年12月之前通过中国证券业协会组织的《证券市场基础》和《证券投资基金》考试，或通过《证券市场基础》和《证券发行与承销》考试的，均可直接向中国证券投资基金业协会申请注册基金从业资格。

问：不符合上述三项资格认定条件的私募基金管理人的高级管理人员如何取得基金从业资格？

答：参加中国证券投资基金业协会统一组织的科目一《基金法律法规、职业道德与业务规范》、科目二《证券投资基金基础知识》和科目三《股权投资基金基础知识》（2016 年 9 月推出）。参加考试的人员通过科目一和科目二考试，或通过科目一和科目三考试成绩合格的，均可申请注册基金从业资格。

私募基金登记备案相关问题解答（十）

问：第八轮中美战略与经济对话政策成果中包括欢迎符合条件的外商独资和合资企业申请登记成为私募证券基金管理机构，按规定开展包括二级市场证券交易在内的私募证券基金管理业务。请问，外商独资和合资私募证券基金管理机构申请登记成为私募证券基金管理人有何要求？

答：根据第七轮、第八轮中美战略与经济对话以及第七次中英经济财金对话达成的政策成果，经中国证监会同意，外商独资和合资私募证券基金管理机构在中国境内开展私募证券基金管理业务，应当在中国证券投资基金业协会登记为私募证券基金管理人，并应当符合以下条件：

（一）该私募证券基金管理机构为在中国境内设立的公司；

（二）该私募证券基金管理机构的境外股东为所在国家或者地区金融监管当局批准或者许可的金融机构，且境外股东所在国家或者地区的证券监管机构已与中国证监会或者中国证监会认可的其他机构签订证券监管合作谅解备忘录；

（三）该私募证券基金管理机构及其境外股东最近三年没有受到监管机构和司法机构的重大处罚。

有境外实际控制人的私募证券基金管理机构，该境外实际控制人也应当符合上述第（二）、（三）项条件。

外商独资和合资私募证券基金管理机构开展私募证券投资基金业务，除应当符合《证券投资基金法》、《私募投资基金监督管理暂行办法》、《私募投资基金管理人登记和基金备案办法（试行）》及其他法律法规规定外，还应当遵守以下规定：

（一）资本金及其结汇所得人民币资金的使用，应当符合国家外汇管理部门的相关规定；

（二）在境内从事证券及期货交易，应当独立进行投资决策，不得通过境外机构或者境外系统下达交易指令。中国证监会另有规定的除外。

问：外商独资和合资私募证券基金管理机构如何进行私募证券基金管理人登记？

答：外商独资和合资私募证券基金管理机构申请私募基金管理人登记，应当通过私募基金登记备案系统（https：//pf. amac. org. cn），如实填报以下信息：

（一）《私募投资基金管理人登记和基金备案办法（试行）》及中国证券投资基

金业协会已出台的相关规定所要求的私募证券基金管理人相关登记信息，包括前述问答中所列条件证明材料；

（二）私募基金登记备案承诺函，承诺所提交的信息和材料真实、准确、完整，不存在任何虚假记载、误导性陈述或重大遗漏，承诺遵守中国法律法规及私募基金相关自律规则；

（三）中国律师事务所及其经办律师出具的《私募基金管理人登记法律意见书》。除《私募基金管理人登记法律意见书指引》的要求以外，相关律师事务所及其经办律师在法律意见书中，还应对该申请机构是否符合前述问答中所列登记条件和要求发表结论性意见。

外商独资和合资私募证券基金管理机构提供的登记申请材料完备的，中国证券投资基金业协会将自收齐材料之日起 20 个工作日内，以通过协会官方网站（http：//www. amac. org. cn）公示私募基金管理人基本情况的方式，为其办结登记手续。

外商独资和合资私募证券基金管理机构登记后，应当依法及时展业。其设立的私募证券投资基金募集完毕后，应当根据有关规定在中国证券投资基金业协会通过私募基金登记备案系统及时履行备案手续，按时履行私募基金管理人及其管理的私募基金的季度、年度和重大事项信息报送更新等信息报送义务。

外商独资和合资私募证券基金管理机构可通过中国证券投资基金业协会官网（http：//www. amac. org. cn）"私募基金登记备案系统"栏目了解私募基金管理人登记和私募基金备案系统操作指南及相关政策信息。如需进一步了解相关信息，可以通过中国证券投资基金业协会官方微信公众号、私募基金登记备案咨询邮箱 pf@ amac. org. cn 以及私募基金全国统一咨询热线 400 - 017 - 8200 进一步咨询。

附件

私募基金高级管理人员基金从业资格认定

个人基本情况登记表

姓名		性别		出生日期	年 月 日		片 （1寸）
曾用名		民族		籍贯			
国籍		户籍所在地		出生地			
政治面貌		最高学历 及学位		职称/职业 资格证书			
身份证明 号码				婚姻状况		健康状况	
联系电话		手机		电子信箱 地址			
		办公电话					
持有的各种护照（通行证）、 号码、颁发国家（地区）							
学习简历（从大学开始填写）							
起止时间		学习院校		学历及学位		证明人及联系电话	

工作履历			
起止时间	工作单位	职务	证明人及联系电话

个人主要工作业绩/研究成果	

申请人所在机构意见	本单位已对申请材料的全部内容进行了审查核实，材料内容真实可靠，不存在虚假、隐瞒或遗漏等事项。 申请人所在机构盖章 　　年　　月　　日

后　记

《股权投资基金基础知识要点与法律法规汇编》由中国证券投资基金业协会组织编写，邀请了部分高校学者、行业机构等专家参与了编写工作。其中，第一章至第三章由胡波、黄嵩和董芳莉编写；第四章和第八章由赵红霞、陈翠、秦湘、张伟、郑源和王德全编写；第五章至第七章由易阳春、陈燕、李敏娜和杨帆编写；第九章和第十章由郭卫锋、刘乃进和唐入川编写。胡波对全书进行了汇总统稿。

《股权投资基金基础知识要点与法律法规汇编》的编写工作得到了中国证监会私募基金监管部的指导和帮助，刘健钧副主任对全书进行了大量修改，并主持最终的修改统稿。编写过程中得到了中国人民大学财政金融学院、北京大学金融与产业发展研究中心、苏州工业园区沙湖金融服务有限公司、北京亦庄国际产业投资管理有限公司、昆吾九鼎投资管理有限公司、中科招商投资管理集团、信达资本管理有限公司、和君资本、国开开元股权投资基金管理有限公司、德恒律师事务所、国浩律师事务所、西盟斯律师事务所、招商证券托管部的支持。中国证监会私募基金监管部吴年文、许培阳、刘超平、王鹏飞，中国证券投资基金业协会钟蓉萨、董煜韬、张蓉、杨露、任慧凝等同志全程参与了《股权投资基金基础知识要点与法律法规汇编》的讨论与修改以及组织协调工作。

在《股权投资基金基础知识要点与法律法规汇编》编辑出版过程中，中国金融出版社做了大量的工作，在此一并表示感谢。

中国证券投资基金业协会
2016 年 8 月